■ 本系列专著由中国清洁发展机制基金赠款项目——应对气候变化立法研究资助出版。

■ 本书研究同时获教育部高等学校2009年全国优秀博士学位论文作者专项资金资助项目“面向低碳经济的能源立法研究”和教育部2012年度新世纪优秀人才支持计划资助项目“应对气候变化背景下的石油产业法律规制研究”资助。

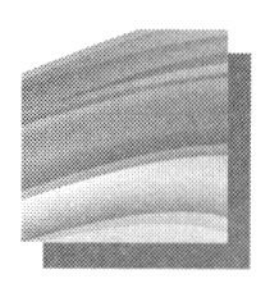

应对气候变化立法研究系列

总主编 | 王灿发

石油天然气法研究

——以应对气候变化为背景

于文轩 著

中国政法大学出版社

2014·北京

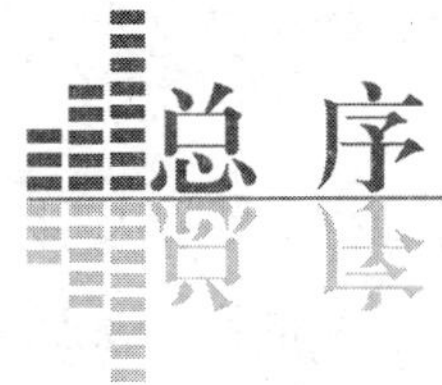

总序

自2009年12月参加了哥本哈根世界气候大会以来，本人和我们中国政法大学的环境法团队一直关注气候变化及其立法问题。2011年8月~2012年4月，我们在国家发改委应对气候变化司的支持下申请成功并顺利完成了英国外交与联邦事务部全球繁荣基金之中国繁荣战略项目基金项目——“启动中国气候变化立法—信息分享和国际经验借鉴”，举办了大型的应对气候变化立法国际研讨会，编写了10期中英文版的《应对气候变化立法通讯》，考察了英国和欧盟的气候变化立法及其实施情况。我的同事曹明德教授、林灿铃教授也先后完成了美国能源基金会资助的国内和国外及国际应对气候变化立法调研项目。2012年7月，我们中国政法大学的环境法团队成功中标了中国清洁发展机制基金赠款项目——“应对气候变化立法研究”，将与国家发改委应对气候变化司和国家应对气候变化战略研究和国际合作中心一起，连续用三年的时间研究和起草中国的《应对气候变化法》。在这些项目的实施过程中，我们进行了大量的国内和国外调研，对一些专门问题进行了深入研究，取得了许多阶段性成果。这次出版的系列专著，就是我们部分研究成果的展示。

应对气候变化立法，既涉及多学科的基础理论问题，也涉及具体的制度设计和立法模式问题；既涉及与国内相关立法的协调和融合，也涉及与气候变化国际法的接轨。这次选择出版的几本研究专著，在理论层面涉及了应对气候变化的正义问题、立法目的问题；在制度层面涉及了温室气体排放总量控制问题、二氧化碳捕获和封存的法律规制问题；在气候变化适应和能源利用方面涉及生态修复问题、石油天然气产业的法律规制问题；在国际法方面涉及国际温室气体减排责任分担问题。

陈贻健博士的《气候正义论——气候变化法律中的正义原理和制度构建》，从价值论、方法论和实践论的综合角度，分析了气候正义所包含的自由、平等、公平、效率、安全、秩序等多重价值，并从实体正义和程序正义两方面提出了气候正义实现的原则、途径和方法。气候正义虽然是基础理论问题，但其对分配正义、交换正义和矫正正义的分析都涉及了具体法律制度的设计与构建。

董岩博士的《国家应对气候变化立法研究——以立法目的多元论为视角》从立法目的的视角，分析了应对气候变化立法应坚持的基本原则、管理制度的选择与构建、中国应对气候变化法的立法模式和框架构建设计、内容组成，并提出了如何处理发展权与应对气候变化立法关系的思路。

李兴锋博士的《温室气体排放总量控制立法研究》，在调研、分析国际和外国温室气体排放总量控制立法的基础上，提出了我国温室气体排放总量控制立法的目标选择和应遵循的原则，立法的形式，排放总量的确定、分配、交易的管理措施与方法、监管体制等，并对温室气体排放总量控制立法的理论基础进行了解析。

赵鑫鑫博士的《二氧化碳捕获和封存的法律规制研究》，从国外的二氧化碳捕获和封存及其法律规制的实践出发，考察了捕获和封存二氧化碳面临的技术和环境风险及其法律规制的经验和教训，提出了在我国进行相关立法的设想和建议。

吴鹏博士的《以自然应对自然——应对气候变化视野下的生态修复法律制度研究》，从适应气候变化的角度，分析了生态修复与应对气候变化的紧密相关性，提出了通过恢复或重建生态系统平衡来实现生态环境的改善并进而实现以自然因素帮助人们抵御气候变化不利影响的法律机制及其理论根据。

于文轩博士的《石油天然气法研究——以应对气候变化为背景》从能源法的角度探讨了能源开发利用与应对气候变化的关系，分析了在应对气候变化背景下石油天然气产业规制的原则、制度和措施，提出了我国石油天然气法律体系的框架和内容设计。

黄婧博士的《国际温室气体减排责任分担机制研究》，从国际环境法的角度，比较全面地探讨了国际温室气体减排责任在各责任主体间的分担问题。在对现有相关国际法律文件进行分析的基础上，论述了国际温室气体减排责任分担所应坚持的基本原则，构建了温室气体减排责任分担的机制，包括减排责任的主体、温室气体减排的目标、排放信息的收集和核查、减排指标的分配方法等，研究设计了新型指标分配模型，并提出了将新型指标分配模型法律化的路径选择，同时还分析了新模型对中国的有利和不利影响，在此基础上提出了全球减排目标下中国的应对策略。

以上几项专题研究成果，可以为我国的应对气候变化立法及其制度设计提供基本的理论根据和实践调研资料。随着研究的深入，我希望我们的环境法团队将有更多和更好的研究成果产出，为我国应对气候变化立法的健全和完善做出应有的贡献，同时也期望这些研究成果能将应对气候变化立法的学术研究进一步引向深入。

这套系列专著的成功出版，应当特别感谢国家发改委应对气候变化司和中国清洁发展机制基金管理中心的大力支持，同时也对中国政法大学出版社李传敢社长和彭江先生对该系列专著出版的热情支持和积极推动表示衷心的感谢。

中国清洁发展机制基金赠款项目
应对气候变化立法研究项目负责人 王灿发
2014年1月18日

序

在全球积极探索适应和减缓气候变化有效措施的背景下，因能源开发利用引起的气候变化效应日益成为国际社会的焦点。尽管新能源和可再生能源的积极开发与广泛利用在全球范围内已渐成趋势，但在未来相当长的一段时期内，以石油天然气等传统能源为主的能源结构难有实质性改变。同时，由于石油天然气资源在社会经济发展中具有无可替代的战略地位，石油天然气产业法律规制、相应的法律保障机制以及专门立法，在过去几十年间一直备受重视。

在我国，石油天然气相关法律问题近些年来也受到理论界和实务界越来越多的关注，诸多争论亦伴随其中。譬如：在应对气候变化背景下，石油天然气法的理念基础和价值取向如何定位；石油天然气产业法律规制的原则与目的如何设定；在现有能源管理体制下，如何完善石油天然气产业规制机制；在事实上的垄断及其消极后果日渐凸显的情况下，如何打破此种垄断格局，同时又不影响产业发展的持续稳定性；如何理顺石油

天然气价格机制；如何协调石油天然气产业稳健发展与应对气候变化和低碳经济诉求之间的关系；在目前政策主导的产业规制框架下，综合性专门立法的必要性与可行性何在，以及与现行政策与立法如何协调、内容如何取舍；等等。这些相互关联的问题相互交织，无时无刻不在困扰着石油天然气产业的理性健康发展。在此情形下，基于应对气候变化的内在要求，就石油天然气法的理念基础、法规体系、监管体制、产业规制机制、产业保障机制、综合性石油天然气立法等进行全面深入的探讨，从而为我国石油天然气产业法律规制提供具有可操作性的理论支撑，就成为迫切之需。

因此，当文轩博士在2007年进入清华大学法学院开展博士后研究工作时，我和王明远教授作为他的合作导师，建议他将研究方向确定为石油天然气法。经过两年的潜心研究，文轩圆满完成了博士后研究工作，其工作表现和出站研究报告得到了评审委员会的一致好评。我也非常欣喜地看到，文轩在调入中国政法大学从事教学科研工作之后，继续将能源法作为主要研究领域，并取得了令人振奋的成果。他在中国政法大学为硕士研究生开设“能源法学”课程，同时继续开展石油天然气法的科研工作，赴美国访学期间对石油安全法律问题开展了中美比较研究，回国后成功申请了教育部和司法部委托的多项相关课题，并在参加国家发展改革委委托的气候变化立法研究项目过程中就石油天然气法与气候变化的内在关联开展了深入研究。

这本专著是文轩在开展这些工作的基础上，对2007年的博士后出站报告不断完善的成果。可以说，这本书从选题到成稿的“七年铸剑”的过程，见证了他在能源法领域不断成长和成熟的点滴进展。希望文轩在今后的研究工作中继续努力，一如既往地以严谨的作风和勤勉的态度，不断推出更具理论价值和实践应用价值的研究成果，为我国能源法制的完善做出新的、更大的贡献。

马俊驹
2014 年 1 月 7 日
于北京·清华园

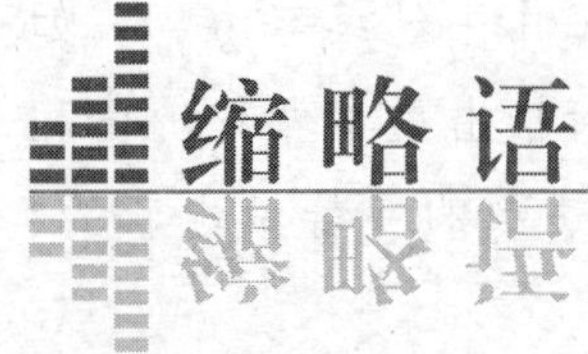

缩略语

ACC	The Aquaculture Certification Committee 美国养殖认证委员会
AER	Alberta Energy Regulator 加拿大阿尔伯塔省能源监管局
ANRE	Agency for Natural Resources and Energy 日本经济产业省资源能源厅
BP	British Petroleum 英国石油公司
CBM	Coal - bed Methane 煤层气
CMM	Coal Mine Methane 煤矿瓦斯
DNR	Department of Natural Resources 加拿大自然资源部
DOE	Department of Energy 美国能源部

EBV	Erdoelbevorratungsverband 德国石油储备协会
FERC	Federal Energy Regulation Commission 美国联邦能源监管委员会
HSE	Health, Safety and Environment 健康、安全与环境
IEA	International Energy Agency 国际能源署
IETC	International Environmental Technology Centre 国际环境技术中心
IPCC	Intergovernmental Panel on Climate Change 政府间气候变化专门委员会
JOGMEC	Japan Oil, Gas and Metals National Corporation 日本石油天然气与金属矿产资源机构
LNG	Liquefied Natural Gas 液化天然气
LPG	Liquefied Petroleum Gas 液化石油气
NEB	National Energy Board 加拿大国家能源委员会
NOC	National Oil Company 国家石油公司
NOPB	Newfoundland Offshore Petroleum Board 加拿大纽芬兰近海石油局
NSOPB	Nova Scotia Offshore Petroleum Board 加拿大新斯科舍近海石油局

OAPEC	Organization of Arab Petroleum Exporting Countries 阿拉伯石油输出国组织
OIMS	Operations Integrity Management System 业务一体化管理体系
OPEC	Organization of Petroleum Exporting Countries 石油输出国组织（欧佩克）
UNDP	United Nations Development Programme 联合国开发计划署
UNEP	United Nations Environment Programme 联合国环境规划署

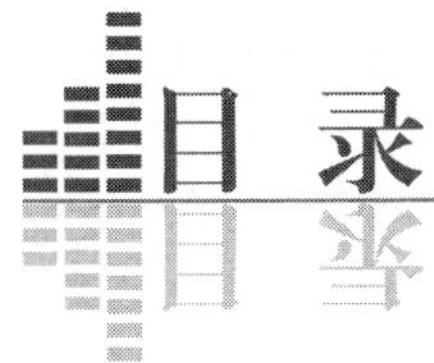

目 录

第一章

导 论

基于石油供应量减少和战争的爆发，人类温室气体排放量将于2032年暂时达到顶峰，比1990年高出47%。

——〔美〕格温·戴尔〔1〕

石油天然气对人类的影响早已远超其他任何一种自然资源，甚至超越了其他任何一种能源。这种影响遍及人类社会生活的各个方面，并直接或者间接地影响着人类社会的发展进程。特别是在全球应对气候变化的宏观背景下，以石油为代表的化石能源的开发利用对气候系统的影响，备受瞩目。本章主要从这一宏观图景出发，对包括石油天然气在内的能源的气候影响进行简要分析，在此基础上，从时间和空间两个维度，概述石油天然气开发利用简史以及资源赋存与利用情况，并就石油天然气法的概念和石油天然气法律关系进行解析，以便为进一步研究奠定基础。

〔1〕 出自〔美〕格温·戴尔：《气候战争》，冯斌译，中信出版社2010年版，第2页。作者解释说，这个预测“并非预言，而只是气候变化可能导致各类政治危机的相关实例”。但同时作者又认为，“它们之间的联系是非常紧密的”。参见该书第XIII页。

第一节　气候变化与能源开发利用

气候，即相当长时期内一定区域内的天气状况。尽管理论界对气候资源的权属存在争议，但这并未影响国际社会对气候资源的重要性、气候变化及其环境影响达成诸多共识。其中，能源开发利用对气候变化的影响备受瞩目，全球变暖〔1〕尤其成为关注的焦点。

一、气候和气候变化

尽管气候被认为是描述“天气状况”的范畴，但其资源属性却同样受到关注。与气候资源的利用并而行之的，是对气候变化负面效应的深深忧虑。

（一）气候与气候系统

根据政府间气候变化专门委员会（Intergovernmental Panel on Climate Change，IPCC）的定义，气候（Climate）是指“天气的平均状况，或更严格地表述为，在某一时期内对相关量的均值和变率做出的统计描述，而一个时期的长度从几个月至几千年甚至几百万年不等”〔2〕。《美国环境百科全书》对“气候”的解释是：“区域或全球天气状况的累积性总模式”〔3〕。《牛津生态学词典》的解释则为：“意指在相当长的一段时间内（通常为70年以上）一个特定地点所经历的总体天气状况。”〔4〕这些观点的共性是，均认为气候是相当长的时期内一定区域中的天气状况。

〔1〕 Global Warming，又译作“全球暖化”。

〔2〕 政府间气候变化专门委员会：《气候变化2007：综合报告》，政府间气候变化专门委员会2008年版，第78页。载http：//www.grida.no/publications/other/ipcc_tar/?src=/climate/ipcc_tar/wg1/518.htm，最后访问时间：2013年1月4日。

〔3〕 〔美〕威廉·P.坎宁安：《美国环境百科全书》，张坤民主译，湖南科学技术出版社2003年版，第118页。

〔4〕 〔英〕阿勒比（Michael Allaby）编：《牛津生态学词典》（*Oxford Dictionary of Ecology*），上海外语教育出版社2001年版，第85页。

与“气候”密切相关的是“气候系统”（Climatic System）。《联合国气候变化框架公约》将“气候系统”定义为“大气圈、水圈、生物圈和地圈的整体及其相互作用”[1]。《中国资源科学百科全书》对气候系统做出了更详细的解释：“气候系统由大气圈、水圈、冰雪圈、岩石圈和生物圈共同组成的整个体系，它在接受外来的太阳辐射和重力作用下，通过系统内各部分之间的密切而复杂的相互作用，决定地球气候的形成、气候分布和气候变化。”[2]

（二）气候资源及其权属

气候资源，是指气候要素中可为人类利用的自然物质和能量，包括光能资源、热量资源、降水资源、风能资源和大气成分资源等。作为资源的气候要素，在某些情形下与新能源和可再生能源相重叠。[3] 目前对气候资源的存在及其重要性并无争议，但对其法律权属却存在不同观点。2012 年 6 月 14 日通过的《黑龙江省气候资源探测和保护条例》规定，气候资源属国家所有。[4] 然而，这一规定不仅缺乏法律依据，亦不符合经济学逻辑。

该《条例》规定气候资源国家所有，缺乏法律依据。作为地方

---

[1] 《联合国气候变化框架公约》第 1 条。

[2] 孙鸿烈主编：《中国资源科学百科全书》，中国大百科全书出版社、石油大学出版社 2000 年版，第 468 页。

[3] 《可再生能源法》第 2 条规定，可再生能源“是指风能、太阳能、水能、生物质能、地热能、海洋能等非化石能源。”另，《黑龙江省气候资源探测和保护条例》第 2 条规定，气候资源是指能为人类活动所利用的风力风能、太阳能、降水和大气成分等构成气候环境的自然资源。“风力”是指空气在太阳辐射作用下在水平方向运动（即“风”）的强弱和速度。参见王庆一主编：《能源词典》，中国石化出版社 2005 年版，第 412 页；百度百科“风力”词条，载 http：//baike. baidu. com/view/442832. htm，最后访问时间：2012 年 7 月 12 日。“风能”是指风产生的能量。参见王庆一主编：《能源词典》，中国石化出版社 2005 年版，第 412 页。可见，风力是风能的物质来源。“降水”，是指从大气降落到地面的液态水和固态水。参见中国社会科学院语言研究所词典编辑室编：《现代汉语词典》，商务印书馆 2002 年版，第 628 页。由于水能是包括水体的位能、压能和动能的能量，降水是作为可再生能源的水能的直接来源。

[4] 《黑龙江省气候资源探测和保护条例》第 3 条第 1 款。

立法，《黑龙江省气候资源探测和保护条例》就风能、太阳能等的权属做出规定，应有上位法依据。该《条例》规定："根据《中华人民共和国气象法》和有关法律、法规，结合本省实际，制定本条例。"[1] 但遍寻《气象法》条文，也未有规定气候资源所有权的内容。作为"有关法律"的《可再生能源法》是我国目前调整包括风能、太阳能、水能等可再生能源开发利用的专门立法，但该法并未规定可再生能源属于国家所有。该法唯一涉及所有制或者所有权的内容是"国家鼓励各种所有制经济主体参与可再生能源的开发利用，依法保护可再生能源开发利用者的合法权益"[2]。在此情形下，《黑龙江省气候资源探测和保护条例》的制定者援引《宪法》关于自然资源所有权的规定，[3] 来解释该《条例》规定气候资源国家所有权的合法性。对此，即使不考虑此种做法是否具有法理依据、是否符合《立法法》的要求、是否具有目的和手段上的正当性，而仅就宪法关于自然资源所有权理解本身看，其理由也是站不住脚的。《宪法》中规定的属于国家所有的矿藏、水流、森林、山岭、草原、荒地、滩涂等自然资源，均为有形自然资源。如果对《宪法》列举的七项自然资源之后的"等"字做扩张解释，一定要认为这个"等"字内在地包含了气候资源这样的无形自然资源，未免失于牵强。有形自然资源与无形自然资源的诸多自然属性截然不同，不可能在任何一部立法中对其权属做出一刀切的规定。譬如，有形自然资源大多是可专用的（Appropriable），而作为气候资源的无形自然资源则是不可专用的（Inappropriable）。[4] 是否可专用，直接决定配置于这些资源之上的权利性质和具体的制度设计。可专

---

〔1〕《黑龙江省气候资源探测和保护条例》第1条。

〔2〕《可再生能源法》第4条第2款。

〔3〕《宪法》第9条第1款规定："矿藏、水流、森林、山岭、草原、荒地、滩涂等自然资源，都属于国家所有，即全民所有。"

〔4〕See Paul A. Samuelson, William D. Nordhaus, *Economics*, New York: McGraw-Hill, 2000, p. 367.

用资源的权利行使一般是非此即彼的、互斥的；而不可专用资源的权利行使往往可以互不影响。[1] 事实上，即使在《宪法》明确规定的七种自然资源中，只有矿藏和水流（而非“降水”）才是专属国有，而其他五种资源在一定情况下可以属集体所有，[2] 这从另外一个角度说明《宪法》对设定自然资源国家所有权的慎重态度。

该《条例》规定气候资源国家所有，亦不符合经济学逻辑。假定该《条例》的制定者在立法过程中周到而严肃地考察了“气候资源”最基本的经济学特征，即公共物品属性。所谓“公共物品”，是指那些“益处不可分割地散布到整个区域之中，而不管特定的他人是否愿意消费此种物品”[3]。风能、太阳能、降水属于“公共物品”。公共物品无法由市场有效供给，因而在涉及公共物品的领域，需要由国家进行适当管理，而不能仅由市场机制进行调节。但若由此推断国家管理等同于首先设定国家所有权（根据该《条例》的内容，只能作此推论），则显然是一个没有根据的推理。其主要原因在于：公共物品产权化之所以必要，一般需要该物品具备稀缺性以及外部不经济性两个条件。而作为可再生能源的气候资源并不具备这两个条件。其一，在“稀缺性”方面，产权经济学认为，“无论是共有产权起源说，还是私有产权起源说，都建立在一个假设的前提之下，即认为财产或可供人们使用、消费的资源是有限的，是‘稀缺’的”[4]。在此种情形下，借助于产权制度，可以通过价格或者其他形式进行某种形式的分配（配置）。然而，风能、太阳能等既不符合马尔萨斯理论的绝对稀缺特征，也不符合大

---

〔1〕 在此是指风能资源本身的不可专用性，而非指权利特定化之后的状态。例如，甲风电公司被批准在A风电场开发风能资源，乙风电公司当然不能同时在A风电场开发风能资源。这是资源开发权利的专用性，而不是风能资源本身的专用性。

〔2〕《宪法》第9条第1款规定：“……由法律规定属于集体所有的森林和山岭、草原、荒地、滩涂除外。”

〔3〕 Paul A. Samuelson，William D. Nordhaus，*Economics*，New York：McGraw－Hill，2000，p. 372.

〔4〕 蓝虹：《环境产权经济学》，中国人民大学出版社2005年版，第30页。

卫·李嘉图理论的相对稀缺特征。在人类可预见的时间范围内，这些资源（能源）是不可耗竭的。亦即，该《条例》所调整的气候资源不具备经济学上的稀缺性，由此失去了产权化的一个重要依据。其二，所谓“外部不经济性”，即“一方的生产或者消费给他方带来无补偿的成本的情形”〔1〕。外部不经济性最著名例子是“公地的悲剧”。〔2〕我们可以想到的，利用风能的外部不经济性包括对周围居民的噪声影响、对风电场所在地区生物多样性的影响〔3〕等；光伏电池造成的铅污染等。但一个关键问题是：产权化能否成为应对这些外部不经济性的必要的、有效的措施？经济学上应对外部不经济性的手段包括政府行动和私人行动两种。其中，政府行动包括直接控制（如行政命令等）以及市场手段（如排污费、排污许可交易等），私人行动包括承担法律责任、谈判与科斯规则等。〔4〕对于上述可能出现的利用可再生能源的负外部性，可以通过现有的法律工具进行内部化。〔5〕不能想象在风能、太阳能之上设定国家所有权要比利用现行被证明行之有效的政府行动和私人行动产生的效率高多少。相反，对公共物品设置所有权，势必会增加利用这些物

---

〔1〕 Paul A. Samuelson, William D. Nordhaus, *Economics*, New York: McGraw-Hill, 2000, p. 764.

〔2〕 公地的悲剧是指这样一种现象：将尚未耕种的土地作为牧场（“公地”）无偿向牧民开放，每个牧民都放养尽可能多的牛羊。随着牛羊数量无节制地增加，牧场最终因超出生态负荷而成为不毛之地，牧民的牛羊也最终全部饿死。一般认为，产生“公地的悲剧”的主要原因是土地资源权属不明确。

〔3〕 参见 Bats, “Birds and Blades: Wind Turbines and Biodiversity”，载 http://www.marklynas.org/2011/06/bats-birds-and-blades-wind-turbines-and-biodiversity/，最后访问时间：2012 年 7 月 19 日。但也有观点认为，海上风电场有利于生物多样性，参见“Offshore Wind Farms are Good for Biodiversity, Say Researchers”，载 http://www.businessgreen.com/bg/news/2100917/offshore-wind-farms-biodiversity-researchers，最后访问时间：2012 年 7 月 19 日。

〔4〕 See Paul A. Samuelson, William D. Nordhaus, *Economics*, New York: McGraw-Hill, 2000, pp. 376 ~ 379.

〔5〕 例如环境规划制度、环境影响评价制度等。

品的实际成本——无论是显性成本还是隐性成本，由此降低整个社会经济系统的运行效率。特别是，对社会成员必需的公共经济资源设定基础性权利，对产权管理将提出更高的要求。这将增加公共行政负担，由此不但不利于社会经济系统运行效率的提高，甚至可能与现行的有关可再生资源管理的法律制度纠缠冲突，产生负面效应。

（三）气候变化及其影响

对“气候变化”（Climate Change）内涵的认识，目前存在较大差异。IPCC 认为，“气候变化是指气候平均状态下统计学意义上的巨大改变或者持续较长一段时间（典型的为数十年或更长）的气候变动。气候变化可能因为自然的内外部作用力产生，也可能因为人类活动对大气成分及土地用途的改变而产生”〔1〕。《联合国气候变化框架公约》更强调人类活动而导致的气候变动，认为气候变化是指“除在类似时期内所观测的气候的自然变异之外，由于直接或间接的人类活动改变了地球大气的组成而造成的气候变化”〔2〕。本书倾向于后者的观点，即气候变化是指由于人为活动直接或间接地改变地球大气组分，致使气候系统发生显著改变或者持续较长一段时间的变动。

近些年来，因气候变化而产生的不利影响日益受到国际社会的关注。根据《联合国气候变化框架公约》，“气候变化的不利影响”指气候变化所造成的自然环境或生物区系的变化，这些变化对自然的和管理下的生态系统的组成、复原力或生产力，或对社会经济系统的运作，或对人类的健康和福利产生重大的有害影响。〔3〕其中，

---

〔1〕 Intergovernmental Panel on Climate Change, *Appendix I: Glossary*，载 http://www.grida.no/publications/other/ipcc_tar/?src=/climate/ipcc_tar/wg1/518.htm，最后访问时间：2013 年 1 月 4 日。

〔2〕《联合国气候变化框架公约》第 1 条。这一定义在逻辑上不严谨，存在循环定义问题。

〔3〕《联合国气候变化框架公约》第 1 条。

气候变暖、酸雨和臭氧层破坏是最主要的三方面问题。目前国际社会探讨最多的气候变化问题，主要是大气中因温室气体增加而产生的全球气候变暖问题。所谓“温室气体”，是指大气中吸收和重新释放出红外辐射的自然的和人为的气态成分，包括二氧化碳、甲烷、一氧化二氮、氟氯烃、臭氧等30余种气体。〔1〕

气候变化对人类社会的影响主要体现为冰川消融、海平面上升、极端气候、粮食减产、物种灭绝等。因全球气候变暖，冰川在全球越来越多的地区融化，这将导致数以百万的人口面临洪水、干旱以及饮用水减少的威胁。海平面上升与温度升高的趋势相一致。1961年至2003年间，全球平均海平面以每年1.8毫米的平均速率上升。自1993年以来，海洋热膨胀对海平面上升的预估贡献率占所预计的各贡献率之和的57%。〔2〕暴雪、暴雨、暴风雪、洪水、干旱、飓风等极端天气在近些年来异常频繁，主要原因之一是气候变暖。地表气温升高引起水面蒸发加大、水循环速率加快，使风暴的能量更强，增加大暴雨和极端降水事件以及局部洪涝出现的频率；一些地区龙卷风、强雷暴以及狂风和冰雹等强对流天气也会增多；大气水分的增多，也可能使一些较寒冷地区暴风雪的强度和频率增加。〔3〕全球气候变暖导致农业生产不稳定性增加，高温、干旱、虫害等因素都可能造成粮食减产。研究表明，如果全球平均温度与1980~1999年相比增幅超过1.5℃~2.5℃，所评估的20%~30%的物种可能面临增大的灭绝风险；如果全球平均温度升高超过约3.5℃，则全球将出现大量物种灭绝。〔4〕

---

〔1〕 参见王庆一主编：《能源词典》，中国石化出版社2005年版，第596页。

〔2〕 参见政府间气候变化专门委员会：《气候变化2007：综合报告》，政府间气候变化专门委员会2008年版，第30页。

〔3〕 参见“什么是极端天气?”载http://www.gesep.com/news/show_30_320265.html，最后访问时间：2013年11月7日。

〔4〕 参见政府间气候变化专门委员会：《气候变化2007：综合报告》，政府间气候变化专门委员会2008年版，第13页。

气候变化对我国的国家安全亦将产生重大影响。气候变化引起海平面上升，将导致我国陆地面积减少，有可能淹没沿海经济发达地区，威胁海疆安全；导致荒漠化加剧，使国土质量下降；通过影响径流量，对淡水资源产生影响；增加粮食生产的不确定性，对农业生产布局、结构和成本产生重大影响；其引发的极端气候事件，则严重威胁我国民众的生命财产安全和生活质量。不仅如此，气候变化还制约我国未来发展空间和潜力，使自主选择空间受限，甚至对重大国防和战略性工程以及军队建设产生影响。[1]

二、能源及其气候影响

能源（Energy）是指能够提供能量的物质或者物质运动。[2]我国《节约能源法》规定，能源是指煤炭、石油、天然气、生物质能和电力、热力以及其他直接或者通过加工、转换而取得有用能的各种资源。[3]

能源可以按照不同标准进行分类。按照产生方式，能源可以分为一次能源和二次能源。其中，一次能源是指从自然界开采，直接被使用的能源，即自然资源中所蕴含的未经人为转化或转换的能源，如具体包括煤炭、原油、天然气、煤层气、水能、核能、风能、太阳能、地热能、生物质能等；二次能源是指由一次能源经过加工转换以后得到的能源，如电力、热力、成品油等。[4]

按照利用状况，能源可以分为常规能源和新能源。常规能源是指在一定的科学技术水平条件下已被广泛利用的能源，如煤炭、石油、天然气、水能等。[5]新能源是指在新技术的基础上开发利用

〔1〕 参见张海滨：《气候变化与中国国家安全》，时事出版社 2010 年版，第 61 ~ 179 页。

〔2〕 参见肖乾刚、肖国兴编著：《能源法》，法律出版社 1996 年版，第 21 页。

〔3〕《节约能源法》第 2 条。

〔4〕 参见维基百科“一次能源”词条，载 http：//zh. wikipedia. org/zh – cn/% E4% B8% 80% E6% AC% A1% E8% 83% BD% E6% BA% 90，最后访问时间：2010 年 10 月 2 日。

〔5〕 参见肖乾刚、肖国兴编著：《能源法》，法律出版社 1996 年版，第 21、23 页。

的能源,[1]如太阳能、地热能、风能、海洋能、生物质能等。

按照能源的再生性，能源可以分为可再生能源和非可再生能源。可再生能源是指可以连续再生、永续利用的一次能源,[2]包括风能、太阳能、水能、生物质能、地热能、海洋能等非化石能源。[3]非可再生能源是指开采利用后在可预见的期间内难以再生的能源，一般指化石能源。[4]尽管可再生能源发展势头迅猛，但目前世界能源消费构成仍以煤炭、石油和天然气等非可再生能源为主。2007 年至 2011 年间，世界煤炭、石油、天然气等化石能源占一次能源消费的比重仍然超过 70%，虽然各个年份在构成比例上有所差别。[5]

此外，按照经济属性划分，能源可以分为商品能源和非商品能源；按照生产和利用对环境的影响划分，能源可以分为清洁能源和非清洁能源;[6]按照储存状况划分，能源可以分为含能体能源和过程性能源；按照使用方式划分，能源可以分为燃料性能源和非燃料性能源；按照赋存状态划分，可以分为固体能源、液体能源、气体能源、核燃料和载体能。[7]

能源利用与经济发展之间存在着高度的正相关关系。1950 年至 2006 年，美国 GDP 年均增长 3.36%，能源消费量年均增长 1.91%。第一次石油危机期间，美国经济出现衰退。与 1973 年相

---

〔1〕 参见陈新华：《能源改变命运——中国应对挑战之路》，新华出版社 2008 年版，第 268 页。

〔2〕 参见陈新华：《能源改变命运——中国应对挑战之路》，新华出版社 2008 年版，第 267 页。

〔3〕《可再生能源法》第 2 条。

〔4〕 参见肖乾刚、肖国兴编著：《能源法》，法律出版社 1996 年版，第 22 页。

〔5〕 参见“2005～2011 年世界一次能源消费结构”，载 http://www.cngascn.com/html/news/show_news_w1_1_19252.html，最后访问时间：2013 年 5 月 2 日。

〔6〕 参见赵小平主编：《能源管理工作手册》，中国市场出版社 2008 年版，第 2 页。

〔7〕 参见肖乾刚、肖国兴编著：《能源法》，法律出版社 1996 年版，第 23 页。

比，能源消费下降了4.9%；相应地，1975年GDP下降了0.7%。近30年来，发展中国家的经济总量和能源消费增长较快。1975～2006年，巴西和印度的GDP分别增长了1.5倍和3.9倍，而能源消费分别增长了1.3倍和1.7倍。[1]在我国，2002年至2009年，煤炭消耗量连续8年同比增长10%左右；石油消耗量的增加在2005年及2006年略有放缓，但2009年增速接近10%。[2]2011年，全年能源消费总量32.5亿吨标准煤，较上年增长5.9%。[3]2012年，全年能源消费总量36.2亿吨标准煤，较上年增长3.9%。[4]相应地，我国近年来经济亦呈快速发展势头。

关于能源开发利用的气候影响，国际社会目前已形成一些共识。能源利用过程中产生的二氧化硫、二氧化碳、氮氧化物、一氧化碳、烟尘和汞等污染物，是造成气候变暖、大气污染和酸雨的主要原因。不同种类的能源在开发过程中，会不同程度地对气候系统造成影响。太阳能、风能、生物质能等新能源对气候的影响相对较小，而一次能源中的煤炭、石油、天然气、大中型水电等常规能源对气候的影响相对较大。与煤炭和石油相比，天然气作为仅含碳氢元素的能源，相对清洁，[5]但在使用过程中仍排放二氧化碳。

第二节 石油天然气与石油天然气法

石油天然气之于气候系统的影响，更多地源于其自然属性；赋

---

〔1〕参见魏一鸣等：《中国能源报告（2008）：碳排放研究》，科学出版社2008年版，第2页。

〔2〕参见中国三星经济研究院：《中国的能源危机与替代能源开发》，2010年印，第1～2页。

〔3〕参见国家统计局：《中华人民共和国2011年国民经济和社会发展统计公报》。

〔4〕参见国家统计局：《中华人民共和国2012年国民经济和社会发展统计公报》。

〔5〕另见下文关于石油天然气自然属性的相关内容。

存数量的有限性、赋存状态的不确定性和赋存地域的不均衡性，则是其作为能源资源的重要经济属性。循时间线索对石油天然气的利用历史进行简要梳理后可见，这两种重要的能源资源正是由于具备独一无二的自然属性和经济属性，才使人类在相当长的历史时期内——并在可预见的未来一定时期内仍然——“欲罢不能”。石油天然气资源的赋存和生产与消费状况，则似可更直接地解释各国石油天然气政策的差异以及因此形成的冲突与博弈。在这些背景下，石油天然气法应运而生。

一、石油天然气概述

石油天然气作为能源资源的战略地位，与其自然属性和社会属性双重相关。石油天然气均属烃类混合物。赋存数量的有限性、赋存状态的不确定性和赋存地域的不均衡性，是其主要的经济属性。

（一）石油天然气的自然属性

根据1983年第11届世界石油大会给出的定义，石油（Petroleum，Oil）是指气态、液态和固态的烃类混合物，[1]包括原油、天然气、天然气液和天然焦油等四种形态。其中，原油（Crude Oil）是石油的基本类型，储存在地下储集层内，在常压条件下呈液态，其中也包括少部分液态的非烃组分；天然气（Natural Gas）是石油的主要类型，呈气态，或处于地下储层条件时溶解在原油内，在常温和常压条件下呈气态，其中也包括一部分非烃组分；天然气液（Natural Gas Liquids）是天然气的一部分，在天然气处理装置中呈液态回收，主要包括天然气汽油和凝析油，也可能含有少量C_1－C_4烷烃和非烃成分；天然焦油（Nature Tar）是石油沉积物，呈半

〔1〕 烃是仅由碳和氢组成的化合物。最简单的烃是甲烷，它是天然气的主要成分。原油富含多种烃。参见王庆一主编：《能源词典》，中国石化出版社2005年版，第6页。

固态或固态，含有少量硫、氮、氧、金属化合物和非烃物质。[1] 可见，在自然属性上，天然气是石油的一种形态。

在实践中，一般将作为石油最重要形态的“原油”泛称为“石油”，同时将作为石油形态之一的“天然气”独立出来。本书沿用这些习惯称谓。除非特别说明，本书在有关上游产业的研究中，“石油天然气”一般指作为矿产资源的石油天然气资源；在有关中下游产业的研究中，“石油天然气”一般指石油天然气产品。

尽管石油与天然气同属烃类混合物，但二者之间亦存在诸多区别。在资源赋存丰度和开采成本方面，天然气资源较石油资源更为丰富，可采年限更长，且其勘探开发成本较石油低。在清洁性方面，石油不是清洁性能源，而天然气燃烧后的主要产物是二氧化碳和水，其单位燃烧热量放出的温室气体二氧化硫比石油少1/3。[2]

近年来广受关注的煤层气和页岩气，亦属于天然气的范畴，一般将其归类为“非常规天然气”。煤层气（Coal - bed Methane, CBM），是指赋存于煤层中、以吸附和游离的方式存在于煤孔隙和裂隙中的烃类气体，是煤的伴生矿产资源。煤层气解析进入巷道，即为煤矿瓦斯（Coal Mine Methane，CMM）。[3] 煤层气的温室效应是二氧化碳的21倍。在我国，经常与煤层气同时提及的是“煤制气”，即以煤为原料，经过加压气化后脱硫提纯制得的含有可燃组分的气体。

页岩气，是指以吸附和游离状态赋存于泥页岩地层中的天然气

---

〔1〕 参见陈绍洲、徐佩若编著：《石油化学》，华东化工学院出版社1993年版，第1~2页；赖向军、戴林：《石油与天然气——机遇与挑战》，化学工业出版社2005年版，第4页。关于石油和天然气的形成过程，参见Richard Eden, Michael Posner, Richard Bending, Edmund Crouch and Joe Stanislaw, *Energy Economics*, Cambridge: Cambridge University Press, 1981, pp. 77~78. 我国《对外合作开采海洋石油资源条例》规定，石油是指蕴藏在地下的、正在采出的和已经采出的原油和天然气。

〔2〕 参见黄振中、赵秋雁、谭柏平：《中国能源法学》，法律出版社2009年版，第211~212页。

〔3〕 参见王庆一主编：《能源词典》，中国石化出版社2005年版，第127页。

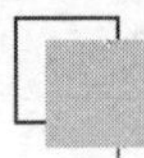

聚集。[1] 详言之，页岩气是赋存于暗色富有机质和极低渗透率的泥页岩、泥质粉砂岩以及砂岩夹层系统中，在页岩孔隙和天然裂缝中以游离方式存在，在干酪根和黏土颗粒表面上以吸附状态存在，甚至在干酪根和沥青质中还可能以溶解状态存在的天然气，是自生自储、连续聚集的非常规天然气藏，赋存于富有机质泥页岩及其夹层中，以吸附或游离态为主要存在方式的非常规天然气。[2]

液化石油气和液化天然气亦需关注。液化石油气（Liquefied Petroleum Gas，LPG）是炼厂气、天然气、油田伴生气中的轻质烃类在加压和降温的条件下冷凝成的液态物，可用作城市煤气、清洁汽车燃料和石油化工燃料。液化天然气（Liquefied Natural Gas，LNG）是一种常见的天然气形态，是指在高压和深度冷冻的条件下冷凝而成的液态天然气。液化天然气便于存储和运输，使用时再重新气化。[3]

石油天然气有特定的计量单位。在上游领域，石油的计量单位一般为“吨”或者“桶”。1 吨约等于 7 桶；若油质较轻（稀），则 1 吨约等于 7.2 桶或 7.3 桶。在下游领域，欧美国家的加油站通常以“加仑”为单位，我国的加油站则以“升”计量，其换算关系为：1 桶 = 42 加仑；美制 1 加仑 = 3.785 升；英制 1 加仑 = 4.546 升。民用天然气的计量单位是“立方米”。根据国际标准 ISO7504 - 84 的规定，其为 0℃ 和 0.101325 帕大气压力的标准状态下的天然气体积。在大宗计量或储运时，天然气呈液态，常以“吨”来计量。

（二）石油天然气的经济属性

石油和天然气的经济属性可以归纳为赋存数量的有限性、赋存

---

〔1〕 参见张金川等：“页岩气及其勘探研究意义”，载《现代地质》2008 年第 4 期。

〔2〕 参见肖钢、白玉湖：“基于环境保护角度的页岩气开发黄金准则”，载《天然气工业》2012 年第 9 期，第 98 页。

〔3〕 参见王庆一主编：《能源词典》，中国石化出版社 2005 年版，第 276 页。

状态的不确定性和赋存地域的不均衡性等三个方面。[1]

首先，赋存数量的有限性。石油和天然气属于耗竭性资源，具有稀缺性和赋存数量的有限性特征。同时，由于在现有技术条件下石油天然气之于社会经济发展的不可替代性，使其战略地位异常突出。也正因石油天然气是一种耗竭性资源，世界各国均不同程度地采取节约利用、积极开发替代资源等措施，由此亦与应对气候变化密切相关。

其次，赋存状态的不确定性。石油天然气资源赋存状态的不确定性主要受到储量、储采比、禀赋条件、技术进步等方面的影响。其中，储量是指在现有技术和经济条件下可以商业性采出的石油天然气数量；储采比是指年末剩余储量除以当年产量，得出剩余储量按当前生产水平尚可开采的年数，[2] 反映石油天然气资源后备储量情况；禀赋条件是指石油天然气资源储藏的含油气层的埋藏深度、数目、自然环境等；矿产资源开采技术的进步推动资源替代或者使用效率的提高。

最后，赋存地域的不均衡性。尽管目前全球各大洲均发现了石油天然气资源，但资源分布极不均匀。例如，近年发现的600多个沉积盆地中，160多个盆地发现了40 000多个油田，其中25个大油田集中了世界最终可采储量的90%。石油的生产、消费和产能分布亦极不均匀。全球已探明的石油储量主要集中在中东（主要为波斯湾沿岸国家）、拉美（委内瑞拉、墨西哥）、非洲（利比亚、尼日利亚、阿尔及利亚、埃及）、俄罗斯、亚洲（中国、印度尼西亚）、北美（美国和加拿大）、北欧（挪威）和西欧（英国）等主

---

〔1〕 有观点认为，石油的属性包括高度依赖性（对于国民经济发展而言）、稀缺性和分布的不均衡性等三方面的特点。参见王丹：《中国石油产业发展路径：寡占竞争与规制》，中国社会科学出版社2007年版，第126页。也有观点认为，石油的特点包括稀缺性、垄断性和不确定性。参见张颖：《中国石油业发展中的垄断问题研究》，新疆财经大学2007年硕士学位论文，第8~9页。

〔2〕 参见王庆一主编：《能源词典》，中国石化出版社2005年版，第16页。

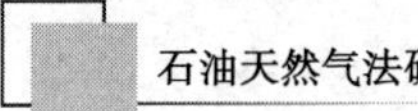

要储油地区，其中有超过60%的石油储量分布在中东地区。同时，世界上也有很多地区尚未发现石油资源。而石油的消费地，则主要集中在北美、亚太和欧洲地区。[1]

（三）石油天然气的战略地位

19世纪后半叶到20世纪初，石油主要用于照明和润滑。20世纪前20年，由于汽车的广泛使用和拖拉机在农业上的推广，加之第一次世界大战爆发，石油逐渐成为一种重要的能源和战争物资。第二次世界大战的爆发和其后的冷战、局部战争以及两次石油危机，使石油的战略地位被提升至空前的高度，并集中体现在经济和政治两方面。

石油是现代文明发展的重要基础，被认为是“工业的血液”。20世纪50年代后，石油化学工业蓬勃兴起，并已成为经济发展不可或缺的重要能源和原料，在世界工业总产值中所占比重达10%。石油成品油因热量高且易于储存、运输，成为工农业生产必不可少的能源。随着近代科学技术的迅速发展，石油的重要作用已经渗透到国民经济发展的各个领域。[2]石油的用途可以概括为两个方面：作为汽车、飞机、轮船、各种机器的动力燃料、工业锅炉和生活燃料；以及作为基础化工、润滑剂和民用、建筑、交通等材料领域的基础原料。目前全球原油绝大部分被加工成汽油、柴油、煤油、润滑油、石蜡、沥青等产品。[3]

由于环境保护压力不断加大、能源需求持续增加以及液化天然气的成本大幅下降，天然气在各国能源结构中的地位也在日益上升。在美国和欧盟，天然气在能源消费中的比重均已占到约1/4。在亚洲，天然气消费量占世界总量的比重已从1960年的2%上升到

---

〔1〕刘德成：《石油安全理论与实践问题研究》，中共中央党校2006年博士学位论文，第5~6页。

〔2〕参见中国石油天然气集团公司职业技能鉴定指导中心编：《加油站操作员（销售专用）》，中国石油大学出版社2008年版，第2页。

〔3〕参见任晓娟主编：《石油工业概论》，中国石化出版社2007年版，第5页。

目前的12%，预计到2030年将达到19%。有预测认为，2020年至2025年，天然气将取代石油成为全球第一大能源品种。[1]尽管水电、核电、太阳能、风能、生物质能等新能源和可再生能源正在不同程度地发展，并受到越来越多的重视，但在今后相当长的一段时间内，其利用规模仍然无法与石油天然气相提并论。《世界能源展望2040》报告预测，到2040年，能源需求将比2010年增长30%左右，其中发展中国家能源需求将增长近60%。低碳燃料，尤其是天然气，将赢得市场，来自页岩和其他非常规岩层的天然气将占全球天然气产量的30%。[2]

在政治层面，石油因素对国际关系、大国的对外政策正在产生着重要影响，成为很多国家决定其政治和外交政策的重要考量因素，对地缘政治影响巨大。[3]"石油的故事是跨国公司和全球政治的故事。"[4]在极端情况下，石油甚至成为现代战争的导火索。例如，美国发动的海湾战争、阿富汗战争和伊拉克战争，俄罗斯的两次车臣战争，非洲的安哥拉内战、刚果内战、尼日利亚内战，均与石油"如影随形"。[5]就现代战争本身而言，石油作为一种重要的作战物资，其消耗量在现代战争中所占比例越来越大。石油在战争中不仅影响军队机动性和战斗能力，而且往往改变军队作战部署和战役进程，甚至决定战争的结局，从而对战争胜负和国防安全产生

---

〔1〕参见王建生："天然气能源地位日益上升"，载《西安日报》2004年4月1日。

〔2〕参见中国石油新闻中心："石油商报：解读埃克森美孚《能源展望报告》"，载http：//news. cnpc. com. cn/system/2011/12/16/001359540. shtml，最后访问时间：2013年1月8日。这一判断部分地基于美国非常规天然气勘探开发方面获得的成功。

〔3〕参见浩君：《石油效应：全球石油危机的背后》，企业管理出版社2005年版，第24~27页。

〔4〕〔美〕约瑟夫·P. 托梅因、理查德·D. 卡达希：《美国能源法》，万少廷译，法律出版社2008年版，第124页。

〔5〕参见浩君：《石油效应：全球石油危机的背后》，企业管理出版社2005年版，第55页。

重要影响。[1]

二、石油天然气利用简史

人类对石油天然气的开发利用拥有上千年的历史，但极大规模的开发利用始于现代。没有石油天然气的有效开发和利用，就没有现代社会的发展与进步。

（一）世界石油天然气利用历史

1. 石油利用历史

按照石油的利用形式及其在社会经济发展中的作用，世界石油利用历史可划分为前煤油时代（19 世纪 50 年代之前）、煤油时代（19 世纪 50 年代至 20 世纪初）、汽油时代（20 世纪初至第二次世界大战结束）、石油化工时代（第二次世界大战结束至 20 世纪末）以及清洁能源时代（20 世纪 90 年代至今）等五个发展阶段。

第一阶段是“前煤油时代”。人类对石油的开采和利用历史可以追溯到几千年前。公元前 10 世纪，古埃及、古巴比伦等文明古国就有开发利用天然石油的记载。在人类历史上，石油在宗教、医药、照明、润滑、建筑、军事等方面都起过重要的作用。[2] 然而在 19 世纪 50 年代之前，由于石油开采利用技术尚不发达，人类社会的主要能源还是煤、薪柴和水力等。尽管人类对石油也进行一些非商业性的开发活动，但规模很小，没有走上工业化大规模开采利用的道路。

第二阶段是“煤油时代”。随着 18 世纪英国工业革命的兴起，法国、德国、美国等国家相继进入了工业化社会。1854 年，美国第一家石油公司“纽约宾夕法尼亚石油公司”宣告成立。1857 年，公司派埃德温·德雷克（Edwin Laurentin Drake）去宾夕法尼亚州的提特斯维尔探油。1859 年，德雷克在此地钻成了第一口现代石

---

〔1〕 参见杨嵘：“石油产业的性质和技术经济特点”，载《河南石油》2003 年第 4 期，第 69 页。

〔2〕 参见李德生、罗群：《石油——人类文明社会的血液》，清华大学出版社 2002 年版，第 22 页。

油井。[1] 德雷克井的开采带动了美国石油的大规模商业性开采。在这一浪潮中，美国开采的石油不但满足了国内煤油灯所需的全部燃油，还将煤油销往国外，成为世界上第一个进行大规模商业开采和出口的国家。[2] 自此，美国石油工业体系开始迅速发展，成为世界石油工业的发源地。由于这一时期的主要石油产品是灯用煤油，因此可称其为“煤油时代”。

第三阶段是“汽油时代”。19 世纪末，随着电灯的发明和普及，石油作为灯用燃油的时代逐步走向终结。以石油为燃料的各种内燃发动机相继被发明出来并得到了广泛的应用，石油逐渐成为交通运输业的主要燃料，人类社会步入“汽油时代”。1913 年底，美国福特汽车公司建成了世界上第一条汽车生产线，流水线作业的推广大大提高了汽车的产量。[3] 在其后的半个世纪间，随着汽车工业在全球范围内的迅猛发展，作为汽车燃料的汽油日益成为与人类生活息息相关的物品。此外，两次世界大战亦反映了石油的重要价值。在战争中，以石油为燃料的汽车、飞机和船舰被大规模地投入使用，石油的生产和供应成为参战各国的战略需要。战争使石油的重要性获得了更高程度的重视，进一步促进了世界石油工业的发展。此间，世界石油总产量快速增长：1900 年为 2043 万吨，1920 年为 9437 万吨，1930 年为 1.9 亿吨，1940 年则达到 2.9 亿吨。[4]

第四阶段是“石油化工时代”。第二次世界大战结束至 20 世纪末，世界石油工业发生了诸多重大变化。石油不仅在人类生活中的

---

〔1〕 参见王才良：《世界石油工业 140 年》，石油工业出版社 2005 年版，第 6 页。

〔2〕 参见〔美〕迈克尔·埃克诺米迪斯、罗纳德·奥利格尼：《石油的色彩——世界最大产业的历史、金钱和政治》，刘振武、刁顺、张镇译，石油工业出版社 2002 年版，第 55 页。

〔3〕 参见维基百科“福特汽车”词条，载 http://zh.wikipedia.org/wiki/%E7%A6%8F%E7%89%B9%E6%B1%BD%E8%BD%A6，最后访问时间：2013 年 12 月 11 日。

〔4〕 参见傅诚德：《科学技术对石油工业的作用及发展对策》，石油工业出版社 1999 年版，第 42 页。

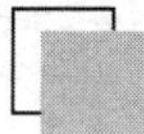

地位日趋重要，而且成为一国经济命脉。在此期间，世界石油产量大幅增长，几乎每十年翻一番；[1] 中东地区的石油得到了大量开发，逐步代替墨西哥湾地区发展成为世界石油工业的新中心；石油的加速开发以及美苏大国的能源政策，使得世界石油市场出现了供过于求的局面，导致石油价格不断下跌。廉价石油在帮助战后西方国家恢复经济增长的同时，也使产油国蒙受损失，由此直接导致石油输出国组织（Organization of Petroleum Exporting Countries，OPEC，亦作“欧佩克”）的成立。[2] 经济的恢复和发展，使人们对能源和材料——特别是橡胶、塑料、纤维等合成材料——的需求大增，从而带动了许多新兴产业的发展，如合成树脂、合成纤维、合成橡胶三大合成产业在这一阶段就获得了较快的发展。石油化工日益成为化学工业的主导产业，遍及工业、农业、国防、交通运输和人们日常生活中的各个领域。[3]

第五阶段是“清洁能源时代”。随着全球经济的进一步发展，各国对石油资源的需求量越来越大。然而由于石油资源固有的可耗竭资源属性，需求不断增加的趋势与资源有限性之间的矛盾日益突出。20 世纪 70 年代的两次石油危机，更使西方国家意识到完全依赖石油资源对国家安全的严重威胁。几乎与此同时，因石油等传统能源的开发利用而导致的环境污染问题集中显现，促使人类开始关注环境问题，可持续发展理念在全球范围内获得广泛共识。在此背景下，能源资源的可获得性和清洁性以及新能源和可再生能源的开发利用越发受到世界各国的重视。尽管在未来相当长一段时间内石油仍将是各主要工业化国家最重要的能源，但随着能源结构的不断调整，新能源和可再生能源在全球范围内的开发利用必将成为“清洁能源时代”的最主要特征。

---

〔1〕 参见傅诚德：《科学技术对石油工业的作用及发展对策》，石油工业出版社 1999 年版，第 42 页。

〔2〕 参见刘波：《石油与 20 世纪的变迁》，河南大学出版社 2005 年版，第 19 页。

〔3〕 参见刘波：《石油与 20 世纪的变迁》，河南大学出版社 2005 年版，第 17 页。

2. 天然气利用历史[1]

早在几千年前，人类就已认识到天然气的存在。在古希腊、古印度、古波斯和中国的文献资料中，都有过天然气的记录。我国是世界上最早大规模开采、应用天然气的国家。早在公元前11世纪至公元前771年，西周时期的《周易》中就出现了"泽中有火"的记载。

19世纪初，俄国和美国相继开采和使用天然气。19世纪20年代，美国成立了第一家天然气公司，其后欧洲一些国家陆续成立了多家燃气照明公司。到19世纪中后期及20世纪初期，天然气消费量不断增加，用途亦不局限于照明，天然气贸易随之出现。20世纪前20年，美国相继发现门罗气田（Monroe Field）、潘汉德·胡果顿气田（Panhandle Hugoton Field）等大气田，建立了多条跨州输气管道，天然气逐步代替了煤制气，产业体系逐步形成并完善。在这一阶段，前苏联、加拿大、墨西哥等国的天然气工业也开始起步。这一时期可称之为天然气产业的"起步"时期。

20世纪50年代至70年代，现代天然气产业进一步发展。由于战争中对能源的大量需求以及战后恢复经济的需要，世界各国对天然气等能源的需求十分巨大，这将世界天然气产业带入了"大发展"时期。在这一时期，世界天然气探明储量和产量得到大幅度的增长，天然气在世界能源结构中的比重逐步提高。

20世纪70年代之后，世界天然气产业逐步迈向"成熟"时期。这一时期，世界天然气的探明储量和产量均快速增长。1970年至2007年，世界天然气产量年均增长3.1%，超过了同期原油年

---

[1] 除特别注明外，本部分的主要参考文献为：王才良：《世界石油工业140年》，石油工业出版社2005年版，第59～63页；蒋健蓉："以史为镜——世界天然气产业发展的六个阶段"，载 http：//finance.ifeng.com/stock/hgyj/20120709/6728691.shtml，最后访问时间：2014年1月8日。

均1.4%的增长率。[1] 近10年来，天然气液化和储存技术不断进步，长距离输气管线和海底输气管线大规模建设，为天然气产业的快速发展提供了必要条件。与此同时，致密气、煤层气、页岩气、天然气水合物等非常规天然气资源也逐渐获得重视。20世纪90年代初，美国率先出现了天然气期货交易，天然气产业体系的发展更加完善。随着产气国政府对天然气的价格和使用范围放宽控制，全球性的天然气消费市场正在逐步形成。[2]

（二）我国石油天然气利用历史

我国是世界上最早发现和利用石油的国家之一。我国汉代就已有关于石油的记载，直至清代，在山西、甘肃、四川、广东、台湾等地区都曾发现石油。历史上，石油曾被称为“石漆”、“膏油”、“石脂”、“脂水”、“可燃水”等，北宋科学家沈括提出了“石油”这一命名。[3] 对于石油的开发利用，在宋代已有石油加工作坊和储存石油的油池。至迟于明代中叶，官方已经开始主持大规模的钻井油田。[4] 近代以来，因秉持闭关政策，加之外国的大规模侵略，我国石油工业发展缓慢，[5] 但仍有进展。1861年，台湾理蕃通事邱苟挖了一口深3尺的油井，每日可产油40公斤，为当时亚洲第一、世界第二口油井。1877年，清政府开发台湾出磺坑油井，每天产油1500公斤，但一年后油枯关闭。1902年，新疆乌苏县发现独山子石油矿藏。1904年，陕西延长县拨款创办延长石油官厂，

---

〔1〕 参见崔民选、王军生、陈义和：《天然气战争——低碳语境下全球能源财富大转移》，石油工业出版社2010年版，第141页。

〔2〕 参见钱凯、李本亮：“天然气时代何时到来”，载《天然气工业》2004年第4期。

〔3〕 参见沈括著《梦溪笔谈》云：“鹿延境内有石油，旧说高奴县出脂水，即此也。”参见刘波：《石油与20世纪的变迁》，河南大学出版社2005年版，第8页。

〔4〕 参见邢润川：“我国历史上关于石油的一些记载”，载《化学通报》1976年第4期。

〔5〕 参见李德生、罗群：《石油——人类文明社会的血液》，清华大学出版社2002年版，第18页。

由候补知县洪洋任总办，开始采石油。1907 年，延长油厂用小铜釜提炼原油成功，每日可得 12.5 公斤，中国炼油工业由此发端。1937 年，新疆独山子油田被发现，最高原油日产达 110 吨。1939 年 8 月，新疆玉门油田第一口油井出油。[1]

我国古代对于天然气的开采利用水平亦处于当时世界前列。据《史记》载，公元前 3 世纪，我国四川邛崃一带即已发现天然气，时称“火井”。当地居民凿井汲卤，并利用开采盐井过程中取得的天然气煮卤熬盐。至东汉，四川的盐井已遍及临邛、成都、南充等地，利用天然气做饭熬盐随之也普及到上述地区。公元 13 世纪开始，人们已能对四川自贡、富顺和荣县一带的浅层天然气进行大规模的开发和利用。至明中叶，自流井天然气的开发规模已相当庞大，地面的输送管线已能形成比较完善的集输系统。[2] 然而进入近代，我国天然气产业发展缓慢。至 1949 年，我国只有 3 个小气田，年产量仅为 1000 万立方米。天然气的开采方法和设备落后简陋，在能源生产和消费中所占比重微乎其微，并不具备工业规模。[3]

1949 年至今，我国石油天然气产业发展大致可分为四个阶段：

第一阶段，是恢复和发展时期（1949～1960 年）。建国初期，我国石油工业的基础很薄弱，被认为是贫油大国。1949 年到 1952 年底，经过地质勘探和石油工业的恢复发展，全国原油产量达到 43.5 万吨，为 1949 年的 3.6 倍。1956 年，新疆克拉玛依油田的发现，成为新中国成立后石油勘探的第一个重大突破。到 20 世纪 50 年代末，全国初步形成玉门、新疆、青海、四川等多个石油天然气

〔1〕 参见“中国古代、近代、现代石油产业发展历史”，载 http：//www. szpex. org. cn/detail. aspx? cid =897，最后访问时间：2013 年 12 月 24 日。

〔2〕 参见“我国天然气开采历史”，载 http：//gas. in – en. com/zhishi/2006/04/IN-EN_ 7809. html，最后访问时间：2013 年 12 月 13 日。

〔3〕 参见“我国天然气开采历史”，载 http：//gas. in – en. com/zhishi/2006/04/IN-EN_ 7809. html，最后访问时间：2013 年 12 月 13 日。

基地。1959年，全国原油产量达到373.3万吨。[1]

第二阶段，是高速发展时期（1960~1978年）。1963年，大庆油田建成，全国原油产量达到648万吨，扭转了我国石油工业长期落后的局面，此即“大庆石油会战”。其后，我国又展开了胜利、大港、江汉、华北等石油会战，石油工业有了更大的发展。70年代末期，我国迈入世界产油大国的行列。[2]

第三阶段，是稳步发展时期（1978~1998年）。1978年后，我国石油工业生产快速稳步发展。1989年起，西部地区逐渐成为我国重要石油基地。至1998年，我国有24个省市发现了油气资源，建成了24个油气生产基地。[3] 在此阶段，我国国民经济连续高速发展，能源需求急剧增加。1993年起，原油加成品油进口总量大于出口总量。中国海洋石油总公司、中国石油化工总公司、中国新星石油有限责任公司、中国石油天然气总公司分别于1982年、1983年、1997年和1998年成立。[4]

第四阶段，是石油天然气产业发展新时期（1998年至今）。1999年，我国原油产量达到1.6亿吨，居世界第5位，成为世界主要产油大国之一。[5]1998年7月，在中国石油化工总公司基础上，成立了中国石油化工集团公司。2000年和2001年，中石油、中石化、中海油三大国家石油公司上市。2006年，我国石油年产量达到1.84亿吨。这一阶段，天然气产量快速增长。2000年，我国天

---

〔1〕 参见“石油天然气60年变迁”，载 http：//www.in－en.com/china60/oilgas.html，最后访问时间：2013年12月7日。

〔2〕 参见李德生、罗群：《石油——人类文明社会的血液》，清华大学出版社2002年版，第19页。

〔3〕 参见汪夔卿、刘济瀛：《石油树结奇异果》，暨南大学出版社2000年版，第7页。

〔4〕 参见“石油天然气60年变迁”，载 http：//www.in－en.com/china60/oilgas.html，最后访问时间：2013年12月7日。

〔5〕 参见“我国石油安全面临的形势”，载 http：//www.ccin.com.cn/ccin/news/2008/07/18/45016.shtml，最后访问时间：2013年12月13日

然气年产量为265亿立方米，2006年增长到586亿立方米，2008年为760.8亿立方米。[1] 这一时期的一个重大项目是“西气东输”工程。该工程于2000年动工，2007年完成，标志着我国进入了大规模天然气生产和消费的时代。“十一五”期间，随着节能减排工作的推进和能源结构的调整，我国天然气产业得到进一步发展。[2]

三、石油天然气资源概况

石油天然气资源在全球范围内的分布呈高度不均衡状态。我国石油天然气资源总量和人均资源占有量均不丰富，资源总体质量不高，开采难度大，地理分布不均衡，供需平衡状况亦不容乐观。

（一）全球石油天然气资源状况

根据英国石油公司（British Petroleum，BP）2012年6月发布的《世界能源统计年鉴》，不同经济体石油资源赋存量呈极不均衡的状态。欧佩克国家的石油储量最为丰富，截至2011年底的探明石油储量为16 526亿桶（2343亿吨）；非欧佩克国家石油储量有限，且主要集中在独联体国家，其石油探明储量约1269亿桶（172亿吨）；其他非欧佩克国家截至2011年底探明储量总计约3294亿桶（487亿吨）。在全球现有的石油资源中，中东地区占可采储量的48.1%，其余依次为中南美洲、北美洲、欧洲及欧亚大陆地区（含俄罗斯）、非洲和亚太地区，分别占19.7%、13.2%、8.5%、8.0%和2.5%。[3]

截至2011年底，全球天然气剩余探明储量为208.4万亿立方米。中东国家的储量为80万亿立方米，位居世界前列。其中，伊朗和卡塔尔的储量位居前两名，分别为33.1万亿立方米和25.0万亿立方米。欧洲及欧亚大陆地区位居其次，其剩余探明储量为78.7

---

〔1〕 参见“石油天然气60年变迁”，载 http://www.in-en.com/china60/oilgas.html，最后访问时间：2013年12月7日。

〔2〕 参见崔民选、王军生、陈义和：《天然气战争——低碳语境下全球能源财富大转移》，石油工业出版社2010年版，第147页。

〔3〕 参见《BP世界能源统计年鉴（中文版）》，BP中国2012年发布，第6~7页。

万亿立方米。其中，罗马尼亚和俄罗斯的储量位居前两名，分别为44.6万亿立方米和24.3万亿立方米。上述两地区的总探明储量占世界总探明储量的76.2%。美洲地区的探明储量为18.4万亿立方米，其中美国为8.5万亿立方米，委内瑞拉为5.5万亿立方米，加拿大为2.0万亿立方米。非洲地区的剩余探明储量为14.5万亿立方米，尼日利亚和阿尔及利亚储量最高，分别为5.1万亿立方米和4.5万亿立方米。亚太地区的探明储量为16.8万亿立方米，澳大利亚、中国和印度尼西亚储量最多，分别为3.8万亿立方米、3.1万亿立方米和3.0万亿立方米。[1]

（二）我国石油天然气资源状况

1. 资源赋存状况

20世纪50年代以来，我国先后发现了500多个油田。[2]其中，主要的陆上油田包括大庆油田、胜利油田、辽河油田、克拉玛依油田、四川油田、华北油田、大港油田、中原油田、吉林油田、河南油田、长庆油田、江汉油田、江苏油田、青海油田、塔里木油田、吐哈油田和玉门油田；主要的含油海洋沉积盆地包括渤海盆地、北黄海盆地、南黄海盆地、东海盆地、冲绳海槽盆地、台西盆地、台南盆地、台西南盆地、台东盆地、珠江口盆地、北部湾盆地、莺歌海—琼东南盆地、南海南部诸盆地等。[3]

2011年，全国石油勘查新增探明地质储量13.70亿吨，同比增长20.6%，是新中国成立以来第9次超过10亿吨的年份；新增探明技术可采储量2.66亿吨，同比增长21.4%。全国天然气勘查新增探明地质储量7659.54亿立方米，同比增长29.6%。新增探明技术可采储量3956.65亿立方米，同比增长37.6%。全国煤层气勘查

〔1〕参见《BP世界能源统计年鉴（中文版）》，BP中国2012年发布，第20页。

〔2〕参见魏一鸣等编：《中国石油天然气工业上游技术政策研究报告》，科学出版社2006年版，第4页。

〔3〕参见浩君：《石油效应：全球石油危机的背后》，企业管理出版社2005年版，第75~79页。

新增探明地质储量1421.74亿立方米，同比增长27.5%；新增探明技术可采储量710.06亿立方米，同比增长27.0%。[1]

概言之，我国石油天然气资源的赋存特征包括三个方面：①资源总量和人均资源占有量均不丰富。我国剩余石油可采储量位居世界第12位，剩余天然气可采量位居世界第15位。[2] 2011年，我国石油、天然气人均储量分别相当于世界平均水平的6.1%和7.9%。[3] ②资源总体质量不高，开采难度大。在我国已发现的油气田中，大多数品位较低，单位面积储量较小，埋藏较深，类型较为复杂。在剩余可采量中，优质资源严重不足，低渗或者特低渗油、稠油和埋深大于3500米的油气田超过一半，开采难度大。③地理分布不均。我国陆上石油资源主要分布在东部的松辽盆地、渤海湾盆地以及西部的鄂尔多斯盆地、塔里木盆地和准噶尔盆地；陆上天然气资源主要集中于中部区、西部区和东部区，近海石油资源主要分布在渤海海域、珠江口盆地和北部湾盆地；天然气资源主要分布在近海的南海北部、东海及渤海海域。总体而言，石油天然气资源主要分布在经济相对落后的地区，而在经济发达的地区，油气资源较为贫乏。[4]

2. 资源供需状况

目前，我国石油天然气资源的供需平衡状况不容乐观，供需矛

---

[1] 2011年我国石油天然气和主要固体矿产资源储量情况新闻发布会网上直播摘要，载http://www.mlr.gov.cn/wszb/2012/sytrq/zhibozhaiyao/，最后访问时间：2012年11月17日；也可参考“国土部：2011年我国石油天然气和主要固体矿产资源储量均有增长”，载《中国金属通报》2012年第8期。

[2] 也有观点认为，我国人均石油和天然气储存分别是世界平均水平的1/10和1/20。参见吴宗鑫：“中国的能源形势和挑战”，2008年中国－加拿大能源与环境治理圆桌讨论会发言材料，第11页。

[3] 参见“《2012中国矿产资源报告》发布 资源矿产家底增厚”，载http://news.xinhuanet.com/energy/2012－11/14/c_123953900.htm，最后访问时间：2013年1月7日。

[4] 参见魏一鸣等编：《中国石油天然气工业上游技术政策研究报告》，科学出版社2006年版，第2～4页。

盾突出，并成为制约我国社会经济发展的重要因素之一。

1993年以来，我国石油消费快速增长，消费量年均增长1347万吨，年均增幅为7%。2000年以来，我国石油消费量增长进一步加快，年均增长2150万吨，年均增幅为8.9%。据英国石油公司（BP）统计，2011年，全球石油消费为8803.4万桶/日，我国内地的石油消费量达每天975.8万桶，若加上香港特别行政区的石油消费量，则以1012.1万桶成为全球第二大原油消费国。此外，虽然我国石油产量有所提高，但产量远低于消费需求。[1] 从1995到2010年，石油进口量增幅显著快于生产量，到2010年，石油进口量超过50%。[2]

2001年以来，我国天然气年产量和消费量则呈快速递增趋势。2001年至2008年之间生产与消费水平基本可以持平。但根据2009年至2011年天然气年产量和消费量的数据比较，则发现存在天然气消费量大于生产量的趋势。

表1　2001~2011年我国原油和天然气生产量

年　份	原油（亿吨）	天然气（亿立方米）
2001	1.64	303.30
2002	1.67	326.60
2003	1.70	350.00
2004	1.76	408.00
2005	1.81	480.00
2006	1.84	586.00

〔1〕参见《BP世界能源统计年鉴（中文版）》，BP中国2012年发布，第8~9页。根据公布的2001~2011年的产量和消费量，计算得出文中差额。

〔2〕参见国家统计局：《中国统计年鉴2012》（光盘版），图7-4：石油平衡表。

（续表）

年 份	原油（亿吨）	天然气（亿立方米）
2007	1.87	693.10
2008	1.90	760.80
2009	1.89	851.70
2010	2.03	942.19
2011	2.04	1012.79

说明：2001年至2011年石油产量数据来源于《2011年国土资源公报》第9页；2001年至2009年天然气产量数据来源于《2009年国土资源公报》第6页；2009年和2010年天然气产量数据来源于《2010年国土资源公报》第10页；2011年数据来源于《2011年国土资源公报》第10页。关于2010年天然气生产量数据，《2010年国土资源公报》为944.8亿立方米，《2011年国土资源公报》数据为942.19亿立方米，本书以后者为准。

表2 2001～2011年我国石油和天然气消费量

年 份	石油（亿吨）	天然气（亿立方米）
2001	2.28	274.30
2002	2.48	291.80
2003	2.71	350.20
2004	3.17	415.00
2005	3.25	500.00
2006	3.49	556.00
2007	3.65	673.00
2008	3.60	740.00
2009	3.84	887.00

（续表）

年　份	石油（亿吨）	天然气（亿立方米）
2010	4.34	1084.70
2011	4.45	1307.10

说明：2001年至2009年天然气消费量数据来源于2009年《国土资源公报》第6页；2001年至2010年石油消费量主要数据来源于2011年《国土资源公报》第9页；2011年数据来源于2012年《中国行业年度报告系列之石油天然气》第41页（其中介绍2011年天然气消费量达1307.1亿立方米，同比增长20.5%，依此推算2010年的天然气消费量数据）。

四、石油天然气法

（一）石油天然气法的概念

石油天然气法，是指调整石油天然气产业及其规制活动的法律规范、由此形成的法规体系以及制定法律规范和构建法规体系过程中所采用的立法技术的整体。从法律渊源看，石油天然气法既包括石油天然气产业规制和保障重点领域的单行立法，例如石油储备方面的立法、管道输送方面的立法等，也包括综合性的石油天然气立法，例如已在我国讨论了十几年的作为石油天然气法规体系牵头法规的综合性石油天然气立法的“石油天然气法”。从调整内容看，石油天然气法既调整石油天然气勘探、开采、炼化、储运、供应、消费、贸易等活动，[1]也调整国家（通过行政机关）对石油天然气产业的规制活动。

与石油天然气法相关的一个重要概念是“石油天然气立法”。“立法”一词通常在动态和静态两层涵义上使用。动态意义上的“立法”，通常指国家机关依法创制、修改、废止法律的专门活动；[2]静态意义上的立法是指此种活动的成果，即梅因所说的

〔1〕参见肖乾刚、肖国兴编著：《能源法》，法律出版社1996年版，第129页。

〔2〕参见李龙主编：《法理学》，武汉大学出版社1996年版，第292页。

“立法机关制定的法规”。[1] 本书将“石油天然气法”定位为静态意义上的“石油天然气立法”。

法律“作为引发、监督或者调控社会变迁内容和节奏的工具，这一角色非常清晰。”[2] 石油天然气法基于指引、评价、预测、强制、教育等作用，对石油天然气开发利用活动进行调整，从而为石油天然气产业的健康发展提供法律保障，并使产业发展符合应对气候变化的要求。

(二) 石油天然气法律关系

石油天然气法律关系，是法律规范在调整石油天然气产业活动和产业规制活动过程中所形成的权利和义务关系。以下从主体、内容和客体三个方面对石油天然气法律关系进行简要考察。

1. 石油天然气法律关系的主体

石油天然气法的主体，即石油天然气法律关系的参加者，包括个人、单位和国家。

作为石油天然气法律主体的“个人”，主要参与两类活动。第一类活动是私法行为，例如作为消费者购买和使用石油天然气产品的行为；第二类活动是参与石油天然气产业管理，包括获取能源管理信息、参与石油天然气价格听证[3]、参与和监督能源政策与法律的制定和实施，等等。

作为石油天然气法律主体的“单位”，包括国家机关、企业单位、其他社会组织以及国际或者地区性的能源组织。其中，国家机关通常作为国家的代表，对内行使石油天然气资源所有者代表和管理者的职能；企业单位主要是指能源企业，即以能源开发、加工转

---

〔1〕〔英〕梅因：《古代法》，沈景一译，商务印书馆 1984 年版，第 121 页。

〔2〕 Freidman, Lawrence M., “Legal Culture and Social Development”, 1 *Law & Society Review*4 (1969), p. 29.

〔3〕 例如，2005 年 11 月 9 日，美国国会就石油价格问题举行特别听证会。参见王龙云：“能源价格高企 美石油巨头听证会上自辩‘无罪’”，载 http://news.xinhuanet.com/fortune/2005-11/11/content_3764322.htm，最后访问时间：2013 年 11 月 2 日。

换、仓储、输送、配售、贸易和服务等活动为主营业务的企业（下文亦称“油气企业”）；其他社会组织包括行业协会、中介机构（如审计机构、律师事务所、节能服务机构等）、民间团体等；国际或者地区性的能源组织包括国际能源署（International Energy Agency，IEA）、石油输出国组织（OPEC）、阿拉伯石油输出国组织（Organization of Arab Petroleum Exporting Countries，OAPEC）等。

国际能源署是石油消费国政府间的经济联合组织，1974 年成立，总部设在法国巴黎。其宗旨是协调成员的能源政策，发展石油供应方面的自给能力，共同采取节约石油需求的措施，加强长期合作以减少对石油进口的依赖，提供石油市场情报，拟订石油消费计划，石油发生短缺时按计划分享石油，以及促进它与石油生产国和其他石油消费国的关系等。IEA 的成员国包括澳大利亚、奥地利、比利时、加拿大、捷克共和国、丹麦、芬兰、法国、德国、希腊、匈牙利、爱尔兰、意大利、日本、韩国、卢森堡、荷兰、新西兰、挪威、波兰、葡萄牙、斯洛伐克共和国、西班牙、瑞典、瑞士、土耳其、英国和美国。

石油输出国组织，亦称“欧佩克”，成立于 1960 年，为在联合国备案的国际组织，总部设在奥地利的维也纳。其宗旨是协调和统一成员国的石油政策，维护各自的和共同的利益。石油输出国组织的 11 个成员国为：沙特阿拉伯、伊拉克、伊朗、科威特、阿拉伯联合酋长国、卡塔尔、利比亚、尼日利亚、阿尔及利亚、印度尼西亚和委内瑞拉。

阿拉伯石油输出国组织于 1968 年 1 月由利比亚、沙特、科威特在贝鲁特创立，总部设在科威特。该组织旨在加强和密切成员国在石油工业方面的关系与合作，维护其在石油领域的个体和整体权益，协调各成员国的行动以公平、合理的份额向消费市场供油，为石油工业吸引资金和技术创造良好环境。阿拉伯石油输出国组织的 11 个成员国为：阿尔及利亚、巴林、埃及、伊拉克、科威特、利比亚、卡塔尔、沙特、叙利亚、阿拉伯联合酋长国、突尼斯。

作为石油天然气法律主体的“国家”，其法律地位主要体现在国际法和国内法两个层面。在国际法层面，国家通过参加相关国际条约的缔结、以国家名义签订石油天然气合作协议等，开展国际石油天然气合作。在国内法层面，国家或者以行政法主体的身份出现，或者以民法主体的身份出现。作为行政法主体，国家通常表现为石油天然气资源管理者，制定政策、法律和规则，实施石油天然气产业管理；作为民法主体，国家通常表现为石油天然气资源所有者。在多数情况下，国家主要是通过国家机关或其授权的组织参与行政和民事法律关系。[1]

2. 石油天然气法律关系的内容

石油天然气法的内容，是指石油天然气法的主体享有的法律上的权利和承担的法律上的义务。

所谓“权利”，是指国家通过法律规定的对法律关系主体可以自主决定从事某种行为的许可和保障手段。[2] 就石油天然气法而言，单位和个人享有的主要是私法上的利益，即“人们，个别地或者通过集团、联合或关系，企求满足的一种要求、愿望或者期待”[3]。石油天然气法上的“个人”所享有的自由和权利一般包括：依法或者依约定获得相应服务的权利；依法获得能源相关信息的权利；参与能源政策和立法的权利；监督政策和立法实施的权利；获得赔偿或者补偿的权利。“单位”所享有的自由和权利一般包括：开展勘探、开采等业务的自由；从事能源输送、储存等业务的自由；从事能源加工、供配、销售等业务的自由。

---

〔1〕 参见黄振中、赵秋雁、谭柏平：《中国能源法学》，法律出版社2009年版，第136页。

〔2〕 参见刘金国、舒国滢主编：《法理学教科书》，中国政法大学出版社1999年版，第40页。

〔3〕 Roscoe Pound, *Jurisprudence*, St. Paul, Minn.: West Publishing, 1959, Vol. 3, p. 16. 转引自张文显：《二十世纪西方法哲学思潮研究》，法律出版社2006年版，第104页。

所谓“义务”，是指国家通过法律规定的对法律主体行为的一种约束手段，是法律规定人们应当做出和不得做出某种行为的界限。[1]就石油天然气法而言，应主要关注单位和国家的义务。石油天然气法上的“单位”义务一般包括：遵守相关政策和法律的义务，例如节约能源、保障能源安全、开展环境保护、保护企业员工和公众的合法权益、有序竞争和不得从事滥用其市场垄断地位和市场优势地位的行为等；遵守与其所从事的业务相关的特定法定义务和约定义务，例如从事上游业务的企业应依照许可事项从事勘探开发活动，从事中游业务的企业应当依照法律规定和约定实行无歧视准入，从事下游业务的油气企业应承担普遍服务义务等。国家享有的是能源主权和对内的能源管理权。在义务侧面，有关国家机关的义务包括制定和实施石油天然气战略与规划、规制石油天然气开发与利用活动、实施石油天然气市场宏观调控、保障石油天然气供应、推动和实施能源节约、建立和完善石油天然气储备制度、完善能源应急体系、促进石油天然气相关科技发展、开展石油天然气国际合作等。

3. 石油天然气法律关系的客体

石油天然气法的客体，是指石油天然气法确认和调整的社会关系，包括石油天然气开发利用关系和石油天然气开发利用规制关系。其中，开发利用关系是在国家和石油天然气企业支配石油天然气资源及其产品、进行交易、排除他人干涉并获得利益过程中形成的社会关系；开发利用规制关系是在主管机关对其他石油天然气法律主体进行规制的过程中形成的社会关系。[2]

在此尤其值得关注的是石油天然气法的客体所指向的对象：物、行为、非物质财富。其中，“物”包括作为能源资源和能源产

---

〔1〕 参见刘金国、舒国滢主编：《法理学教科书》，中国政法大学出版社 1999 年版，第 41 页。

〔2〕 参见肖乾刚、肖国兴编著：《能源法》，法律出版社 1996 年版，第 129 页。

品的石油天然气、用于石油天然气开发利用的设备设施、土地等；“行为”包括石油天然气产业管理行为、石油天然气资源的开发行为、生产行为和输送与供应行为、石油天然气产品的利用（使用）行为，以及与石油天然气开发和利用的生态环境保护行为；“非物质财富”则包括与石油天然气开发利用有关的科学、技术、专业知识、发明创造、著作等。[1]

〔1〕 参见吕振勇：《能源法简论》，中国电力出版社 2008 年版，第 41～43 页。

第二章

石油天然气法的理念基础

正义是公正和普遍的善，使任何一部分服从于整体之善，并使整体有利于部分的维持；但排除任何有害于整体的部分的享乐。

——〔英〕亚当·弗格森〔1〕

石油天然气法的理念基础，是指贯穿于石油天然气法的价值取向、基本原则和目的体系。其中，价值取向是石油天然气法力图实现的、体现社会需求的目标或者状态；基本原则是体现石油天然气法价值取向的、在石油天然气产业发展、规制与保障过程中所应遵循的根本准则；石油天然气法的目的，是指基于石油天然气法的价值取向和基本原则、制定和实施石油天然气法所追求的目标和希望达到的结果。价值取向是确立石油天然气法基本原则的法学理念基础，而石油天然气法的目的体系则是理念基础和基本原则在实在法层面的展开。

---

〔1〕 出自〔英〕亚当·弗格森：《道德哲学原理》，孙飞宇、田耕译，上海世纪出版社 2005 年版，第 62 页。

第一节　石油天然气法的价值观基础

价值原为经济学概念。政治经济学认为，价值是体现在商品中的社会必要劳动时间。所谓“社会必要劳动时间”，意指“在现有的社会正常的生产条件下，在社会平均的劳动熟练程度和劳动强度下，制造某种使用价值所需要的劳动时间”〔1〕。经济学以“效用”（Utility）理解价值。所谓“效用”，是指从商品（Goods）或者服务（Services）中获得的总的满足。〔2〕对作为自然资源的石油天然气的经济价值来源的认知，在很大程度上影响着对石油天然气法的价值取向的理解，以及基于此而形成的政策和法律制度。因此，在探讨法学上的价值取向之前，有必要从经济学的视角，就石油天然气法的价值观基础作一简析。

石油天然气法的价值观所要解决的是石油天然气的经济价值来源问题。“一种社会现象只能通过其他社会现象去解释。”〔3〕研究价值观的意义在于：通过对不同价值观进行剖析，辨明与石油天然气法的价值取向相契合的经济学价值理念，从而为进一步的制度设计和法律的完善提供支持。石油天然气是一种以自然资源形态出现的典型的常规能源，关于其价值来源的探讨在常规能源领域具有标本价值。因此，本部分讨论将范围扩展至自然（能源）资源，在探讨共性问题中解决石油天然气价值来源的特殊性问题。关于此，劳动价值观、效用价值观和稀缺价值观是三个重要的分析工具。

---

〔1〕《马克思恩格斯全集》（第23卷），人民出版社1972年版，第52页。

〔2〕 See Paul A. Samuelson, William D. Nordhaus, *Economics*, New York: McGraw - Hill, 2000, p. 778.

〔3〕〔法〕埃米尔·迪尔凯姆：《社会学方法的规则》，胡伟译，华夏出版社1999年版，第79页。

一、劳动价值观：难以逾越商品范畴

劳动价值观将自然资源的价值归于无差别的一般人类劳动。这一意义上的“价值”应至少具备两方面的特征：首先，价值是商品的特性，除商品之外，其他任何物均不具备“价值”这一特征；其次，价值的来源是一般人类劳动，也即抽象劳动是价值的唯一来源，因此未凝结人类抽象劳动的物不具价值。

显然，劳动价值观难以说明自然资源的价值来源。一方面，根据劳动价值观的内涵，自然资源要具备价值，应首先是商品；一物不是商品，便不具备价值特性。但在现实中，自然资源在经过加工进入市场领域之前不属于商品范畴。由于自然资源的价值作为其客观属性，其存在并不以自然资源是否被商品化为转移，故劳动价值观对价值的理解与自然资源价值的属性存在矛盾。另一方面，以石油天然气等化石能源为例，在人类将其开采并加工成为能源产品之前，其中未凝结无差别的一般人类劳动。根据劳动价值观，如果一物未经过人类加工而凝结人类的一般劳动，便不具备价值特征。“一物可以是使用价值，而不是价值。在这个物并不是由于劳动对人有用的情况下就是这样。例如，空气、处女地、天然草场、野生林等。”[1] 由此看来，无论从“商品”的角度还是从“一般劳动”的角度，劳动价值观都难以解释作为自然资源的石油天然气资源的价值的客观存在。进言之，如以劳动价值观对自然资源的价值进行分析，顺理成章的结论是“自然资源无价”。

亦有观点将与自然资源有关的信息费用作为自然资源的价值来源，认为有关信息的费用凝结了人类的抽象劳动，故而自然资源因这部分信息费用的价值而具备了价值特征。这一观点忽略了自然（能源）资源与资源（能源）产品之间的区别。如果将信息费用作为探矿过程中付出的人类劳动成本，以此来说明劳动价值观适用于对自然资源价值的解释，尚可以理解；但如将自然赋存状态下的自

---

〔1〕〔德〕马克思：《资本论》（第1卷），人民出版社1972年版，第54页。

然（能源）资源与信息费用联系在一起，未免牵强。

由某一理论所推导出来的结论有违事实，其原因可能有二：该理论本身存在缺陷，或者该理论不适用于所分析的领域。劳动价值观适用于与商品相关的领域。如果超越了劳动价值观所适用的范围——商品与市场，其结论的正确性就值得商榷了。

二、效用价值观：主观性与不确定性障碍

效用价值观将自然资源的价值归于自然资源对人类的效用。在此，“效用”是指物能够满足人类需求的属性。在经济学中，有时会将“效用”和“满足”两个概念等同，或者交替使用。〔1〕如前所述，经济学上的“效用”是指从商品（Goods）或者服务（Services）中获得的总的满足。〔2〕在这一意义上的“效用”，其最大特点就是个体之间的差异性和评断标准的主观性。

与效用紧密相关的是边际效用递减规律（Law of Diminishing Marginal Utility）。该规律是指，当某物品的消费量增加时，该物品的边际效用趋于递减。此处“边际”的基本含义是“额外”。根据这一规律，同一物对于不同的人甚至同一人的效用可以是不同的，〔3〕由此表现出极大的主观色彩。为了解决这一问题，经济学引入了“市场总价值”这一概念，以“消费者剩余”（Consumer Surplus）〔4〕理论解释这一现象，但其立足点是将效用或者满足作为衡量物的价值的标准，因而仍不具有充分的说服力；同时，从“效用”和

---

〔1〕 经济学有时也将效用与“偏好”（Preference）联系起来使用，认为效用是基于个人偏好而对物品的评价。但问题在于，“‘偏好’这个概念的含义非常模糊，也许是致命的模糊”。参见〔美〕凯斯·R. 孙斯坦：《自由市场与社会正义》，金朝武、胡爱平、乔聪启译，中国政法大学出版社 2002 年版，第 6 页。

〔2〕 See Paul A. Samuelson, William D. Nordhaus, *Economics*, New York: McGraw - Hill, 2000, p. 778.

〔3〕 戈申需求饱和定律从需求的角度说明了类似的问题。

〔4〕 消费者剩余，即消费者为某一商品或者劳务愿意支付的价格与其在购买该商品或者劳务时所实际支付的价格之间的差额。消费者剩余理论由英国经济学家阿尔弗雷德·马歇尔（Alfred Marshall）于 1890 年在其论著《经济学原理》中首次提出。

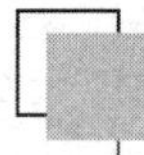

“市场总价值”概念本身亦可看出，前者较后者具有更大的主观性，这也是必须引入“市场总价值”这一相对客观化的概念的原因之一，因为仅凭借效用或者边际效用递减规律难以解释价值问题。

效用价值观将资源的价值归结于自然资源对人类的效用。“较大的价值几乎总是同较大的效用相适应的，而较小的价值同较小的效用相适应”；“凡在价值和效用表现相同趋势的场合，价值就代表着效用”；“价值是计算效用的形式”；“价值是以财物所提供的需要满足为根据的，正是对需要的满足才具有价值”。[1] 如果以这一理论去考察自然资源价值领域的某些问题，便会产生一些悖论。

一方面，效用价值观的最大问题在于主观性。效用理论将自然资源的价值属性理解为一种随人的主观需求的变化而不断变化的特性。根据效用理论，包括自然资源在内的物的价值，都来源于主观上的享受、偏好或者满足。由此推之，不能给人带来主观上的享受或者满足的物品以及不符合主体偏好的物品，则不具备效用，因而也就当然不具备价值。在自然资源领域，这一结论显然不妥。需要说明的是，强调自然资源价值的客观性，并不表明忽视其与人类的认知程度和人的需求有关。自然资源的价值是一个历史的、因而也是发展的概念，它会随着人类认知程度、需求以及其他条件的变化而变化。然而，在特定的社会、经济和技术条件下，特定自然资源的价值总是客观的和特定的。效用价值观的问题在于，它将自然资源的价值视为依个体和群体主观满足而变化的属性，即便在上述条件既定的前提下亦为如此。

另一方面，边际效用递减规律将自然资源的价值理解为一种随人的满足程度而不断变化的不确定的属性。前已述及，作为效用价值观的两大支柱之一，边际效用递减规律的核心内容是：随着人们需求的不断满足，物品的效用也会不断降低。在效用价值观中，自

---

〔1〕〔澳〕弗·冯·维塞尔：《自然价值》，陈国庆译，商务印书馆1991年版，第55、83页。

然资源的价值会随着人们需求的满足而不断降低，甚至出现负效用（负价值）的情形。这显然与自然资源价值的客观性相违背。因此，如以效用价值观理解自然资源的价值，“从资源供求的角度评价，如果自然资源随着人们需求的满足而不断贬值，那么无偿或者低价得到自然资源，则会进一步减退资源的价值，这恐怕正是我国资源浪费的根源”。[1]

三、稀缺价值观：一条或可接受的进路

除了为数不多的“免费物品”（如自然状态下的空气等）外，“任何资源总是有限的，不同的资源只是有限供给的程度不一而已”[2]。根据稀缺性规律（Law of Scarcity），人们所需要的大部分物品只能得到有限的供应（免费物品除外），因此必须通过价格或者其他的形式做出某种分配。[3]概言之，自然资源的价值（在商品经济条件下表现为价格）与其赋存数量成反比，也即：赋存数量多的资源，价值高；赋存数量少的资源，价值低。

关于此，政治经济学认为，商品的价格受市场供求关系的影响。西方经济学认为，商品的供给和需求共同决定其价格，也即供过于求，价格降低，供小于求，价格提高。此即亚当·斯密的“看不见的手”理论的最基本的出发点。二者的不同之处在于，前者将物品的稀缺性作为影响物的价格——进而影响到价值，因为“价格是价值的货币表现”——的因素之一，而并非决定性因素；后者则将稀缺性作为决定物的价格（即市场价值）的首要因素。“稀缺性”与前述“效用”不同。稀缺性是指“一种不易获得而数量又

---

〔1〕 肖国兴、肖乾刚编著：《自然资源法》，法律出版社1999年版，第19页。

〔2〕 厉以宁：《经济学的伦理问题》，生活·读书·新知三联书店1999年版，第2页。

〔3〕 See Paul A. Samuelson, William D. Nordhaus, *Economics*, New York: McGraw-Hill, 2000, p. 776.

小于对其需求的状态",[1] 而效用则是指物能够满足人类需求的属性。前者是客观范畴，后者则属主观范畴。稀缺价值观应用于自然资源价值领域，克服了效用价值观固有的主观性之弊。[2]

在自然（能源）资源领域，稀缺性是指资源绝对数量有限，或者其相对价值随时间的推移而递增的一种状态。[3] 石油天然气是典型的赋存量有限且其稀缺性水平随着开发利用的不断深入而不断提高的可耗竭资源。依据李嘉图模型（Ricardian Model）[4]，一方面，由于未来资源的可用量不断下降，在市场机制运行良好和其他条件不变的条件下，社会对其价值的预期便会提高；另一方面，在稀缺性不断加剧的条件下，资源产品的实际价格和原位资源价格也会提高。[5] 此种效应的作用机理在于，首先，就私人决策者的预期而言，资源稀缺性的提高，"一般会受到私人决策者的重视，因为对一种明显的、就要耗竭的资源来说，人们的评价会自然而然地看中它的未来的价值，由此产生占有原位资源存量的动机"[6]，这使得对该资源的需求量增加，进而提高资源的价格和价值。其次，在不考虑资源替代效应[7] 的条件下，如果对该资源的需求量

〔1〕 The state of not easily obtained and much less than is needed。参见〔英〕霍恩比：《牛津高阶英汉双解词典》（第4版），李兆达编译，商务印书馆、牛津大学出版社1997年版，第1338页。

〔2〕 也有观点认为稀缺价值观的实质是效用价值观。参见陶树人：《技术经济学》，经济管理出版社1999年版，第520页。本书不认同此种观点。

〔3〕 参见王锡桐主编：《自然资源开发利用中的经济问题》，科学技术文献出版社1992年版，第57页。

〔4〕 李嘉图模型，是指自然资源的可用性受到目前利用率和累积用量影响，从而自然资源产品生产的单位成本也随生产规模的增加而增长的一种状态。

〔5〕 参见王锡桐主编：《自然资源开发利用中的经济问题》，科学技术文献出版社1992年版，第62~63页。

〔6〕 王锡桐主编：《自然资源开发利用中的经济问题》，科学技术文献出版社1992年版，第63页。

〔7〕 替代效应，指由于技术进步而使得一种资源可在功能上替代另一种资源，从而导致对被替代资源的实际需求量减少的一种效应。

不变，供给数量降低本身就会导致资源产品价格的提高，而在实质上则是资源价值随着稀缺程度的加剧而提高。在现实中，资源赋存数量的变化往往会同时引起私人决策者的预期和资源产品价格的变化，两种效应的迭加又使得稀缺性对资源价值影响更为显著。

由于石油天然气等能源资源对于国计民生的重要性，国家往往基于社会发展和社会公益目的之考虑，以行政手段对价格进行管理。但行政手段亦须基于自然资源自身价值进行，否则会导致自然资源价值扭曲，从而使“有形之手”对“无形之手”的修正作用走向反面。

确立稀缺价值观，是在石油天然气法制中贯彻可持续发展原则的理念基础。从历史上看，人类发展的每一个重要历史阶段都是以耗竭性能源资源的利用程度的提高为标志的。虽然增长极限论〔1〕有失偏颇，但是能源资源的日益消耗和日益减少成为社会经济发展的重要制约因素却是一个不争的事实。基于稀缺价值观进行法律制度安排，在应对气候变化的背景下避免石油天然气等耗竭性能源资源非理性的过度消耗，从而实现可持续发展，是可取的选择。

需要说明的是，尽管劳动价值观和效用价值观在适用于包括石油天然气的能源资源领域时存在难以克服的缺陷，但其意义不可忽视。对无限资源以及能源资源转化为能源产品之后，仍可运用劳动价值观对能源产品的价值进行分析；而在能源消费领域，效用价值观的某观点亦具有借鉴价值。

第二节　石油天然气法的价值取向

传统意义上的“法的价值”，是指“法这种客体对个人、阶

〔1〕 增长极限论由美国经济学家丹尼斯·L. 米都斯于1972年在《增长的极限》一书中提出，其主要观点是：增长的极限来自于地球的有限性，反馈环路使全球性环发问题成为一个复杂的整体，全球均衡状态是解决全球性环发问题的最终出路。

级、社会的积极意义，是法的存在、作用和变化对这些主体需要的满足及其程度"[1]。亦有观点认为，法学意义上的"价值"包含两方面内容，即客体对于人的需要的满足，以及人在处理客体与自身的关系时关于客体的绝对超越的指向。[2]本书从更为全面且包容性更强的后一观点出发，将石油天然气法的价值取向归纳为正义、秩序和效率三个方面。

一、石油天然气法的正义价值

古罗马法学家塞尔苏斯（Celsus）认为，法是善与正义之科学。[3]但对于何为"正义"，千百年来一直未有一个广为认可的答案，关于法的正义的学说也异常复杂。综合法学派梳理出了迄今为止关于法的正义价值研究的平等和自由两大视角，[4]为石油天然气法的正义价值研究提供了重要的借鉴。

（一）正义理论的演进线索

正义最初被认为与平等紧密相关。亚里士多德认为，"公正的也就是守法的和平等的；不公正的也就是违法的和不平等的"[5]。在这一观念之下，他将公正划分为作为整体的公正和作为部分的公正，进而又将作为部分的公正划分为分配的公正和矫正的公正。有

〔1〕 刘金国、舒国滢主编：《法理学教科书》，中国政法大学出版社1999年版，第289页。

〔2〕 参见卓泽渊：《法的价值论》，法律出版社2006年版，第11～12页。

〔3〕 参见梁治平：《梁治平自选集》，广西师范大学出版社1997年版，第24页。

〔4〕 参见〔美〕埃德加·博登海默：《法理学——法律哲学与法律方法》，邓正来译，中国政法大学出版社1999年版，第251～302页。张文显教授从另外的角度，认为正义理论可以分为相对正义论、形式正义论、社会正义论和资格正义论。参见张文显：《二十世纪西方法哲学思潮研究》，法律出版社2006年版，第484～508页。也有观点认为"安全"也是法的正义价值的一个侧面。参见〔美〕埃德加·博登海默：《法理学——法律哲学与法律方法》，邓正来译，中国政法大学出版社1999年版，第256～257页。本书认为"安全"更多地属于法的秩序价值的内容。

〔5〕〔古希腊〕亚里士多德：《尼各马可伦理学》，廖申白译，商务印书馆2005年版，第128～129页。

学者更加关注平均主义的正义观。〔1〕托马斯·阿奎那的正义理论关注公共福利，认为法律的正义标准包括：以公共福利为目的；制定的法律不超过制定者的权力；令公民承担义务的理由是促进公共幸福。〔2〕约翰·穆勒则坚持功利主义的正义论，认为正义在于满足最大多数人的最大幸福。〔3〕不难看出，这些观点在强调正义价值平等侧面的同时，也各有不同的侧重点：有的强调相对平等，有的强调均等，有的强调公共福利，也有的试图在个人利益与社会利益之间进行平衡和调和。

自赫伯特·斯宾塞起，法的正义价值的自由侧面越发受到关注。斯宾塞认为，正义是“每个人都可以自由地干他想干的事，但这是以他没有侵犯任何其他人所享有的相同的自由为条件的”。伊曼纽尔·康德提出了类似的观点，认为正义是“一些条件之总和，在那些条件下，一个人的意志能够按照普遍的自由法则同另一个人的意志结合起来”〔4〕。一些极端推崇自由主义的学者甚至将保障自由作为实现正义的唯一途径。例如，在哈耶克看来，自由意味着“我的所作所为不依赖于任何人或者任何权威机构的批准，只能为同样平等适用于人人的抽象规则所限制”。他将“集体性行动”视为一种“权宜性措施”。〔5〕

“正义的平等论”与“正义的自由论”在相当长的时期内在各自的语境下发展。20世纪初，威廉·索利提出了协调自由与平等的方案：通过普遍的教育制度发展和指导人的精神和物质力量；提

〔1〕例如莱斯特·沃德的正义理论。参见〔美〕埃德加·博登海默：《法理学——法律哲学与法律方法》，邓正来译，中国政法大学出版社1999年版，第254页。

〔2〕参见〔意〕托马斯·阿奎那：《阿奎那政治著作选》，马清槐译，商务印书馆1982年版，第105页。

〔3〕参见谢鹏程：《基本法律价值》，山东人民出版社2000年版，第63~64页。

〔4〕〔美〕埃德加·博登海默：《法理学——法律哲学与法律方法》，邓正来译，中国政法大学出版社1999年版，第255页。

〔5〕参见〔英〕哈耶克：《自由秩序原理》（上册），邓正来译，生活·读书·新知三联书店1997年版，第79页。

供获取生产资料和生产工具的途径，使人获得适当的职业；创造有助于个人发展的物质环境。〔1〕约翰·罗尔斯则更加系统地阐述了二者之间的关系，将正义的原则分为两个层次。第一个层次是：每个人对与所有人所拥有的最广泛平等的基本自由体系相容的类似自由体系都应有一种平等的权利（即“平等自由原则”）；第二个层次是：社会的和经济的不平等应这样安排，使它们在与正义的储存原则一致的情况下，适合于最少受惠者的最大利益（即“差别原则”），并且依系于在机会公平平等的条件下，职务和地位向所有人开放（即“机会平等原则”）。对于这三个原则的适用顺序，罗尔斯认为，第一原则优先于第二原则，第二原则中的机会平等原则又优先于差别原则，只有在充分满足了前一原则的情况下才能考虑后一原则。〔2〕这一正义理论为研究石油天然气法的正义价值理念提供了有益的借鉴。

（二）石油天然气法正义价值的内容

石油天然气法的正义价值，是指石油天然气法对自由权利以及在法律上所应享有的平等地位、平等机会和平等待遇的追求、确认和保障。自由和平等这两个侧面的具体内容以及二者之间的互动、平衡和协调构成了正义价值的核心内容。

1. 自由

法的自由价值的实现途径是转化为法律权利，〔3〕即经由法律而形成的权利和义务的有机统一。〔4〕此种有机统一的权利和义务，是法律主体实现其法律利益的主要手段。按照石油天然气法律主体

〔1〕 参见〔美〕埃德加·博登海默：《法理学——法律哲学与法律方法》，邓正来译，中国政法大学出版社1999年版，第255~256页。

〔2〕 参见〔美〕约翰·罗尔斯：《正义论》，何怀宏、何包钢、廖申白译，中国社会科学出版社1988年版，第61~62、302~303页。

〔3〕 参见张文显主编：《马克思主义法理学——理论与方法论》，吉林大学出版社1993年版，第65页。

〔4〕 参见王人博、程燎原：《法治论》，山东人民出版社1989年版，第165页。

的不同，自由包含如下两方面内容：

一方面，对于石油天然气产业中从事相应业务的法律主体（主要指能源企业，下文简称“油气企业”或者“企业”）而言，其自由权利内容因其所从事业务的不同而不同：对于从事上游业务的企业而言，是指其开展石油天然气勘探、开采等业务的自由；对于从事中游业务的企业而言，是指其从事石油天然气输送、储存等业务的自由；对于从事下游业务的企业而言，是指从事石油天然气产品加工、供配、销售等业务的自由。油气企业在享受权利的同时，也承担相应的义务，包括作为一般性法律主体应承担的义务，以及作为具体的法律主体所应承担的义务。前者主要是指油气企业遵守相关政策和法律的义务，例如节约能源、保障能源安全、开展环境保护、保护企业员工和公众的合法权益、有序竞争和不得从事滥用其市场垄断地位和市场优势地位的行为等；后者主要是指遵守与其所从事的业务相关的特定法定义务和约定义务，例如从事上游业务的企业应依照许可事项从事勘探开发活动，从事中游业务的企业应依照法律规定和约定实行无歧视准入，从事下游业务的油气企业应承担普遍服务义务等。

另一方面，对于消费者而言，其自由权利主要体现为：依法或者依约定获得相应服务的权利（获得服务权），如不间断地获得天然气产品的权利；依法获得石油天然气相关信息的权利（知情权），如与其密切相关的石油天然气产品的价格信息等；参与石油天然气政策制定和立法过程的权利（参与权）；监督的权利，主要是监督政策和立法实施的权利（监督权）；获得赔偿或者补偿的权利，如因石油天然气的勘探、开采和利用而使其用益物权受到损害的情况下获得合理赔偿、因土地征收或者征用获得合理补偿等（获赔权）。消费者的义务主要体现为两个方面：节约能源，以及遵守有关法律规定和约定，后者主要是指在享受前述自由权利的同时，依法承担相应的义务。

2. 平等

平等是法的正义价值的另外一个重要方面。“平等是正义的基本内涵，……尽管平等的并非都正义，但正义的必须都平等。”〔1〕有学者对平等的内容做出了系统总结，认为法律上的平等包括资格平等、机会平等和待遇平等三个方面。〔2〕

首先，法律地位平等，即在相同的条件和情形下，石油天然气法律主体被赋予同等的享受权利、承担义务的资格。根据地位平等的要求，对于油气企业或者消费者，在相同的情形下，此种享受权利和承担义务的资格不应存在差异；在二者之间，不应使一方仅享有权利而不承担义务，或者相反，一方承担义务而不享有权利。可见，法律地位平等所关注的是石油天然气法律主体是否享有有关的自由权利和承担相应义务。法律地位平等是下述机会平等和待遇平等的前提。在条件相同的情况下，石油天然气法不应考虑不必要的因素而限制甚至取消一部分法律主体享有相关权利和承担相关义务的资格，同时又赋予其他主体此种权利和义务。但需注意，同等的资格和地位不同于相同的资格和地位，法律规定本身也不应构成对地位平等的限制。

其次，机会平等，即石油天然气法律主体在具备同等地位和资格的前提下，拥有适当的、足够充分的条件、途径和手段，以实现其享有的权利。油气企业应拥有适当的条件和途径，依法从事上游、中游或者下游业务；消费者则应拥有适当的途径和手段，获得相关服务，知悉有关信息，参与有关政策和立法制定过程，实现其监督权利，并在合法权益受到侵害时获得赔偿或者补偿。同时，在油气企业与公众之间，不应赋予一方以实现权利的条件、途径和手段，而忽视另一方实现权利的条件、途径和手段。可见，机会平等

〔1〕卓泽渊：《法的价值论》，法律出版社2006年版，第307页。

〔2〕参见刘金国、舒国滢主编：《法理学教科书》，中国政法大学出版社1999年版，第302页。

所关注的是石油天然气法律主体能否实现其拥有的自由和权利。赋予石油天然气法律主体以适当而充分的条件、途径和手段，意味着其获得了实现其权利的机会。至于其是否主动地、现实地运用此种条件、途径和手段去行使权利，以及如何运用这些条件、途径和手段去行使权利，则不是机会平等所能解决的问题。石油天然气法的重要任务之一，就是通过建立和完善相应的制度，使石油天然气法律主体拥有此种平等的机会。

最后，待遇平等，即石油天然气法律主体在行使权利、履行义务、承担责任的过程中，在相同的条件和情形下被等同对待。待遇平等的实质是反对特权和歧视，所关注的是石油天然气法律主体的权利、义务和责任的实现程度。待遇平等是地位平等和机会平等的落脚点，二者的最终目的是待遇平等。如果仅存在法律地位平等和机会平等，但在法律实践中无法做到平等对待，那么石油天然气法上的平等最终便无以全面实现。

3. 整合协调

在自由与平等之间，自由诉求的权利侧面具有与生俱来的自我扩张特性，其义务侧面又在时刻地抑制权利的扩张，这两种倾向都是内在动力表达于外部的形式。相对于自由而言，平等侧面的诉求则是外在的。“平等……是自由得以正常发展的保障，是防止自由被异化的防线，是自由被正确分配的形式。”〔1〕从正义理论发展历史的角度看，“自由相应于西方的童年，博爱相应于它的青年，而平等相应于它的壮年。……自由成为现代人的权利；博爱成为它的义务；而平等则是它的权利和义务赖以建立的一种学说”〔2〕。将自由和平等这两个对立统一的侧面有机地统一在正义价值体系之下，是石油天然气法必须解决的问题。基于罗尔斯的正义理论，石

〔1〕卓泽渊：《法的价值论》，法律出版社2006年版，第306页。

〔2〕〔法〕皮埃尔·勒鲁：《论平等》，王允道译，商务印书馆1988年版，第243页。

油天然气法正义价值的内在结构应作如下安排：

首先，自由权利优先原则。对于油气企业而言，依法享有并能够现实地行使其有关自由权利，是制度设计的首要目标；对于消费者而言，首要的正义是能够依法平等地拥有并尽可能完整、全面地实现其获得服务权、知情权、参与权、监督权和获赔权；当然，由于自由结构中同时还内在地包含义务内容，油气企业和消费者在享有这些权利的同时，亦应承担相应的法律义务。

其次，机会平等原则。在保障自由权利的前提下，石油天然气法应当为法律主体平等地提供适当的环境、途径和渠道，使其能够行使前述自由权利。享有平等的自由权利和机会，并不意味着必然达致结果上的平等；但如果石油天然气法通过相应的制度设计，平等地提供了实现自由权利的环境、途径和渠道，那么即使在结果上存在可接受的不平等状况，在正义价值框架之下也被认为是可接受的。

最后，合理差异原则。如果石油天然气法对自由权利进行了充分而平等的保障，同时也平等地提供了实现此种自由权利的机会，但法律主体所实际获得的利益仍然存在差异，此时利益分配的不平等有利于整个社会的利益，那么也可以被认为是正义的。应当注意的是，平等反对特权和歧视，但“平等”不等于“平均”。如柏拉图所言：“对一切人不加区分的平等就等于不平等。”〔1〕也正是在合理差异原则这里，正义价值与效率价值相衔接。

二、石油天然气法的秩序价值

秩序在人类生活中起着至关重要的作用。相对稳定的秩序，是人类社会的内在需求和本质要求。纵观人类发展历史，“凡是在人类建立了政治或社会组织的地方，他们都曾力图防止出现不可控制的混乱现象，也曾试图确立某种适于生存的秩序形式。这种要求确

〔1〕〔古希腊〕柏拉图：《法律篇》，张智仁、何勤华译，上海人民出版社2001年版，第168页。

立社会生活有序模式的倾向，绝不是人类所作的一种任意专断的或‘违背自然’的努力”；“甚至在人们偶然组成的聚集群体中，人们为了使该团体免于溃散也会强烈倾向于建立法律控制制度”。从心理学角度讲，人们对秩序的追求源于其具有重复过去被认为是令人满意的经验或者安排的倾向，以及对于其相互关系免受瞬时兴致、任性和专横力量的控制的需求。[1]

（一）秩序的法学意义

秩序与法的关系主要体现为四个方面。首先，人类对秩序的追求，促进了法的起源。秩序是人类社会的内在要求，当因生产力的发展导致阶级产生、原始社会的氏族组织和氏族习惯无以维持社会秩序时，国家和法便应运而生。如庞德所言：法律科学的起源之一，是有关正义和社会秩序的理论。[2] 其次，保持相对稳定的社会秩序，是法的内在要求和重要作用。法为维持一定的社会秩序而生，同时也为维护一定的社会秩序而存在。“所有秩序，无论是我们在生命伊始的混沌状态中所发现的，或是我们要致力于促成的，都可以从法律引申出它们的名称。”[3] 同时，法创造着秩序，法的这一作用也被一些学者称为“形式上的调整功能”。[4] 再次，维护社会秩序不仅是法的基本目标，而且也是法的重要内容之一。法就是“由社会上的一部分人积极地按照自己的意志规定下来并由另一部分人消极地接受下来的秩序”。[5] 最后，法是维护社会秩序的最

---

〔1〕 参见〔美〕埃德加·博登海默：《法理学——法律哲学与法律方法》，邓正来译，中国政法大学出版社 1999 年版，第 221～226 页。

〔2〕 参见〔美〕罗斯科·庞德：《法理学》，邓正来译，中国政法大学出版社 2004 年版，第 26～27 页。

〔3〕〔德〕古斯塔夫·拉德布鲁赫：《法学导论》，米健、朱林译，中国大百科全书出版社 1997 年版，第 1 页。

〔4〕〔德〕伯恩·魏德士：《法理学》，丁小春、吴越译，法律出版社 2003 年版，第 41 页。

〔5〕《马克思恩格斯全集》（第 2 卷），人民出版社 2005 年版，第 515 页。

后保障手段。[1] 一旦现有的社会秩序受到外部因素威胁，进而有可能出现甚至现时地发生社会的无序之时，法作为“社会关系的调整器”[2] 便会挺身而出，运用自己特有的方式和手段去维护现有的社会秩序。有学者将法的这一作用称为法的“保持功能（物质的调整功能）”。[3] 因而，对社会秩序的保障，是包括石油天然气法在内的所有领域的法所力图实现的目标和结果。

对于作为法的价值的“秩序”，目前大致存在四类学说：第一类学说将法律秩序视为一种规范体系，可称之为“规范说”。规范说包括两大流派：以凯尔森为代表的学说将法律秩序直接等同于法律规范体系；以韦伯为代表的学说将法律秩序视为包括法律规范体系在内的广义的行为规范体系。[4] 第二类学说认为法律秩序是法律与其他社会因素互动作用后的社会状态，可称之为“结构说”。结构说主要关注法律秩序实现过程中法律调整与社会其他因素的相关性，我国一些学者坚持这种观点，认为“法律秩序是人类生产方式发展到一定历史阶段下产生的法律与社会其他政治、经济、文化等因素互动所产生的动态化、条理化、规范化、模式化和权威化的社会生活方式”[5]。第三类学说将秩序视为法调整社会关系的过程，可称之为“过程说”。例如，有学者认为秩序是指法律在调整人类事务的过程中运用一般性规则、标准和原则，确保自然进程和

---

〔1〕 参见〔日〕千叶正士：《法律多元：从日本法律文化迈向一般理论》，强世功等译，中国政法大学出版社 1997 年版，第 80 页。

〔2〕 刘金国、舒国滢主编：《法理学教科书》，中国政法大学出版社 1999 年版，第 273 页。

〔3〕〔德〕伯恩·魏德士：《法理学》，丁小春、吴越译，法律出版社 2003 年版，第 42 页。

〔4〕 参见杨力：《社会学视野下的法律秩序》，山东人民出版社 2006 年版，第 28 页。

〔5〕 肖北庚：“法律秩序的概念分析”，载《华东政法学院学报》2002 年第 2 期。

社会进程的某种程度的一致性、连续性和确定性的倾向。[1]也有学者认为秩序是指“人和事物存在和运转中具有一定一致性、连续性和确定性的结构、过程和模式等”。[2]第四类学说将秩序视为法所实现的结果，可称之为“结果说”。例如，有学者认为秩序是一种有规律、可预见、和谐稳定的状态，也就是规则约束下的状态。[3]这四类学说从不同侧面解释了法的秩序价值的内涵。在不同的法律领域中，法的秩序价值通常会侧重于其中的一个方面或者数个方面。

（二）石油天然气法秩序价值的内容

石油天然气法的秩序价值，是指石油天然气法对其保护对象的安全性以及规制对象的可预见性的追求、确认和保障。石油天然气法的秩序价值侧重于实现安全性和可预见性两方面内容。

1. 安全性

“安全”，意指一种没有危险、不受威胁、不出事故的状态。[4]作为法的秩序价值的“安全”，其所关注的是如何保护人们免受侵害，以及“如何缓解伴随人的生活而存在的某些困苦、盛衰和偶然事件的影响”[5]。就石油天然气法而言，作为秩序价值内容的“安全性”主要关注社会经济系统和生态环境系统，包括社会经济安全和生态环境安全两个方面。

在社会经济安全方面，石油天然气作为重要的战略资源，与一国的经济和政治状况密切相关。石油天然气储产量、国际石油天然

---

〔1〕参见〔美〕埃德加·博登海默：《法理学——法律哲学与法律方法》，邓正来译，中国政法大学出版社1999年版，第219页。

〔2〕卓泽渊：《法的价值论》，法律出版社2006年版，第386页。

〔3〕参见叶长茂：“构建公民社会：和谐社会政治发展的路径选择”，载《东南学术》2005年第2期。

〔4〕参见中国社会科学院语言研究所词典编辑室：《现代汉语词典》，商务印书馆2002年版，第7页。

〔5〕〔美〕埃德加·博登海默：《法理学——法律哲学与法律方法》，邓正来译，中国政法大学出版社1999年版，第219页。

气市场、石油天然气贸易、石油天然气储存和输送、石油天然气勘探开采和利用技术以及国际石油天然气合作，不仅会对一国的社会经济安全产生重要影响，而且还与全球战略利益竞争、国际政治和军事态势密切相关。石油天然气法应就这些方面对一国社会经济安全方面的影响予以充分考虑，并将保障社会经济安全作为其重要目标。

生态环境安全是指人类社会或者一国生存和发展所需的生态环境处于不受或者少受威胁或者破坏的状态。[1] 石油天然气的勘探、开采、炼化、储运、供应、贸易、消费、废弃物处理等产业环节会不同程度地对生态安全造成影响。例如，在石油开采过程中，钻井泥浆内加入的化学制剂会对井场周围的水域和农田造成不良影响，如果发生井喷，还会污染农田或者海域，影响生态平衡；天然气开采过程中容易产生硫化物和伴生盐水，从而污染大气和水源；在石油加工炼制过程中，会排放硫化物、氮氧化物、一氧化碳、氨、有机化合物等污染物；在石油利用过程中会排放温室气体和其他污染物，造成热污染和酸雨。[2] 当然，从能源利用（特别是作为燃料）清洁性的角度讲，天然气要优于石油。石油天然气法应当对相关活动进行调整，使其对环境的负面影响缩减到最低程度。

2. 可预见性

哈耶克认为，秩序是指这样一种事态，即“可以从我们对整体中的某个空间部分或某个事件部分所作的了解中学会对其余部分做出正确的预期，或者至少是学会做出颇有希望被证明为正确的预期”。[3] 他认为，社会秩序“在本质上便意味着个人的行动是由成

---

〔1〕 参见杨京平主编：《生态安全的系统分析》，化学工业出版社 2002 年版，第 26 页。

〔2〕 参见何强、井文涌、王翊亭编著：《环境学导论》，清华大学出版社 1994 年版，第 103～107 页。对于二氧化碳等温室气体是否属于污染物，目前存在不同的观点，在此不作深入探讨。

〔3〕 参见〔英〕哈耶克：《法律、立法与自由》（第 1 卷），邓正来、张守东、李静冰译，中国大百科全书出版社 2000 年版，第 54 页。

功的预见所指导的，这亦即是说人们不仅可以有效地运用他们的知识，而且还能够极有信心地预见到他们能从其他人那里所获得的合作"〔1〕。就石油天然气法而言，"可预见性"主要是指行为的可预见性，包括行为过程的可预见性和行为法律结果的可预见性。此处的"行为"，即石油天然气的勘探、开采、炼化、储运、供应、贸易、消费、废弃物处理等活动。

行为过程的可预见性体现为两个方面。一方面，行为主体可依法确定自身在一定条件下可为或者不可为之事。例如，在从事上述活动之前，行为主体应取得有关主管机关的许可；未经许可不得从事这些行为。这方面的"可预见性"体现了行为主体根据实在法对自身行为的性质和内容的判断。另一方面，行为主体可依法确定他人在一定条件下必为、可为或者不为之事。例如，一些国家规定，从事燃气等能源产品供应的能源企业负有义务提供安全、持续、可靠的能源供应与服务，消费者由此可依法预期，在通常情况下可以获得能源企业的普遍服务。这方面的"可预见性"体现了行为主体对他方行为的性质和内容的预期。可见，石油天然气法中行为过程的可预见性，既包括了对法律主体对自身行为的判断，也包括对他人行为的预期。

行为法律结果的可预见性可分为三类。第一类是鼓励性评价。例如，通过财政税收优惠措施，鼓励和引导单位和个人从事石油天然气勘探、开采和利用新技术、新工艺的研究、开发和推广应用等活动。第二类是认可性评价。只要行为人的行为符合石油天然气法的要求，法律就不对其行为进行干预，而采取认可的态度。此类行为即通常所称的"合法行为"。第三类是否定性评价。这主要体现在行为人的行为违反了石油天然气法中的义务性规定所引起的法律后果。此类行为即通常所称的"违法行为"。石油天然气法的秩序

---

〔1〕〔英〕哈耶克：《自由秩序原理》（上册），邓正来译，生活·读书·新知三联书店1997年版，第200页。

价值中行为结果的可预见性体现了法的预测作用。[1]

3. 整合协调

在石油天然气法的秩序价值框架下，安全性与可预见性之间存在着密切关联。可预见性通过作用于行为过程和法律结果，作为实现安全性的手段和途径而存在；而安全性则是可预见性的目标和指向，是可预见性所力图实现的实质内容。概言之，二者之间是目的与手段关系。

一方面，安全性是可预见性诉求的目的。为确保安全性，石油天然气法全面运用各类调控手段。石油天然气法通过相应的法律规范，规定法律主体应为、可为或者不为之行为，实现石油天然气法的指引和预测作用，确保社会经济安全和生态环境安全。在此，"应为"的行为主要是指法律规定的确保能源安全的义务，"可为"的行为是指法律规定的石油天然气法律主体可以从事、也可以不从事的行为，"不为"的行为是指法律禁止石油天然气法律主体从事的行为。

另一方面，可预见性是安全性诉求在法律层面的具体体现和实现途径。安全性诉求的实现，有赖于并体现于石油天然气法通过对行为主体的行为及其法律后果做出规范性评价。规范性评价直接体现秩序价值的可预见性诉求，并基于此实现秩序价值的安全性诉求。

三、石油天然气法的效率价值

一般意义上的效率（Efficiency）是指"单位时间内完成的工作量"。[2]在经济学中，效率意指"在给定的投入和技术条件下，对经济资源作了最大可能满足水平的使用"，通常被作为"配置效

〔1〕 参见刘金国、舒国滢主编：《法理学教科书》，中国政法大学出版社 1999 年版，第 272 页。

〔2〕 中国社会科学院语言研究所词典编辑室：《现代汉语词典》，商务印书馆 2002 年版，第 1390 页。

率”（Allocative Efficiency）的缩略语使用。[1]效率理念源于经济学，后对法价值理论产生重大影响。

（一）效率理念的经济学解释及其法学寓意

现代经济学意义上的效率既包括私人效率，也包括社会效率。福利经济学认为，判断经济效率的标准是“帕累托最优”（Pareto Optimality）。[2]所谓帕累托最优，亦称“帕累托效率”（Pareto Efficiency），其实现条件是：“不存在重组生产和消费的方法，能使某些人的满足增加而不使另一些人的满足减少”[3]。不难发现，尽管对效率的研究起点始于理性人（经济人）假设和个体行为，但经济学上的效率不仅仅是指个体利益的最大化。帕累托最优旨在实现的不是私人效率的最大化，而是社会效率的最大化，即社会收益与社会成本之比值的最大化。提高效率的最基本途径是降低成本。罗纳德·科斯的交易成本理论在这方面做出了突出的贡献。关于该理论的最为广泛认可的界定是《新包格拉夫经济学辞典》给出的定义，即：只要交易成本为零，财产的法定所有权的分配不影响经济运行的效率。在此，所谓的“交易成本”，可以理解为完成一项市场交易所需花费的时间、人力、物力等成本。严格意义上讲，只要存在交易，就会有成本，因而交易成本永远不为零。

将效率作为法的价值理念之一，具有正当性。法作为上层建筑，理应反映经济基础的内在要求，并为经济基础服务。“既然效率是社会的美德，是社会发展的基本价值目标，那么，法律对人们的重要意义之一，应当是以其特有的权威性的分配权利义务的方式，实现效率的极大化。”[4]石油天然气法作为规范和调整石油天

[1] See Paul A. Samuelson, William D. Nordhaus, *Economics*, New York: McGraw - Hill, 2000, pp. 762 ~763.

[2] 参见高鸿业主编：《西方经济学》，中国人民大学出版社 2001 年版，第 344 页。

[3] Paul A. Samuelson, William D. Nordhaus, *Economics*, New York: McGraw - Hill, 2000, p. 756.

[4] 张文显主编：《法理学》，法律出版社 1997 年版，第 317 页。

然气产业活动的社会规范，应贯彻效率理念，从而为推动社会经济发展提供制度支持。

然而，对于运用经济学上的效率分析工具进行定量化的法律分析的适当性，却一直存在争议。正是在这一争论中，以波斯纳为代表的经济分析法学蓬勃发展起来。波斯纳在批判功利主义效用理论的同时，基于经济学上的理性人假设和交易成本理论，认为要提高法律的效率，就要最大限度地降低交易成本，实现财富的最大化。而要实现这一目标，就要确定一个法律制度效率的检验标准。波斯纳认为，帕累托最优要求所有相关的人均需一致同意，因而“对现实世界的可适用性很小，因为大多数交易都会对第三方产生影响。”因此，他更倾向于采用“卡尔多·希克斯效率”，即在“赢利者可以对损失者进行补偿，不论他们实际上是否这样做”的情况下实现的效率。[1] 基于这一思路，波斯纳对普通法、市场公共管制、企业组织和金融市场的法律、法律与收入和财富的分配、法律程序、宪法和联邦制度等进行了全方位的经济学分析，并提出了如何提高效率的具体方案。

然而，波斯纳的理论也面临多方质疑，其中一个重要的问题是：经济学上的结论能否作为法学效率分析的直接依据？或者说，市场效率能否天然地成为其自身正义性的基础？对此可以从如下两个方面进行分析：

一方面，经济效率能否在法律意义上成为其自身正义性的理由。从市场逻辑角度讲，最大限度地实现经济效率具有内在的正当性。但此处的“正当性”以基于市场机制的竞争机制和优胜劣汰规则为基础，这与包括法学、社会学等其他领域中的“正义”理念不能相提并论。如凯斯·R. 孙斯坦所说，“人们通常把自由市场作为经济生产力的发动机加以捍卫，这样做是妥当的。但是人们还认为

〔1〕 参见〔美〕理查德·A. 波斯纳：《法律的经济分析》，蒋兆康译，中国大百科全书出版社 1997 年版，第 16 页。

自由市场应当符合社会正义的要求，这样就使事情复杂化了"〔1〕。他认为，经济学的问题在于忽视经济因素之外的其他价值判断；而在法学领域，这些方面的价值判断在某些情况下却更为重要。"在偏好的形成过程中，法律制度无法保持中立。在此情况下，政府和法律不通过教育而且借助于法律禁止种族歧视、环境恶化以及性骚扰，鼓励对社会公共问题以及各种不同的观点加以注意，以此将人们的偏好朝正确的方向进行引导是完全合法的。"〔2〕因此，将经济学上的效率理念直接应用于法学领域的研究路径实为不妥。

另一方面，经济分析法学的研究起点和核心分析工具在方法论层面上是否科学。经济分析法学的研究在经济学"理性人"理论的基础上展开。在这一理论框架下，人首先被假定为具备理性、自利性和规范性等三个主要特征并时刻追求自身利益最大化的人；市场机制自发地优化配置经济资源的作用通过无数人的决策之合力实现。如果理性人假设前提始终成立，也即私人决策者的行为始终符合其自身的经济性要求，则市场机制优化配置资源功能的充分性便无可置疑。然而，对于理性人假定能否始终成立，一直以来就存在不同观点。凯斯·R. 孙斯坦认为，"大多数人在大多数时间里都在千方百计地寻找实现自己目标的方法，这一点当然不错。但在何种意义上把人类说成是'理性的'或者'追求最大利益者'，并非总是非常明确的。……有时人们似乎一点都不理性。……人们依赖经验法则或者启发式手段，结果造成他们对或然性以及现实的严重误解，而且还能导致个人以及社会缺乏理性"〔3〕。阿马蒂亚·森则进一步得出结论：对自利行为假设的滥用，已经严重损害了经济分

---

〔1〕〔美〕凯斯·R. 孙斯坦：《自由市场与社会正义》，金朝武、胡爱平、乔聪启译，中国政法大学出版社2002年版，原书序第1页。

〔2〕〔美〕凯斯·R. 孙斯坦：《自由市场与社会正义》，金朝武、胡爱平、乔聪启译，中国政法大学出版社2002年版，原书序第3~5页。

〔3〕〔美〕凯斯·R. 孙斯坦：《自由市场与社会正义》，金朝武、胡爱平、乔聪启译，中国政法大学出版社2002年版，序言部分。

析的性质。“既没有证据表明自利最大化是对人类实际行为的最好近似，也没有证据表明自利最大化必然导致最优的经济条件，即帕累托最优。”[1] 其后，又有学者对这一“完全理性假设”做出了修正。1978 年度诺贝尔经济学奖得主克劳德·西蒙提出了“有限理性”理论；2002 年度诺贝尔经济学奖得主丹尼尔·卡尼曼又将心理学研究成果引入经济学分析，并进而对“完全理性假设”提出了修正。此外，经济分析法学以交易成本理论作为核心分析工具，然而对于交易成本理论是否在经济学的所有领域均具有普适性，甚至对于由其他学者总结出来的交易成本理论的具体表述，以及该理论应用于经济学领域之外的其他领域的正当性，即使科斯本人也从未给出一个肯定答案。

（二）石油天然气法效率价值的内在规定性

石油天然气法的效率价值，是法律对石油天然气产业的理想发展样态的追求、确认和保障。由前述分析可见，确定石油天然气法的效率价值，不应完全基于经济学的效率观念。具体而言，石油天然气法效率价值的内在规定性主要体现为如下四个方面：

1. 目的的正当性

提高能源勘探、开采、炼化、输送等方面的效率，是促进经济发展的重要手段。而提高产业效率的最重要手段之一，就是提高相关的科技发展水平，这在很大程度上涉及发展方式的改变。如果说以“解谜”为本质[2] 的科学是价值无涉的，那么技术则“是人的有目的的创造活动，体现着人的社会目的，因此，它具有自然性和社会性的双重属性。技术不仅是解决问题的手段，而且也是伦理、政治、经济、文化的体现”[3]。因而，在效率价值的语境下，技

〔1〕〔美〕阿马蒂亚·森：《伦理学与经济学》，王宇、王文玉译，商务印书馆 2000 年版，第 1、3 页。

〔2〕参见〔美〕托马斯·库恩：《科学革命的结构》，金吾伦、胡新和译，北京大学出版社 2003 年版，第 32 页。

〔3〕裴广川主编：《环境伦理学》，高等教育出版社 2002 年版，第 263 页。

术具有价值倾向性。为确保技术发展沿着符合社会经济发展需要的轨道进行，在关注发展方式的同时，还应确保发展目的的正当性。在石油天然气法效率价值理念框架下，这就意味着：石油天然气开发和利用活动应当致力于满足人的需求，使社会成员获得更大的自由；同时，应将这些活动对社会、经济和生态环境等方面产生或者可能产生的负面影响控制在可接受的范围内，避免这些负面影响抵消甚至超过其为满足人类需求和增进自由所带来的利益。这既是石油天然气法效率价值的内在要求，同时也是石油天然气法其他方面的价值对效率价值的制约和作用。

2. 发展的均衡性

在资源赋存数量、技术发展状况和社会经济条件允许的条件下，石油天然气产业的发展应尽量兼顾所有的阶段与环节。一方面，石油天然气法的效率价值针对产业链的上游、中游和下游三个阶段，不仅各自阶段分别合目的地高效率发展，而且三个阶段之间亦应实现良好的衔接和支持，从而实现整个石油天然气产业的高效率发展；另一方面，石油天然气法应关注能源产品的生产、输送、销售、消费等环节，对于像我国这样的能源生产和消费大国而言，过分强调或者忽略其中的某一个或者某几个环节，均不利于效率价值的最终实现。

3. 关注条件束性

能源产业的发展以一定的现实条件为基础。作为实现石油天然气法之效率价值的“现实条件”，既包括技术上的可行性，也包括政策、经济、社会、生态环境等方面的可行性。在此，“政策上可行”是指石油天然气产业的发展应符合一国的相关战略和政策要求，从而使产业发展成为推动社会经济整体进步的积极因素；“经济上可行”是指石油天然气产业的发展应基于合理的经济成本，避免为维护在这一产业中极易形成的垄断利益而损害其他经济主体的合法权益的畸形发展模式；“社会方面可行”是指石油天然气产业的发展不应违背一般的社会意识和广为认可的社会评价标准；“环境上可行”是指石油天然气产业发展过程中应将其对生态系统造成的负面影响控制在科学上认可的可接受的范围之内。这些条件既是对石油天然气产业发展的限制，同时也是确保石油天然气产业发展符合目的地发展的重要实现手段。

4. 重视隐性成本

石油天然气法的效率价值的一个重要方面，是在实现成本最小化的同时实现收益的最大化。此处的“收益”和“成本”均包括显性的和隐性的两个方面。显性的收益和成本，主要是指法律主体从石油天然气产业活动中直接获取的经济利益和支付的经济成本；隐性的收益和成本，是指因石油天然气产业活动而对社会经济系统和生态环境系统产生的良性影响和负面影响。石油天然气产业的发展应当特别关注其中的隐性成本和隐性收益。隐性成本和收益往往被传统的经济分析所忽视，或者被作为“外部性”因素简单地处理，这不符合石油天然气法效率价值的内在要求。

第三节　石油天然气法的基本原则

石油天然气法的基本原则，是体现石油天然气法价值取向的、在石油天然气产业发展、规制与保障过程中所应遵循的根本准则。石油天然气法的基本原则可以归纳为可持续发展原则、安全与效率兼顾原则、利益平衡原则和综合调整原则等四个方面。这四方面基本原则是构建石油天然气法基本制度的重要基础之一。四者之中，可持续发展原则是目标性原则，安全与效率兼顾原则和利益平衡原则是手段性原则，综合调整原则是程序性原则。[1]

---

〔1〕 参见于文轩：“石油天然气法基本原则探析——以应对气候变化为背景”，载曾晓东、常纪文主编：《中国环境法治》（2009年卷·上），法律出版社2010年版。

一、可持续发展原则

可持续发展是指既满足当代人的需要、又不对后代人满足其需要的能力构成危害的发展，[1] 其主要内容包括代内公平、代际公平、资源的可持续利用和环境与发展一体化等四个方面。石油天然气法的可持续发展原则，也相应地体现为这四个方面。

（一）石油天然气开发利用的代内公平

石油天然气开发利用的“代内公平”，是指代内的所有人，无论国籍、种族、性别、经济发展水平和文化等方面的差异，对于利用石油天然气资源享有平等的权利。此处的“平等”体现了石油天然气法正义价值平等侧面的内容：一方面，一国的石油天然气法应为本国国民平等地提供利用石油天然气资源的机会；另一方面，结果上的合理差异亦可被接受。

油气企业所享有的自由和权利与作为消费者的个人所享有的自由和权利存在区别。因各国国情不同，公平具有显著的国别性，因而“公平”的内容在一些情形下也会有所不同。另外，结果上的差异性不应被视为对公平性的违反。在一个完善的石油天然气法市场竞争环境和完备的法制环境下，合理的差异恰恰体现了公平与合理性，反映了石油天然气法正义价值平等侧面的本质要求。

（二）石油天然气开发利用的代际公平

石油天然气开发利用的“代际公平”，是指各代人之间在开发和利用石油天然气资源方面享有平等的权利。在代际公平框架下，石油天然气开发利用应做到两个方面。一方面，保障后代人利用石油天然气资源的权利。本代人对石油天然气资源的开发和利用，应当尽可能顾及后代人的需求，为后代人保存足够数量的石油天然气资源，而不应出于最大化满足本代人需求的目的而无节制地开发利

---

[1] 这是1987年挪威首相布伦特兰夫人领导的世界环境与发展委员会发表的研究报告《我们共同的未来》中提出的定义。关于可持续发展在石油天然气法中的具体内涵，参见本书第三章第一节相关内容。

用石油天然气资源，从而剥夺后代人开发利用石油天然气资源的权利。另一方面，为后代人保留合理质量的资源和环境。在保障后代人利用石油天然气资源权利的同时，本代人还应保证为后代人保留的石油天然气资源的质量处于合理的质量水平，并且特别地，应确保因本代人开发利用石油天然气资源而对生态环境造成的负面影响控制在可接受的范围之内。

由于石油天然气资源属于不可再生的耗竭性资源，所以要实现代内公平，并非（也不可能）要求石油天然气资源的数量绝对地不耗竭、资源和环境质量绝对地不受影响。这就涉及合理数量和质量的确定问题。一般而言，合理数量可以依据社会经济发展需求、替代能源状况和发展态势、一国发展的战略要求等方面综合判断；而质量方面的合理水平和可接受的范围，则应依据科学的技术标准予以确定。

（三）石油天然气资源的可持续利用

石油天然气资源是一种不可回收的耗竭性资源，其开发和利用过程不可逆转，并且在开发利用后数量逐渐减少、无法恢复原状。对于此类资源，在法律上应主要采取节约利用、开发替代资源等手段以实现持续利用。

一方面，石油天然气资源的节约利用。我国人口众多，石油天然气资源的人均占有量远低于世界平均占有量；同时，我国单位GDP的能源消耗和CO_2排放量均高于世界平均水平。因此，有必要明确节约资源的要求，有效减少石油天然气资源浪费，同时最大限度地降低温室气体的排放量，以适应应对气候变化的要求。对此，我国《节约能源法》第7条第1、2款规定：“国家实行有利于节能和环境保护的产业政策，限制高耗能、高污染行业，发展节能环保型产业。国务院和省、自治区、直辖市人民政府应当加强节能工作，合理调整产业结构、企业结构、产品结构和能源消费结构，推动降低单位产值能耗和单位产品能耗，淘汰落后的生产能力，改善能源的开发、加工、转换、输送、储存和供应，提高能源利用效率。”同时第9条第1款还规定，“任何单位和个人都应当依法履行节能义务，有权检举浪费能源的行为”。石油天然气立法应在此方面做出进一步规定，以更好地落实节约能源的基本国策。

另一方面，开发替代资源，主要是新能源和可再生能源。新能源和可再生能源包括水能、风能、太阳能、生物质能、地热能和海洋能等。在应对气候变化的宏观背景下，新能源和可再生能源的开发和利用受到越来越多的关注。许多国家将开发利用新能源和可再生能源作为能源战略的重要组成部分，提出了明确的发展目标，制定了鼓励新能源和可再生能源发展的法律和优惠政策，新能源和可再生能源得到迅速发展，成为各类能源中增长最快的领域。一些可再生能源技术的市场应用和产业，如光伏发电、风电等在近10年的年增长速度都在20%以上。[1] 在此情形下，尽管石油天然气目前在一国国民经济中占据无可替代的重要地位，但从长远来看，开发替代资源是一个必然的趋势。这既有利于减轻石油天然气资源开发利用方面的巨大压力，也有利于环境保护和社会经济的可持续发展。

（四）石油天然气开发利用与环境保护一体化

石油天然气开发利用与环境保护一体化，是指在石油天然气开发利用过程中充分考虑环境保护和应对气候变化的要求，将石油天然气产业的发展与环境保护有机结合起来。这就要求，一方面，在制定石油天然气产业发展政策和立法的过程中考虑环境保护的需要；另一方面，在追求环境保护目标时，也应充分考虑石油天然气产业发展的需要。这是石油天然气法正义、秩序和效率三方面价值的内在要求。在应对气候变化的背景下，石油天然气资源开发利用与环境保护一体化更加凸显其重要性。

在制度层面，石油天然气开发利用与环境保护一体化这一目标

〔1〕 国家发展和改革委员会能源局等：《我国可再生能源产业发展报告》，2008年5月发布。

主要通过四类措施实现。其一，许可制度。主管机关在授予石油天然气开发利用方面的许可权的同时，要求石油天然气产业相关主体承担保护环境、防治污染的义务。其二，现场监督检查制度。主管机关通过现场监督检查，纠正环境污染和破坏行为。其三，产权自律机制。通过契约等形式规定石油矿业权主体的环境保护义务，要求其在石油作业过程中遵守环境法律规范，防治环境污染。〔1〕其四，基于市场机制的管理措施，如价格手段等，亦有助于实现环境保护目标。

二、安全与效率兼顾原则

石油天然气法既应重视提高产业效率，又应重视勘探、开采、炼化、储运、贸易、消费等各个产业环节的安全性以及资源本身的安全性。这就是安全与效率兼顾原则的基本内涵。

（一）基本观念

如前所述，安全是石油天然气法秩序价值的重要组成部分。理解石油天然气法框架下的"安全性"，应将其置于能源安全的背景下考察。迄今为止，有关能源安全的认识（即能源安全观）经历了三个主要发展阶段。第一阶段是传统能源安全观。在这一观念之下，各国基于本国能源赋存状况和社会经济发展需要来看待能源安全问题。如丹尼尔·耶金所言，尽管能源消费国和能源生产国都希望获得能源安全，但对其含义的理解却各不相同：相对于能源消费国而言，能源安全主要是指供应安全，即"保证随时随地都有充足的、价格合理的、在品种和质量上符合用户需求和环境保护需求的能源供应，为国民经济和社会发展提供物质原动力"；〔2〕而相对于

---

〔1〕 参见肖乾刚、肖国兴编著：《能源法》，法律出版社1996年版，第141～142页。

〔2〕 参见陈新华：《能源改变命运——中国应对挑战之路》，新华出版社2008年版，第268页。

能源生产国而言，能源安全则主要指能源需求安全。[1]有观点将其总结为能源供应安全和能源使用安全两个方面。第二阶段是合作能源安全观。随着经济全球化的发展，各国逐渐认识到能源安全只有通过充分的国际合作方可实现，因而倡导通过双边、多边谈判和局部结盟构建统一规则，以合作的方式促进各国自身能源安全。[2]第三阶段是新能源安全观。2006 年 7 月在八国集团同中国、印度、巴基斯坦、南非、墨西哥、刚果（布）等六个发展中国家领导人对话会议上，胡锦涛提出，“为保障全球能源安全，我们应该树立和落实互利合作、多元发展、协同保障的新能源安全观”[3]。新能源安全观的核心要点为：在能源的开发利用上，注重互利合作；重视能源技术的研发推广，实现多元发展；在维护能源安全稳定的良好政治环境上，加强协同保障。[4]

基于新能源安全观，能源安全的内涵包括能源供给安全、能源价格安全、能源运输安全和能源生态安全等四个方面。[5]能源供应安全是指拥有充足的一次能源资源储备和开发利用能力、二次能源的加工转化能力，以及符合我国社会经济发展需求的持续稳定的能源进口。能源价格安全是指能够以适当的价格获得所需的资源。[6]能源运输安全，一方面是指国家能源运输通道的畅通，特别

〔1〕 See Daniel Yergin, “What Does ‘Energy Security’ Really Mean?”, *The Wall Street Journal*, July 11, 2006.

〔2〕 余敏友、唐旗：“能源安全观的变迁与国际能源机制的演进”，载肖国兴、叶荣泗主编：《中国能源法研究报告（2009）》，法律出版社 2010 年版，第 385～386 页。

〔3〕 胡锦涛：“在八国集团同发展中国家领导人对话会议上的书面讲话”，载《人民日报》2006 年 7 月 18 日，第 1 版。

〔4〕 参见马延琛、吴兆雪：“中国新能源安全观与实现全球能源安全”，载《东北亚论坛》2007 年第 4 期，第 20 页。

〔5〕 也有观点认为，能源安全的四方面内容之间存在冲突和矛盾。例如，董溯战认为，能源供给安全与能源生态安全之间存在价值冲突。参见肖国兴、叶荣泗主编：《中国能源法研究报告》，法律出版社 2009 年版，第 322 页。

〔6〕 参见杨逢珉、鲍华钧：“国际原油价格与中国能源安全”，载《中国高新技术企业》2009 年第 21 期，第 68～69 页。

是指能源进口通道的畅通；另一方面是指国内能源运输设施和设备正常运行。能源生态安全，是指能源的开发利用行为符合环境保护和生态友好的要求，不对社会的可持续经济发展产生不可接受的负面环境影响。[1]

石油天然气法原则层面所关注的“效率”，是指石油天然气产业高效健康发展的状态，而并非仅指尽可能地提高“投入产出比”。根据石油天然气法的效率价值的内在规定性，石油天然气法的原则层面的“效率”至少应包括如下几个层面的内涵。在发展目标上，石油天然气产业的发展应符合一国的相关战略和政策要求，从而使产业发展成为推动社会经济协同进步的积极因素；同时，石油天然气开发和利用活动不仅应旨在高效地满足社会经济发展的需要，而且还应满足社会成员的正常便利生活的需要。在发展模式上，要求石油天然气各产业环节分别合目的地高效率发展，且相互之间亦应实现良好的衔接与支持，从而实现整个石油天然气产业的高效率发展。在发展路径上，石油天然气产业的发展应基于合理的经济成本，并避免损害其他经济主体的合法权益；同时，亦应将石油天然气产业活动对社会、经济和生态环境等方面产生或者可能产生的负面影响控制在可接受的范围内。

（二）安全与效率的关联性

安全与效率之间的关联性，首先体现于石油天然气法秩序价值与效率价值之间的关系。秩序价值在很大程度上意味着对现状的肯认和维护，而效率价值则更多地侧重于石油天然气产业的动态发展。在一定程度上，秩序价值和效率价值分别体现着“保守”与

---

〔1〕 1947年美国《国家安全法》将能源安全定义为“政府在战时能有效利用自然资源与工业资源，供军需和民用”。欧盟国家认为“能源安全即供应安全，是指欧盟在合理的经济条件下开采本国的资源或将来这些资源作为战略储备；依靠可进入的、稳定的外部来源保障能源消费的能力，在必要的情况下，可动用欧洲的战略加以补充。”参见杨泽伟：《中国能源安全法律保障研究》，中国政法大学出版社2009年版，第2页。

“激进”两种倾向：[1] 实现秩序价值要求保障安全性与可预见性，由此可能对产业发展形成一定程度的制约；而产业发展则又会不断产生各种新的问题，从而对秩序价值形成直接或者间接的冲击。由此，二者密切地“纠缠”并在内容上相互渗透，同时亦有可能发生冲突。

基于二者在内容上的相互渗透关系，可在一定限度内调和二者之间的冲突和矛盾。秩序价值具有动态性，安全性的评价标准会随着生产力、科学技术和社会生活的发展而发展。同时，石油天然气法的效率价值具有目的的正当性、发展的均衡性、关注条件束性和重视隐性成本等多方面的规定性，这又体现了对现有秩序的尊重和承认。因此，二者之间的冲突和矛盾在一定限度内是可以解决的。如果二者之间的冲突和矛盾无法调和，则应以秩序价值为优先选项，即基于秩序价值的基础地位，使石油天然气产业的发展有助于秩序价值的实现。

石油天然气法确立安全与效率兼顾原则的现实意义主要体现为如下三个方面：

首先，经济安全与效率之间的关系。在此方面，目前最受关注的是战略石油储备与产业发展之间的关系。战略石油储备事关一国的经济安全甚至国家安全，各国均非常重视。在多数国家，战略石油储备由国家储备和企业义务储备两部分构成，在特定情形下，后者可被国家强制动用，由此体现出安全性要求高于作为产业发展指标的效率性需求。尽管企业储备的动用可能会影响到产业发展效率，甚至储备本身在很大程度上属于国家施加给油气企业的“额外”义务，但是基于安全性保障的重要作用，确保安全优先的实践是合理的。

---

〔1〕 博登海默认为，法律的秩序功能“有一种使法律变得呆板僵化并守成当下社会与经济现状的倾向”。参见〔美〕埃德加·博登海默：《法理学——法律哲学与法律方法》，邓正来译，中国政法大学出版社1999年版，第328页。

其次，生态安全与效率之间的关系。一般情况下，石油天然气产业发展与生态环境保护之间不是非此即彼的互斥关系，因为环境保护要求目前已全面渗透于石油天然气产业发展的各个环节和各个领域，成为石油天然气产业过程不可分割的内容。但在特殊情形下，例如在石油天然气企业不愿遵守环境保护义务，或者在发生环境污染等情况下，这种内在统一的平衡关系被暂时打破。在此情况下，基于安全与效率兼顾原则，应将确保生态安全作为首要选项，不得以产业发展为由拒绝履行环境保护义务，或者拒绝、拖延环境损害赔偿。

最后，安全性的相对性与效率水平之间的关系。根据安全科学原理，“安全”不具有绝对性，而仅是指免受不可接受的风险伤害的状态。“某一安全性在某种条件下认为是安全的，但在另一条件下就不一定会被认为是安全的了，甚至可能被认为是危险的。”〔1〕与其他产业活动一样，石油天然气产业不可能绝对安全。因而，石油天然气法并不以确保绝对安全性为目标，而只能确定一个可接受的标准，以达到一种相对的安全性。详言之，社会经济安全并非要求产业活动不对社会经济系统构成任何影响，而是指将影响控制在社会经济系统的承载范围之内，从而不对其正常运行产生不可控的负面影响。由于生态系统和环境要素具有自我恢复能力和自我净化能力，生态安全并不是指生态环境完全不受石油天然气产业活动的影响，而是指此种影响不对生态系统的结构和功能的复杂性、自我维持能力、抵抗能力、恢复能力、生物多样性、营养循环和生物数量的稳定性等方面构成不良影响，亦即使产业活动的范围和强度控制在生态承载力和环境容量之内。由于安全具有相对性，效率水平也就可能相应地发生变化，从而在整体上影响产业的发展。在实践中，此种情形主要是指随着勘探、开采、炼化、输送等技术的发

〔1〕 金龙哲、宋存义主编：《安全科学原理》，化学工业出版社 2004 年版，第 13、120 页。

展，使得相关产业活动的安全性提高，从而对产业发展的束缚有所降低；或者由于新能源和可再生能源在一国的发展，使石油天然气产业及其产品在该国经济系统的地位发生变化，从而直接或者间接地影响到石油天然气产业的发展。

三、利益平衡原则

法是一种旨在进行利益调整的社会规范。石油天然气产业涉及一国社会经济各方面的利益，法律在利益调整中发挥着至关重要的作用。对此，应主要从利益主体、利益内容和时间维度进行考察。

（一）利益概述

“利益”一词原为经济学术语，本意为“利息”，后来被泛指个人与社会的一种关系体现。[1] 霍尔巴赫认为，“利益其实是我们每一个人对自己幸福来说必要的东西”[2]。法学界对“利益”一词也向来存在不同的理解。有学者对不同利益学说进行了归纳和总结，认为利益是社会主体的需要在一定条件下的具体转化形式，体现社会主体对客体的一种主动关系。利益的具体内涵为：首先，需要是利益的基础和始因。人的需要是人类生命活动的表现和必然要求，使人们结成一定社会关系，而社会关系则集中体现为利益关系；其次，利益是主体对客体的一种主动关系，是社会成员对其需要的客观对象的一种态度；再次，利益是人们行为的内在动力，意味着社会主体对一定客观需要的认识以及在此基础上进行具有一定意志、追求一定目的的活动；最后，利益具有客观性。[3]

传统上，根据利益内容性质，可将利益分为物质利益、政治利益、人身利益和精神利益；根据利益空间范围，可分为整体利益、局部利益和个别利益；根据利益时间范围，可分为远期利益和现期

---

〔1〕 参考赵震江主编：《法律社会学》，北京大学出版社 1998 年版，第 243 页。

〔2〕〔法〕保尔·昂利·霍尔巴赫：《自然的体系》，管士滨译，商务印书馆 1964 年版，第 271 页。

〔3〕 参见张文显主编：《法理学》，高等教育出版社、北京大学出版社 2000 年版，第 215 页。

利益；根据国家结构，可以将利益分为中央利益和地方利益。就法律利益关系而言，通常是根据利益主体进行分类，将利益分为个人利益、集体利益、国家利益和社会利益，或者笼统的分为私人利益和公共利益。[1]

（二）利益平衡的内在要求

石油天然气产业涉及各种不同法律主体、不同内容、不同时间维度上的利益。作为一类重要的利益协调机制，法律的重要任务之一，就是平衡石油天然气产业发展中涉及的利益。所谓“平衡”，即矛盾之间暂时的、相对的统一。[2]石油天然气法上的“利益平衡”，是指石油天然气法各种利益之间基于石油天然气法的价值取向而实现的内在统一。利益平衡总是相对于特定的主体、特定的利益内容和特定的时间维度而言的。就石油天然气法而言，需要特别关注并妥善处理的利益关系包括如下三个方面：

第一，从利益主体角度看，石油天然气法应关注国家利益、企业利益与公众利益之间的关系。石油天然气作为一种战略资源，对一国的经济发展、社会安定甚至国家安全都具有重要的战略意义。石油天然气产业在一些国家是支柱产业，油气企业是重要的经营主体，其经营活动往往创造巨大的经济效益。石油天然气产业的发展与公众的日常生活也息息相关，对公众利益产生多方面的影响。在石油天然气法正义价值、秩序价值和效率价值理念框架之下，国家、企业、公众三者之间的利益内在统一，同时也存在不同的侧重点：国家利益侧重于强调秩序价值，企业利益侧重于效率价值，公众利益侧重于正义价值。如果在特定情形下三者之间发生冲突，则应根据石油天然气法价值冲突解决的路径予以处理，从而实现石油

---

〔1〕 参见李丹：《环境立法的利益分析》，知识产权出版社 2009 年版，第 13 ~ 14 页。

〔2〕 参见李行健主编：《现代汉语规范词典》，外语教学与研究出版社、语文出版社 2004 年版，第 1003 页。

天然气法上的利益平衡。[1]

第二，从利益内容角度看，石油天然气法主要关注经济利益、社会利益与环境利益之间的关系。这是石油天然气法应处理好的最重要的一组利益关系。基于石油天然气法的价值理念，三者关系的处理原则为：首先，应承认三者之间的内在统一性，即在一般情况下，三者之间相互支持、相互促进。其次，在特殊情形下，如发生重大油气价格波动从而严重影响社会稳定，发生重大油气事故从而对生态环境造成或者可能造成重大不利影响时，有鉴于石油天然气资源的战略地位，应以社会利益和环境利益为优先考虑。需要注意的是，这一处理顺位只是应急状态下的解决方案。石油天然气法理应遵照其目的体系的要求，通过相应的法律机制和法律制度，实现经济利益、社会利益与环境利益之间的动态平衡。

第三，从时间维度看，石油天然气法应当处理好现期利益与远期利益之间的关系。应基于可持续发展原则的要求，从战略的高度充分考虑后代人的利益，并在此基础上确保后代人在合理的时期内可以持续利用石油天然气资源。在此前提下，石油天然气法应充分重视满足当代社会经济发展的需要。二者之间的衔接点在于社会经济和技术的发展程度，特别是新能源和可再生能源的发展程度。随着新能源和可再生能源在社会经济发展中地位的不断提升，石油天然气法协调现期利益和远期利益的具体策略、机制、制度和措施也会相应地发生变化。

四、综合调整原则

石油天然气法上的综合调整原则，是进行石油天然气产业规制时应综合运用市场机制和行政手段，充分发挥两类机制的优势，形成一个相互支持、互为补充的调整机制。[2] 石油天然气法采取综

〔1〕 关于利益平衡原则在处理我国目前石油天然气产业的垄断问题上的作用，详见本书第五章第二节的相关内容。

〔2〕 参见于文轩："自然资源物权：政策倾向与调整手段"，载《山东科技大学学报》（社会科学版）2012 年第 1 期。

合调整原则的根本原因在于市场机制与行政手段之间的优势互补关系。

（一）市场机制的贡献与不足

市场机制的积极作用可以概括为五个方面：通过价格信号，市场机制反映各类资源的稀缺程度，调节和实现经济资源的合理配制；通过公平竞争，优胜劣汰，推动技术进步，同时实现经济资源的优化配置；市场信息是引导和调整企业生产发展方向的依据；市场是联系各个企业、使社会再生产顺利进行的桥梁和纽带；市场是政府实现调控的中介。[1]

“只有毫无历史知识的人才不知道：君主们在任何时候都不得不服从经济条件，并且从来不能向经济条件发号施令。无论是政治的立法还是平民的立法，都只是表明和记载经济关系的要求而已。”[2]法律是距离经济基础最近的上层建筑，只有合理地依据市场机制进行相应的法律安排，才能够适应经济基础对法律上层建筑的要求，从而推动社会进步。

然而，市场机制本身并不是完美无缺的。法学家敏感地发现，“自由市场可能造成经济上的低效，（更糟糕的是）带来许多的不公正。即便是运行良好的经济市场也不应当与自由本身等同起来。至少自由是一个复杂的概念，而自由市场能够严重限制人们通常所说的那种自由。重要的平等方式……可能遭到自由市场的破坏，而不是自由市场的促进”[3]。经济学家也得出了类似的结论：市场机制具有“适用范围和现实的局限性。……市场有时候会让我们失

〔1〕参见邬名扬主编：《政治经济学新编》（修订本），中国政法大学出版社1999年版，第373～375页。

〔2〕《马克思恩格斯全集》（第4卷），人民出版社1995年版，第121～122页。

〔3〕〔美〕凯斯·R. 孙斯坦：《自由市场与社会正义》，金朝武、胡爱平、乔聪启译，中国政法大学出版社2002年版，序言部分。

望，存在着‘市场失灵’的情况，[1] 并且市场并不总是产生最有效率的后果，……包括不完全竞争和外部经济效果，[2] 如污染等。”[3] 如阿罗所言，“在自主而平等的市场体制下，个人利益的被满足并不意味着整个社会利益也被满足；社会的整体利益，是不能由自主平等的市场主体的行为自身满足的，因此，应当由一个超越市场主体的‘裁决者’来识别和确定社会利益”。[4] 由此不可避免地发生了“市场失灵”的情形。

（二）行政手段的优势与缺陷

为了克服市场失灵，各国在不同时期采取了不同程度的行政手段。一般认为，政府的经济职能主要在于提高效率、增进平等性和促进宏观经济的增长与稳定三个方面。[5]

首先，提高经济运行效率，纠正市场失灵。政府通过各种措施，对私主体的过度自益行为进行约束，抑制石油天然气资源开发利用过程中所产生的外部不经济效果，确保资源的持续利用和生产生活的安全性，进而弥补因“理性人”的非理性行为所造成的不良后果。

其次，增进经济资源分配的公平性。对于社会发展而言，经济资源的公平分配具有重要的意义。即便在一个运行良好的市场经济条件下较好地实现了经济运行的效率性，能否确保经济资源和社会资源分配的公平性有时亦不得而知。从这一意义上讲，政府增进经济资源分配公平的职能，至少与其提高经济运行效率的职能同等重要，并且这一职能在石油天然气开发和利用领域显得更为重要。根

---

〔1〕 市场失灵，即市场机制对某种情况下的经济现象不能直接发挥调节作用。参见陈大夫：《环境与资源经济学》，经济科学出版社 2001 年版，第 12 页。

〔2〕 Externalities，外部经济效果，也被译为“外部经济性”。

〔3〕〔美〕保罗·A. 萨缪尔森、威廉·D. 诺德豪斯：《经济学》（第 14 版），胡代光等译，李渝林校，首都经济贸易大学出版社 1996 年版，第 71 页。

〔4〕 董保华等：《社会法原论》，中国政法大学出版社 2001 年版，第 5 页。

〔5〕 参见〔美〕保罗·A. 萨缪尔森、威廉·D. 诺德豪斯：《经济学》（第 14 版），胡代光等译，李渝林校，首都经济贸易大学出版社 1996 年版，第 73 页。

据可持续发展战略制定相应的法律规范，以实现人与自然之间的公平、人与人之间的公平，以及代内公平和代际公平，是石油天然气法的重要任务；而要使之成为现实，政府基于行政手段进行管理无疑是一条重要途径。

最后，促进宏观经济的增长与稳定。20 世纪 30 年代，以政府干预主义为最基本特征的凯恩斯主义异军突起。政策制定者和经济学界开始了对此前长期被奉为硅臬的“无形之手”理论进行反思，其成果是凯恩斯主义的诞生、宏观经济学的兴起和国家宏观调控政策的普遍实施。事实上，行政手段的积极作用是有目共睹的，其意义绝非“将西方经济带出大萧条”一言所能蔽之。而在法学界，社会法学派对于当时西方国家法律制度的影响也非同小可。将其置于自然资源领域观之，由于石油天然气资源对一国社会经济发展的重要作用，为了实现可持续发展的战略目标，尤其有必要基于行政手段，健全和完善相应的法律制度，从而为社会经济的持续增长和稳定发展提供相应的法律资源。

需要注意的是，虽然政府行为在弥补市场失灵时拥有其独有的优势，但若过度采用，亦可能产生诸多流弊，如效率低下、派生外部性效果、重新制造分配不公等，因而应将行政手段的使用限定于弥补市场失灵的限度之内。

（三）市场机制与行政手段的协同运用

在实践中，几乎没有国家仅采用上述一类政策来进行经济调节。在石油天然气法领域中亦为如此。混合干预政策对许多国家宏观经济的稳定前进和资源产业的健康发展起到了非常重要的作用。此类政策对凯恩斯主义全面干预政策进行了修正，认为社会经济活动应主要由市场进行调节，而政府的作用则在于监督、协调和政策指导；〔1〕从实践上看，市场机制与行政手段总是相辅相成地共同

〔1〕 参见李昌麒：“论市场经济、政府干预和经济法之间的内在联系”，载杨紫烜主编：《经济法研究》（第 1 卷），北京大学出版社 2000 年版，第 65 页。

为实现石油天然气资源有效利用的目标而发挥各自的积极作用。〔1〕

基于此，石油天然气法应协同运用市场机制和行政手段，对石油天然气开发利用进行全方位的综合调整。目前，需格外关注的是如何应对由历史和现实原因引起的事实上的垄断问题。在这一方面，一些国家的成熟经验可供我们借鉴。例如，《日本能源政策基本法》第 4 条规定，在能源市场自由化等有关能源供需的经济结构改革方面，应充分发挥事业者的自主性和创造性，以充分保障能源需要者的利益为主旨，推进规制和缓和等政策措施。美国 2005 年《国家能源政策法》的一个重点就是注重推进改革和促进市场竞争。我国可从两个方面应对目前存在的垄断问题。一方面，健全勘探开发准入制度。在上游领域进一步引入竞争机制，推进投资主体多元化，允许符合资质要求的主体进入石油天然气勘探开发领域，促进企业增加勘探投入，提高开采效率。另一方面，完善矿权流转机制。尽快培育和发展探矿权和采矿权市场，对探矿权、采矿权市场主体的资质和能力进行考察，并应加强矿权退还机制建设。〔2〕

第四节　石油天然气法的目的体系

关于法的目的的理论众说纷纭。在西塞罗看来，法的目的是保障公民的安全、国家的防务以及人类生活的安宁和幸福；〔3〕阿奎

〔1〕 丹尼尔·H. 科尔从环境问题与财产权之内在关联性的角度，分析了行政手段与市场机制之于环境目标实现的作用与效果，但他未提出任何明确的制度安排，认为“在这个次优的世界中，我们的目标只能是在各种条件下，以最不可能失败的方式构建这些关系。”参见〔美〕丹尼尔·H. 科尔：《污染与财产权》，严厚福、王社坤译，北京大学出版社 2009 年版，第 194 页。

〔2〕 进一步分析见本书第五章第二节的相关内容。

〔3〕 参见〔爱尔兰〕约翰·M. 凯利：《西方法律思想简史》，王笑红译，法律出版社 2002 年版，第 57 页。

那认为，法的目的是“公共幸福”；[1] 洛克认为法的目的是公正地运用法律以保护和救济无辜者；[2] 边沁则认为法的目的是“增长社会幸福的总和”。[3] 无论何种主张，法的目的理论均立足于法的价值定位的基础上，并体现特定的法的原则。确立石油天然气法的目的，亦应围绕石油天然气法的价值理念和基本原则而展开。

一、石油天然气法目的概述

石油天然气法的目的，是指基于石油天然气法的价值取向和基本原则，制定和实施石油天然气法所追求的目标和希望达到的结果。

石油天然气法的目的具有如下四个方面的主要特征：

1. 依据上的政策性

在我国，立法往往基于特定的政策进行。政策是指一国为实现一定时期的社会经济目标，在特定的战略框架下制定的行动准则，一般体现为“计划”、“规划”、“纲要”、“方案”等形式。政策对法律的制定和实施起着指导作用。[4] 石油天然气法的目的直接体现国家石油天然气政策的要求，同时也是在法律领域落实石油天然气政策的重要指南。

2. 体系上的多元性

从各国立法实践看，石油天然气法的目的大多不是一元的，而是一个包含有多重目的的体系。当然，这些不同层面、不同方面的目的并非无章无序地罗列在一起，而是形成一个具有特定主旨的、相互支持而内在协调的目的体系。这一体系既体现石油天然气法的

---

〔1〕 参见〔意〕托马斯·阿奎那：《阿奎那政治著作选》，马清槐译，商务印书馆1982年版，第105页。

〔2〕 参见〔英〕约翰·洛克：《政府论》（下篇），叶启芳、瞿菊农译，商务印书馆1964年版，第15页。

〔3〕〔英〕边沁：《道德与立法原理导论》，时殷弘译，商务印书馆2000年版，第216页。

〔4〕 参见刘金国、舒国滢主编：《法理学教科书》，中国政法大学出版社1999年版，第402页。

价值定位，是确定石油天然气法基本原则的主要依据之一，是价值定位与基本原则之间不可或缺的桥梁，又与二者一起共同构成石油天然气法的理念体系。

3. 内容上的国别性

各国石油天然气法的目的呈现诸多共性，同时亦表现出较大的差异性。有些国家的立法更加关注石油天然气安全保障，有些国家侧重于保障石油天然气资源的可持续利用，还有些国家主要以促进相关行业的发展为目标，也有国家对这几方面的目标同等关注。究其原因，主要是由于各国在石油天然气资源的赋存情况、经济发展对石油天然气资源的依存度等方面存在差异，一国总是基于各自的实际情况，确定自己的石油天然气法的目的。

4. 发展上的阶段性

即使对于同一国家而言，不同时期的石油天然气法的目的也不会一成不变，而往往体现出显著的阶段性特征。形成这一特征的原因包括石油天然气资源的赋存和勘探状况、经济发展战略与政策的调整、社会经济发展状况的变化、外交政策的调整、国际因素的影响等。当然，由于石油天然气资源是一国经济发展的战略资源，石油天然气立法目的一般会具有较高程度的稳定性。

就不同领域的石油天然气立法而言，这四方面目的可能有不同的侧重点。例如，在上游产业专门立法中，提高石油天然气开发利用效率可能会成为其最主要的直接目的；而在石油天然气储备专门立法中，保障石油天然气安全则是首要的直接目的。然而，无论这些立法的目的侧重点如何，其目的均应服从和服务于作为整体的石油天然气法的目的性要求。

二、石油天然气法目的之实在法规定

国外石油天然气法的目的性规定主要包括四个方面：保障国民经济稳定运行；确保石油天然气产业高效运行；维护国家利益，保障国家收益；保护生态环境。我国现行相关立法的目的性规定则包括促进国民经济发展、保障和促进石油天然气产业发展、加强产业监管、保护法律主体的合法权益、维护国家主权和经济利益等诸多方面。对此作一概要考察，有助于为进一步提出目的体系的完善建议提供基础。

（一）石油天然气法目的的比较法概括

国外石油天然气法的目的归纳起来主要包括如下四个方面：[1]

1. 保障国民经济稳定运行

各国石油天然气立法的首要目的都是确保国家拥有或者获得石油资源，满足国内需求，从而保障国内经济稳定运行。其具体实现途径有三：通过确立国家对石油天然气资源的主权和明确政府对石油天然气资源的行政管理权，保障国内石油供应；通过确定行业管理体制和财税体制，建立稳定的投资环境，鼓励国内勘探开发活动，扩大对外开放，提高国内石油天然气自给能力；[2] 通过支持国内公司在国外的勘探开发业务，保证国内石油天然气供应。[3]

2. 确保石油天然气产业高效运行

调整石油天然气产业相关利益主体之间的关系，确保行业的高效运行，是各国石油天然气立法的另外一个重要目标。实现这一目标的主要途径是对如下关系进行调整：石油天然气资源所有者与油气企业的矿权授予与获得关系；主管部门与油气企业之间的行政管理关系；国家与油气企业在石油收益方面的分配关系；石油天然气开发利用与土地使用之间的法律关系；石油天然气开发利用活动与健康、安全和环境保护之间的关系；油气企业之间的竞争关系；油气企业与消费者之间的关系；等等。

---

〔1〕 本部分主要参考文献为：叶荣泗、吴钟瑚主编：《中国能源法律体系研究》，中国电力出版社2006年版，第179～180页；方忠于、朱英、石宝明：“国外石油立法（一）”，载《当代石油石化》2003年第10期；商务部：《国外石油立法情况分析报告》（非正式出版物），2005年发布。

〔2〕 例如巴西1997年《石油法》和印度尼西亚2001年《石油天然气法》的规定。

〔3〕 例如日本《石油公团法》的规定。

3. 维护国家利益，保障国家收益

不少国家的石油天然气法均包含了国家分成和石油财税方面的内容。石油天然气资源相对较为丰富、国民经济对石油天然气资源依赖性较大的国家[1]尤其重视这方面的规定。

4. 保护生态环境

各国在促进石油天然气工业发展的同时，也十分注重生态环境保护。不少国家的石油天然气法均包含了有关环境保护和公共安全的内容，其内容涉及石油天然气勘探、开采、炼化、储运、贸易、销售等环节和方面，同时还包括有关石油天然气开发利用活动完成后的土地修复、污染损害责任以及石油天然气资源利用效率等方面的内容。

（二）我国石油天然气管理相关立法目的之总结

石油天然气法在一国法律体系之内并不能独善其身。研究石油天然气法的目的，不能不考虑到相关立法的目的。我国目前尚未制定综合性石油天然气法，现有相关立法的目的主要体现在《矿产资源法》及其实施细则、《探矿权和采矿权转让管理办法》、《矿产资源勘查区块登记管理办法》、《矿产资源开采登记管理办法》、《对外合作开采陆上石油资源条例》、《对外合作开采海洋石油资源条例》等立法中。具体内容如下：

表3　我国现行主要石油天然气立法中的目的性规定

立法名称	条　款	有关立法目的的规定
《矿产资源法》	第1条	发展矿业；加强矿产资源的勘查、开发利用和保护工作；保障社会主义现代化建设的当前和长远的需要
《矿产资源法实施细则》	第4条	加强矿产勘查和开采的监督管理

[1] 如委内瑞拉、挪威等。

（续表）

立法名称	条　款	有关立法目的的规定
《探矿权采矿权转让管理办法》	第1条	加强对探矿权、采矿权转让的管理；保护探矿权人、采矿权人的合法权益；促进矿业发展
《矿产资源勘查区块登记管理办法》	第1条	加强对矿产资源勘查的管理；保护探矿权人的合法权益；维护矿产资源勘查秩序；促进矿业发展
《矿产资源开采登记管理办法》	第1条	加强对矿产资源开采的管理；保护采矿权人的合法权益；维护矿产资源开采秩序；促进矿业发展
《对外合作开采陆上石油资源条例》	第1条	保障石油工业的发展；促进国际经济合作和技术交流
《对外合作开采海洋石油资源条例》	第1条	促进国民经济的发展；扩大国际经济技术合作；维护国家主权和经济利益
《石油天然气管道保护法》	第1条	保护石油、天然气管道，保障石油、天然气输送安全，维护国家能源安全和公共安全
《矿产资源规划编制实施办法》	第1条	加强和规范矿产资源规划管理，统筹安排地质勘查、矿产资源开发利用和保护，促进我国矿业科学发展

由这些规定可归纳出我国目前石油天然气管理相关立法关于立法目的的共性内容：① 促进国民经济发展，满足社会主义现代化建设的需要；② 保障和促进石油天然气产业发展，维护石油天然气产业发展秩序，加强产业监管；③ 保护法律主体的合法权益；④ 维护国家主权和经济利益。这四个方面的目的性规定对于我国综合性石油天然气立法具有重要的借鉴意义。

三、石油天然气法目的之应然体系

基于石油天然气法的价值取向和基本原则，同时考虑到国外一般实践的借鉴意义和我国现有相关立法的规定，我国石油天然气法的目的体系可由三方面构成：保障石油天然气安全；提高石油天然气开发利用效率；促进石油天然气产业的健康发展。这三方面的目的具有内在的逻辑层次：保障石油天然气安全、提高石油天然气开发利用效率，是石油天然气法的直接目的；促进石油天然气产业的健康发展，是石油天然气法的最终目的。直接目的与最终目的的逻辑关系在于，前者的实现是后者的必要但非充分条件，后者是前者在社会经济发展趋向层面的追求。

（一）保障石油天然气安全

石油天然气安全是一个广义上的概念。具体而言，石油天然气安全是指在石油天然气生产、输送、市场供应与消费、国际贸易和战略储备等方面具有相对稳定性，能够较好地满足一国发展的客观需求，且石油天然气资源的利用对人类及其所处的生态环境所造成的负面影响在可接受的范围之内的状态。其中，石油天然气生产安全包括生产设施安全和工作人员安全，管道安全包括管道设施安全以及输送工具安全，市场供应安全主要是指石油天然气产品市场供应数量和价格的稳定性和合理性，国际贸易安全主要是指一国国际石油天然气贸易渠道和运输通道安全，石油储备安全是指一国政府控制足够数量和质量的用以应对石油危机、重大自然灾难、战争等严重石油供应中断的石油储备，[1] 环境安全是指石油天然气的勘探、开采、消费和使用处于生态环境友好的状态。

保障石油天然气安全具有价值理念基础。首先，保障石油天然气安全是实现石油天然气法正义价值的基础。法是一种以人类为中心的上层建筑；石油天然气法的正义价值，也首先是一个以人为中心的价值选择。无论是对社会经济系统安全的保障，还是对生态环

〔1〕 关于石油安全，另见本书第六章第二节的相关内容。

境系统安全的保障，其最终目的都是保障作为社会经济系统的主体和作为生态环境系统组成部分的人的福利。安全的社会经济和生态环境为人的自由发展和相关权利的实现提供必要的条件，从而成为正义价值的应有之义。其次，保障石油天然气安全是实现石油天然气法秩序价值的必要条件。前已述及，石油天然气法的秩序价值包括安全性侧面和可预见性侧面两个方面，其中安全性侧面是秩序价值的实质内容，也是可预见性侧面的目标所在。社会经济安全和生态环境安全是秩序价值之安全性侧面的组成部分，并全面体现于保障石油天然气安全目的的各个方面。最后，保障石油天然气安全是实现石油天然气法效率价值的前提条件和内在要求。充分考虑隐性成本和收益，是石油天然气法之效率价值的内在规定性之一。隐性成本和收益最重要的内容之一，就是对社会经济和生态环境可能造成的潜在正面和负面影响。缺少了对这方面的考虑，石油天然气法的效率价值不仅是不完整的，同时也无以体现石油天然气产业发展的可持续性要求。

保障石油天然气安全具有现实需要。例如，在生产和输送安全方面，多年以来，石油天然气矿区和管道发生的盗油和盗气事件屡禁不止，直接影响油气生产输运安全和公共安全。再如，在国际贸易方面，我国目前已成为世界第二大石油消费国和第三大进口国。2011 年，我国原油产量 2.04 亿吨，石油消费量约 4.45 亿吨，净进口 2.41 亿吨，[1] 石油对外依存度从 21 世纪初的 32% 上升至目前的 57%。[2] 虽然目前天然气在我国能源结构中的比重还较低，但天然气已在大城市和部分发达地区的经济发展中发挥着越来越重要的作用，天然气消费市场正在不断扩大，仅靠国内生产的天然气越来越无法满足需求。

---

〔1〕 数据来源于《2011 年国土资源公报》第 9 页表 2-2 “石油生产与消费”。

〔2〕 参见国务院新闻办公室：《中国的能源政策（2012）》，人民出版社 2012 年版，第一部分。

为此，我国近些年来开始强调“合理规划建设能源储备设施，完善石油储备体系，加强天然气和煤炭储备与调峰应急能力建设”[1]。2007 年 12 月，国家发展改革委宣布国家石油储备中心正式成立，旨在加强中国战略石油储备建设，健全石油储备管理体系，决定用 15 年时间，分三期完成石油储备基地建设。由政府投资的首期 4 个战略石油储备基地分别位于浙江舟山和镇海、辽宁大连及山东黄岛，于 2008 年全面投用，储备总量 1640 万立方米，约合 1400 万吨，[2] 相当于我国 10 余天原油进口量。[3] 第二批原油战略储备基地于 2010 年陆续开工。[4] 2011 年，第三批石油战略储备基地选址工作启动。[5] 尽管如此，我国目前战略石油储备体系仍处于初级阶段，应对供应中断能力较弱，这与我国作为石油消费大国的地位极不相称，对于应对突发事件、保障国家经济安全非常不利。

世界上不少国家均在其能源基本法或相当于能源基本法的立法中就保障能源安全做出了规定。同时，一些国家相关立法往往在“保障国民经济稳定运行”目标之下，将保障能源安全作为其重要的实现途径之一。尽管我国《矿产资源法》及其实施细则、《对外合作开采海洋石油资源条例》、《对外合作开采陆上石油资源条例》、《石油天然气管道保护法》等也做出了与“安全”相关的规定，但其内涵往往是劳动安全或者石油天然气设施安全，与一般意义上的“石油天然气安全”相去甚远。在进一步的石油天然气立法

[1] 《国民经济和社会发展第十二个五年规划纲要》第十一章第二节。

[2] 依 BP 统计资料的换算标准，1 立方米原油相当于 0.8581 吨。

[3] 参见“解密‘中国战略石油储备’”，载 http://news.xinhuanet.com/2011-01/21/c_121006711_2.htm，最后访问时间：2013 年 11 月 5 日。

[4] 参见沈汝发、李晓慧、刘雪：“第二批石油战略储备基地工程陆续开工”，载 http://www.cs.com.cn/xwzx/05/201003/t20100329_2379448.htm，最后访问时间：2013 年 11 月 5 日。

[5] 参见“我国启动战略石油储备基地三期选址”，载 http://info.chem.hc360.com/2011/03/230851236142.shtml，最后访问时间：2013 年 11 月 5 日。

中，应将保障石油天然气安全作为重要目的之一。

（二）提高石油天然气开发利用效率

提高石油天然气开发利用效率，有助于石油天然气法正义价值更加充分的实现。从正义价值的自由侧面看，提高开发利用效率不仅有助于确保油气企业相关权利更加充分的实现，而且也有助于消费者获得更加优质的服务。从正义价值的平等侧面看，提高石油天然气开发利用效率有助于通过成本更低、更加安全的产品，使更多的消费者得以享受石油天然气法上的产品和服务，同时也通过对市场需求的拉动，为油气企业提供更大的发展空间。

提高开发利用效率有益于实现石油天然气法的秩序价值。一方面，提高石油天然气开发利用效率，有助于在更高水平上实现秩序价值的安全性要求。历史经验证明，社会经济的停滞和衰退是影响社会稳定的最主要因素之一。在现代社会，石油天然气产业已经毋庸置疑地成为左右经济发展的支柱性产业。我国《国民经济和社会发展第十二个五年规划纲要》对石油天然气产业的发展非常重视，规定加大石油、天然气资源勘探开发力度，稳定国内石油产量，促进天然气产量快速增长，推进煤层气、页岩气等非常规油气资源开发利用。同时还规定加快西北、东北、西南和海上进口油气战略通道建设，完善国内油气主干管网，统筹天然气进口管道、液化天然气接收站、跨区域骨干输气网和配气管网建设，初步形成天然气、煤层气、煤制气协调发展的供气格局。[1]另一方面，提高石油天然气开发利用效率，是实现石油天然气安全的可行的途径。从安全经济学上讲，“人类的安全水平很大程度上取决于经济水平。因此，经济问题是安全问题的重要根源之一”[2]。推动石油天然气产业健康高效率发展，在发展中动态地应对现实或者潜在的负面影响，

〔1〕《国民经济和社会发展第十二个五年规划纲要》第十一章第一节、第三节。

〔2〕金龙哲、宋存义主编：《安全科学原理》，化学工业出版社2004年版，第116页。

也是秩序价值安全性侧面的内在要求。

提高开发利用效率亦为石油天然气法效率价值的应有之义，在很多国家被作为石油天然气立法的重要内容。例如，美国2005年《国家能源政策法》的开篇章节即是关于能源效率的规定。需要注意的是，对于石油天然气这样的战略资源而言，不应夸大梅逊关于“最小的政府是最好的政府”论断的有效性。政府基于其公权力对石油天然气产业进行适当的规制和调控，有助于产业发展符合效率价值四个方面的内在规定性。

作为石油天然气法目的之一，“提高开发利用效率”包括如下三方面内在要求：

第一，支持石油天然气产业的健康发展。石油天然气法应当为石油天然气产业的发展提供良好的法律环境。一方面，就产业发展本身而言，应当为产业发展的各个环节提供支持，而不应忽略其中一个或者几个环节。惟有如此，石油天然气产业才能实现健康发展。这也是石油天然气法之效率价值的内在规定性之一。另一方面，就石油天然气产业发展环境而言，石油天然气法要为产业的发展提供相应的保障。石油天然气产业的资源约束性、风险性、国际性、规模经济性、范围经济性、战略性等特点，[1]要求立法提供相应的制度资源，从而保障各个产业环节得以顺利地进行和全面而均衡地发展。

第二，确保石油天然气产业发展的合目的性。石油天然气产业的发展本身并不能成为其正当性的理由，其目标应是满足人的需求，使人类获得更大的自由；同时，应将对社会、经济、生态等方面的负面影响控制在可接受的范围之内，以免这些负面影响抵消甚至超过其为满足人类需求和增进自由所带来的惠益。合目的性的核心内容是使石油天然气产业的发展符合石油天然气法的正义价值和

---

〔1〕 参见杨嵘：“石油产业的性质和技术经济特点”，载《河南石油》2003年第4期。

秩序价值的要求，以及效率价值重视条件约束、关注隐性因素和全面均衡发展的内在要求。

第三，采取适当的法律规制手段。在制度构建中，根据石油天然气法的目的，在发展与规制之间进行综合平衡，避免“为了控制而控制、为了预防而预防”，确保石油天然气产业发展的可持续性，以实现石油天然气产业健康、有序发展的目标。

（三）促进石油天然气产业的健康发展

在应对气候变化的宏观背景下，石油天然气产业的健康发展主要包括两方面的内涵：发展路径的可持续性，以及发展模式的环境友好性。

1. 产业发展路径的可持续性体现了石油天然气法价值理念的内在要求

在正义价值层面，发展首先意味着为石油天然气法律主体的自由权利更加充分的实现提供物质基础；发展的可持续性则为实现法律地位平等、机会平等和待遇平等提供支撑。在秩序价值层面，无论是社会经济系统的安全性还是生态环境系统的安全性，抑或作为安全性实现手段的可预见性，均内在地体现于可持续发展的诉求之中。在效率价值层面，发展与效率的本初旨向相契合，而可持续性则在此基础上体现了正当目的性、全面均衡性、条件约束性和成本隐性因素对石油天然气法目的体系的要求。

石油和天然气作为重要的能源资源，其法律规制目标在很大程度上应与能源基本法保持一致。综观我国近年来制定或者修订的相关能源立法，有关发展的可持续性的思想和表述非常常见。例如，我国《清洁生产促进法》第1条规定：“为了促进清洁生产，提高资源利用效率，减少和避免污染物的产生，保护和改善环境，保障人体健康，促进经济和社会可持续发展，制定本法。”《节约能源法》第1条也规定：“为了推动全社会节约能源，提高能源利用效率，保护和改善环境，促进经济社会全面协调可持续发展，制定本法。”目前，我国正在着手制定能源基本法。国家能源领导小组办公室公布的“征求意见稿”将“促进能源与经济社会的协调发展”作为其立法目的之一，清华大学的学者建议稿则更加明确地做出了有关促进经济社会可持续发展的目的性规定。[1]

需要注意的是，我国目前相关立法关于可持续发展的表述通常是“促进经济社会可持续发展”，将促进经济可持续发展置于促进社会可持续发展之前。这一表述虽然明确体现了对“经济”和“社会”两个层面的发展方式的要求，但从可持续发展的内涵和内容上的逻辑性角度讲，将“社会”置于“经济”之前可能更为妥当。一方面，社会的可持续发展内在地包含了经济可持续发展的内容，并且可更为全面地体现可持续发展理念的实质；另一方面，将经济发展置于社会发展之前，在很大程度上是受到传统的“经济发展优先论”的影响，而此种观念与可持续发展理念相背离。

2. 产业发展模式的环境友好性亦为石油天然气法价值取向的必然要求

从正义价值角度讲，无论是油气企业还是消费者，在行使其自由权利的同时，均应承担相应的义务。在这些义务中，环境保护是其中的重要内容之一；从秩序价值角度讲，保障生态环境安全是实现其安全性侧面的重要内容之一，并且其可预见性侧面也内在地、当然地包括石油天然气产业活动对生态环境造成影响的法律结果的可预见性；从效率价值角度讲，生态环境保护是实现石油天然气法目的正当性要求的重要方面，是实现其全面均衡发展要求的重要内容，是产业发展的重要约束性条件，同时也是减少相关活动隐性成本的重要途径。从实证层面讲，石油天然气的勘探、开采、炼化、储运、消费等活动对生态环境具有环境经济学上的“负外部性”，对水环境、大气环境、土壤环境和整个生态系统均会产生诸多方面的负面影响。

---

〔1〕 参见清华大学环境资源与能源法研究中心课题组编著：《中国能源法（草案）专家建议稿与说明》，清华大学出版社2008年版，第10页。

国际社会自20世纪50年代就开始关注石油天然气产业的环境影响问题，并制定和实施了一系列的国际环境法律文件。迄今为止，这方面重要的国际环境保护法律文件主要包括1954年《国际防止海上油污公约》、1969年《国际干预公海油污事故公约》、1969年《国际油污损害民事责任公约》、1969年《国际油污损害民事责任公约的议定书》、1971年《油轮油污责任暂行补充协定》、1971年《设立国际油污损害赔偿基金公约》、1973年《干预公海非油类物质污染议定书》、1973年《国际防止船舶造成污染公约》及其1978年《议定书》、1978年《关于油类以外物质造成污染时在公海上进行干涉的议定书》、1978年《油轮所有人自愿承担油污责任协定》等。

从国别法角度看，各国有关石油天然气行业环境保护方面的立法可以分为三种模式。第一种模式以英美为代表，不针对石油和天然气行业制定统一的环境保护立法，而是通过相关立法对石油天然气环境保护事项做出规定。第二种模式多为南美国家采用，这些国家制定适用于本国石油天然气产业的专门立法，其中包含有关环境保护的规定。第三种模式是签订环境保护合同，主要包括四种类型：独占开发的特许权或者许可证；产品分成合同；成立合资企业或者制定参与协定；服务合同。〔1〕

减少能源对环境造成的污染是我国石油天然气立法的重要内容。早在1983年，我国就制定了《海洋石油勘探开发环境保护管理条例》。一些相关立法也就此做出了相应的规定。例如，《矿产资源法》第15条规定，“设立矿山企业，必须符合国家规定的资质条件，并依照法律和国家有关规定，由审批机关对其矿区范围、矿山设计或者开采方案、生产技术条件、安全措施和环境保护措施等进

〔1〕参见〔澳〕艾德里安·J. 布拉德布鲁克、〔美〕理查德·L. 奥汀格主编：《能源法与可持续发展》，曹明德、邵方、王圣礼译，法律出版社2005年版，第92～94页。

行审查；审查合格的，方予批准”。《对外合作开采海洋石油资源条例》第22条规定：“作业者和承包者在实施石油作业中，应当遵守中华人民共和国有关环境保护和安全方面的法律规定，并参照国际惯例进行作业，保护渔业资源和其他自然资源，防止对大气、海洋、河流、湖泊和陆地等环境的污染和损害。”

第三章

石油天然气法规体系

事者，生于虑，成于务，失于傲。

——《管子·乘马》

石油天然气法规体系，亦称“石油天然气法律体系”，是指一国有关石油天然气勘探、开采、炼化、储运、贸易、销售等方面的全部法律规范依据一定的标准、原则、功能和层次所组成的相互配合、相互补充、相互协调和相互制约的规则系统。健全而完善的石油天然气法规体系，是石油天然气开发利用及其规制合理化和规范化的前提，有利于石油天然气法律机制和制度的规范和协调，并且有利于最大限度地发挥制度功能。[1] 鉴于立法模式与法规体系的密切关联性，本章一并探讨。

第一节 概 述

综观各国实践，石油天然气法规体系一般由议会立法、行政机

〔1〕 参见肖乾刚、肖国兴编著：《能源法》，法律出版社1996年版，第254页。

关立法、司法判例等法律渊源构成。石油天然气立法模式体现为不同领域分别立法、依产业环节分别立法和全行业统一立法等三种类型。

一、石油天然气法规体系的位阶构成

无论在大陆法系还是英美法系，由议会颁布的立法都是石油天然气法规体系的最重要的组成部分。这一层次的石油天然气立法一般由两类立法构成。第一类是与石油天然气产业规制相关的立法。此类立法并非专门针对石油天然气领域制定，一般为能源基本法（如美国《国家能源政策法》），或者与矿产资源相关的法律（如俄罗斯的《地下资源法》〔1〕、我国的《矿产资源法》等）。第二类是石油天然气专门立法。一些国家制定了此类专门立法。其中，石油天然气资源丰富、产量较高的国家主要针对资源权属、矿产资源开发、矿产企业行为、对外合作等事项做出规定，而资源消费国和进口国的则主要针对油气进口安全、储备、加工、输送、贸易、销售等方面做出规定。此类立法的名称不尽相同，一般命名为“石油法”（如委内瑞拉2001年《石油法》）、“石油天然气法”（如印度尼西亚2001年《石油天然气法》）、“烃法”（如委内瑞拉《气体烃类资源法》）等。

第二层次的立法是政府或其部门制定的立法。其中，政府制定的石油天然气立法一般根据上位法的授权颁布，在我国，此类立法可以是上位法的“实施细则”（如《矿产资源法实施细则》），也可以是“条例”（如《对外合作开采陆上石油资源条例》、《对外合作开采海洋石油资源条例》等）等。政府部门制定的针对特定事项做出的具体规定，类似于我国的行政规章和规范性文件。在我国，这类立法通常以“通知”、“复函”、“意见”、“公告”等形式发布，如《国土资源部关于进一步规范探矿权管理有关问题的通知》、

〔1〕参见方忠于、朱英、石宝明：“国外石油立法（一）”，载《当代石油石化》2003年第10期。

《国土资源部关于明确对外合作开采石油资源用地政策的复函》、《关于清理整顿成品油流通企业和规范成品油流通秩序的实施意见》、《关于调整成品油等商品的进口环节消费税有关问题的公告》等。

第三层次的立法是具有法律效力的司法裁判。此类法律渊源在英美法系国家尤其重要。例如在美国，1995 年的天然气管道有限公司诉巴诺马等公司案件中，联邦最高法院最终判决州政府无权对在州际运输用以转售的天然气设定最低价格，州政府法律不能对该销售和运输制定法律进行规制，该项权利应完全属于联邦能源监管委员会。[1]1997 年，美国联邦最高法院就美国联邦诉阿拉斯加州波弗特海矿产租赁案件做出判决，确认联邦向海线以外的领域有资源开采权，州在向陆线以内有资源开采权，为阿拉斯加国家石油储备及北极国家野生动物保护区间划定界限，并建立现有契约第三方托管账户以及划定相关诉讼管辖权。[2]

二、石油天然气立法模式

石油天然气立法模式需要解决的主要问题是：针对石油天然气产业的不同领域和不同环节，在法律层面以何种立法技术进行调整。综观世界各国石油天然气立法模式，可以分为不同领域分别立法、依产业环节分别立法和全行业统一立法等三种情形。[3]

（一）不同领域分别立法

一些国家针对石油天然气产业的某一特定领域单独立法。采取此种立法模式的国家一般而言法律制度较为完善，市场经济较为成

〔1〕 Natural Gas Pipeline Co. v. Panoma Corporation et al. 349 U. S. 44; 75 S. Ct. 576; 99 L. Ed. 866; 1955 U. S. LEXIS 1400; 4 Oil & Gas Rep. 905, last visited November 24, 2012.

〔2〕 United States of America v. State of Alaska No. 84, Orig. 530 U. S. 1021; 120 S. Ct. 2767; 147 L. Ed. 2d 815; 2000 U. S. LEXIS 4684; 2000 Daily Journal DAR 7239; 2000 Colo. J. C. A. R. 3878; 13 Fla. L. Weekly Fed. S 591, last visited November 24, 2012.

〔3〕 此部分的主要参考文献包括：叶荣泗、吴钟瑚主编：《中国能源法律体系研究》，中国电力出版社 2006 年版，第 174 ~ 178 页；邢荣华："加快石油天然气立法"，载《油气田地面工程》2006 年 6 期。

熟，如美国、加拿大和英国等。这一模式的立法主要侧重于石油天然气的勘探开发、石油安全、能源效率、环境保护等方面。例如，美国陆上石油勘探开发适用1920年《矿产租让法》和1987年《联邦陆上石油天然气租让修正案》，海上石油勘探开发适用1953年《水下土地法》和《大陆架土地法》，行业管理适用1977年《能源部组织法》等，能源效率适用2005年《国家能源政策法》等，环境保护适用1990年《清洁空气法》和《石油污染法》等，矿区使用费管理适用1982年《联邦石油天然气矿区使用费管理法》，石油安全适用1975年《能源政策和节约法》，管道运输适用1996年《管道安全责任与合营法》。[1] 这些立法分别从不同领域对石油天然气开发利用行为进行规范。

（二）依产业环节分别立法

一些国家分别针对石油天然气产业上中下游领域制定立法。此种模式多为石油天然气资源赋存不足、进口量较大的国家所采用，如日本、韩国和印度即采用这一模式。这些国家的石油天然气进口量一般较大，国内自产油气远远不能满足需求，需要专门针对下游领域的立法来保障国内供应和消费。例如在日本，石油天然气上游产业主要适用《石油天然气资源开发法》。该法规定了石油天然气资源开采的批准程序，旨在推动勘探开发活动。为了加强海外勘探开发，《石油公团法》规定日本石油公团代表政府指导和监管日本公司的海外勘探开发，并对日本公司海外勘探开发提供经济援助和税收优惠。下游领域主要适用《石油业法》。该法规定了石油加工炼制、贸易、销售等内容，旨在实现稳定的石油供应，确保石油安全。在韩国，规制上游领域产业活动的立法主要是《石油开发法》，规制下游产业活动的立法主要是《石油事业法》。在印度，上游领域的主要立法是《油田管理与开发法》，下游领域的立法主要是

〔1〕 参见黄振中、赵秋雁、谭柏平：《中国能源法学》，法律出版社2009年版，第186页。

《石油法》，其内容涵盖炼制、进口、运输、储存等环节。[1]

(三) 全行业统一立法

还有一些国家针对石油天然气的勘探、开采、炼化、储运、贸易、销售等环节制定统一的立法。对石油天然气产业发展依赖性较强、对产业发展调控力度较大的国家一般采用此种模式。

巴西1997年《石油法》旨在维护国家利益，促进和扩大劳动就业市场，创造能源价值，保护消费者利益，保护环境并促进能源储备。其主要内容包括国内石油产品供应保障，增加使用天然气、对不同地区采取相应办法解决能源的供应、利用新技术使用多种能源、促进自由竞争、吸引在能源生产投资、提高国际市场竞争力等方面。[2] 2009年3月，巴西颁布《天然气法》。该法主要对巴西的天然气企业进行规制，通过对特殊项目的资金支持，促进融资和稳定需求以及建立与现有天然气管道开放获取相关的竞争机制等手段，为天然气领域内的私人投资提供经济激励。其主要内容包括：私人天然气管道建设许可，运能需求机制、现有管道企业的运能核定和新建管道企业的运能承诺，合营机制的适用，运营许可，天然气装置的所有权与使用权，储存设施许可，进出口许可，开放获取实现时限，天然气生产商自建管线，等等。[3]

印度尼西亚2001年《石油天然气法》的调整范围既包括上游勘探、开采、加工炼制，也包括中游的储运，还包括下游的供应、贸易等。该法的主要内容包括立法的基本原则和目标、管理和经营、上游和下游产业、国家收益、石油天然气业与土地使用权的关

---

〔1〕 参见杜东亚："中外石油法律体制比较研究"，载《中国石油和化工》2005年第4期，第90页。

〔2〕 王威："巴西油气管理体制及其对我国的启示"，载《国土资源情报》2007年第8期，第15页。

〔3〕 See Brian Bradshaw, William Prescott Mills Schwind and Giovani R. Loss, "Natural Gas Law Approved in Brazil", http://www.fulbright.com/index.cfm?fuseaction=publications.detail&pub_id=3822&site_id=494, last visited December 24, 2012.

系、监督、执行机构和安排机构、刑罚等方面的内容。

委内瑞拉2002年《石油法》对石油资源的勘探、开采、炼化、储运、销售和保护及其相关方面做出了较为全面的规定。与印度尼西亚不同的是，对于与气体烃类资源有关的活动，委内瑞拉2002年《石油法》规定由《气体烃类资源法》进行规制。〔1〕

第二节 我国石油天然气法规体系现状及评价

我国石油天然气法规体系由综合性矿产资源法、石油天然气上游产业管理法和中下游产业管理法、产业保障法等构成，存在基本法依据不足、综合性立法缺位、专门立法不健全等问题，亟须健全和完善。

一、我国石油天然气法规体系现状

从法律位阶看，我国石油天然气专门立法大多以行政规章和规范性文件的形式出现，行政法规相对较少，没有专门针对石油天然气产业管理的法律。截至2010年，我国涉及石油天然气产业管理的法律有16部，行政法规60余部，部门规章1000余部，地方性法规1600余部。〔2〕从法规内容看，我国目前的石油天然气法规体系主要由宪法性规定、专门立法和相关立法构成。专门立法依内容可分为综合性矿产资源管理、石油天然气产业规制、石油天然气产业保障等方面的立法，相关立法包括土地管理、税收管理、环境保护、价格管理、质量管理、工商管理等方面的立法。

〔1〕 参见黄振中、赵秋雁、谭柏平：《中国能源法学》，法律出版社2009年版，第186页。

〔2〕 参见周珂等主编：《环境与资源保护法学》，中国人民大学出版社2010年版，第343页。2010年10月，我国颁布《石油天然气管道保护法》，这也是我国目前针对石油天然气产业专门颁布的唯一一部法律。

（一）宪法性规定

我国《宪法》规定，自然资源属于国家所有，即全民所有；国家保障自然资源的合理利用；禁止任何组织或者个人用任何手段侵占或者破坏自然资源。〔1〕同时规定：国家厉行节约，反对浪费；〔2〕保护和改善生活环境和生态环境，防治污染和其他公害。〔3〕这些规定，是应对气候变化背景下石油天然气立法的宪法基础。

（二）综合性矿产资源法

这方面的主要立法包括《矿产资源法》、《矿产资源法实施细则》等。尽管这些立法不是专门针对石油天然气产业管理而制定，但在我国目前尚未制定综合性石油天然气法的情况下，这些立法在事实上起着统领石油天然气产业管理的作用，是石油天然气法规体系的重要组成部分。例如，《矿产资源法》中有关矿产资源权属、〔4〕探矿权和采矿权〔5〕等方面的规定，均适用于石油天然气领域。

（三）石油天然气上游产业管理法

石油天然气勘探开发管理法。在我国，涉及石油天然气资源所有权制度的立法主要包括《矿产资源法》、《地质资料管理条例》等；涉及石油天然气资源矿业权制度的立法主要包括《矿产资源勘查区块登记管理办法》、《矿产资源开采登记管理办法》、《探矿权采矿权转让管理办法》、《石油地震勘探损害补偿规定》、《矿业权出让转让管理暂行规定》、《国土资源部关于进一步规范探矿权管理有关问题的通知》等；涉及勘探开发活动的立法主要包括《海洋石油勘探开发化学消油剂使用规定》等。

石油天然气对外合作开采管理法。这方面的立法主要包括《对外合作开采陆上石油资源条例》、《对外合作开采海洋石油资源条

〔1〕《宪法》第9条。
〔2〕《宪法》第14条。
〔3〕《宪法》第26条。
〔4〕《矿产资源法》第3条。
〔5〕《矿产资源法》第5、6条及第3、4章。

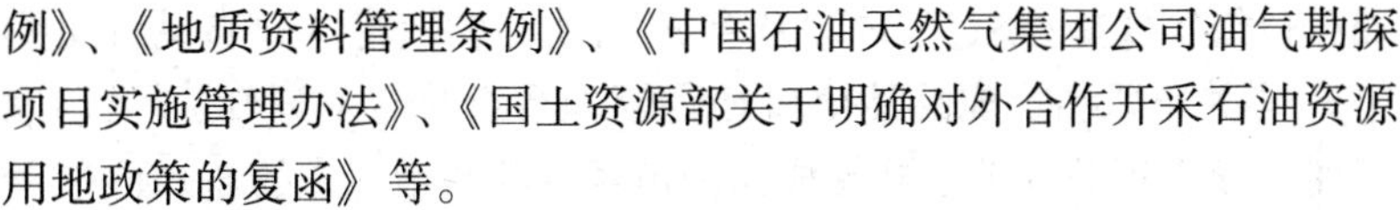

例》、《地质资料管理条例》、《中国石油天然气集团公司油气勘探项目实施管理办法》、《国土资源部关于明确对外合作开采石油资源用地政策的复函》等。

（四）石油天然气中下游产业管理法

石油天然气在中下游产业立法主要集中在输送管理、市场管理、国际贸易管理等方面。

石油天然气输送管理法。这方面的立法集中于管道保护方面，主要立法包括《石油天然气管道保护法》、《铺设海底电缆管道管理规定》、《原油、天然气长输管道与铁路相互关系的若干规定》、《石油天然气管道安全监督与管理暂行规定》等；另外，还包括一些关于石油天然气非管道运输方式的规定，如《液化气体铁路罐车（罐体）运输许可证发证规则》等。

石油天然气市场管理法。这方面的立法既包括生产经营管理方面的立法，如《成品油市场管理办法》以及相关的规范性文件，如《关于清理整顿成品油流通企业和规范成品油流通秩序的实施意见》、《关于坚决取缔土炼油场点有关问题的通知》、《关于限期停止生产销售使用车用含铅汽油的通知》、《关于清理整顿小炼油厂和规范原油成品油流通秩序意见的通知》、《关于更换成品油经营证书和建立成品油市场监管信息交换制度的通知》、《关于进一步整顿和规范成品油市场秩序的意见的通知》、《关于石油公司、石化公司实施限制竞争行为定性处理问题的答复》、《关于暂停进口柴油、汽油后国内油品供应有关问题的通知》、《关于暂停进口柴油、汽油后做好国内油品供应工作有关问题的补充通知》等；也包括价格管理方面的立法，如《关于完善石油价格接轨办法及调整成品油价格的通知》、《关于规范天然气价格管理等有关问题的通知》、《关于建立民航国内航线旅客运输燃油附加与航空煤油价格联动机制有关问题的通知》、《关于切实加强液化气价格管理保证市场供应的通知》、《关于做好成品油市场供应加强价格管理的通知》等。

石油天然气国际贸易管理法。这方面的立法包括《原油、成品油进口组织实施办法》、《2004 年成品油国营贸易进口自动许可程序》、《关于原油、成品油出口经营管理暂行规定的通知》、《国家工商行政管理总局关于开展成品油市场专项整治工作的通知》、《关于民营成品油企业经营有关问题的通知》、《关于液化天然气现货贸易有关问题的意见》、《关于进一步加强成品油市场监督管理工作的意见》等。

（五）石油天然气产业保障法

有关石油天然气产业保障的立法主要环境保护、安全生产、劳动保护、财税等方面的内容。

石油天然气开发利用环境保护法。这方面的立法数量较多，主要针对石油开发活动。其中，法律、行政法规和规章主要包括《清洁生产促进法》、《海洋环境保护法》、《海洋石油勘探开发环境保护管理条例》、《海洋石油勘探开发环境保护管理条例实施办法》、《防治陆源污染物污染损害海洋环境管理条例》、《防治海岸工程建设项目污染损害海洋环境管理条例》、《防治船舶污染海洋环境管理条例》、《海洋倾废管理条例》、《海洋石油开发工程环境影响后评价管理暂行规定》、《海洋石油平台弃置管理暂行办法》、《油轮油污责任暂行补充规定》、《防治船舶污染内河水域环境管理规定》、《关于废润滑油回收再生的暂行规定》、《放射诊疗管理规定》等；相关规范性文件主要包括《关于石油企业高含盐采油（气）污水 COD 达标考核有关问题的复函》、《关于加强海洋倾废和海洋石油勘探开发环境保护管理工作的通知》、《关于渤海区海洋石油勘探开发环境保护管理有关问题的通知》等。

石油天然气安全生产法。这方面的行政法规和规章主要包括《非煤矿矿山企业安全生产许可证实施办法》、《危险化学品安全管理条例》、《海洋石油建设项目生产设施设计审查与安全竣工验收实施细则》、《海洋石油安全管理细则》、《危险化学品建设项目安全监督管理办法》、《海洋石油安全生产规定》、《石油天然气管道安全监督与管理暂行规定》、《海上石油天然气生产设施检验规定》、

《压力管道安全管理与监察规定》、《油船、油码头防油气中毒规定》、《石油企业申报国家级企业安全考核规定（试行）》、《在用液化石油气钢瓶判废暂行规定》等；主要的规范性文件包括《关于进一步加强对液化气体罐车安全管理的通知》、《关于加强对液化石油气站安全管理的紧急通知》、《关于颁发液化石油气汽车槽车安全管理规定的通知（之一）》、《关于中央企业在浙原油储存设施安全监管法规适用问题的复函》、《关于进一步加强输油气管道安全运行监督管理工作的通知》等。

石油行业劳动保障法。这方面的立法主要包括《职业病危害项目申报办法》、《工作场所职业卫生监督管理规定》、《生产经营单位安全培训规定》、《深海石油作业职业卫生管理办法》、《关于加强高压油气田井控管理和防硫化氢中毒工作的意见》、《关于石油企业退休费用社会统筹问题的复函》、《关于石油化工企业部分工作岗位实行不定时工作制和综合计算工时工作制的批复》、《关于石油工业提前退休工种给石油工业部的复函》、《关于石油企业城镇非农业户口的待业家属视为城镇待业人员的复函》、《关于部分石油职工实行不定时工作制和综合计算工时工作制的补充批复》、《关于陆上石油企业部分专业队伍实行不定时工作制和综合计算工时工作制的批复》等。[1]

石油天然气财税法。这方面的立法主要包括《资源税暂行条例》、《企业所得税法实施条例》、《油气田企业增值税管理办法》、《矿产资源补偿费使用管理办法》、《储量有偿使用费管理暂行办法》、《成品油零售加油站增值税征收管理办法》、《新疆原油天然气资源税改革若干问题的规定》、《对外合作开采海洋石油资源条例》、《关于在我国海洋开采石油（天然气）进口物资免征进口税收的暂行规定》、《关于调整进口原油出入境检验检疫收费标准的通

〔1〕 参见叶荣泗、吴钟瑚主编：《中国能源法律体系研究》，中国电力出版社 2006 年版，第 171～172 页。

知》、《关于开采油（气）资源企业费用和有关固定资产折耗摊销折旧税务处理问题的通知》、《对外合作开采陆上石油资源条例》、《关于调整成品油等商品的进口环节消费税的公告》等。

二、我国石油天然气法规体系评价

我国现行石油天然气法规体系为石油天然气行业管理和产业规制提供了重要的法律依据。同时，其中存在基本法依据不足、综合性立法缺位和专门立法不健全等问题需尽快解决。

（一）基本法依据不足

一部制定良好的能源基本法不仅有助于使能源法规体系内部各组成部分形成有机配合、相互支撑的体系，从而为能源管理提供依据，而且作为统领包括石油天然气法在内的各能源领域的综合性立法，可为石油天然气立法提供理念指导和制度框架。石油和天然气是重要的战略性能源资源，其产业法律规制具有独有的特点，同时也应遵循能源基本法的理念、目标、原则和有关法律机制和制度。

我国目前尚未制定能源基本法，也没有在事实上起着能源基本法作用的立法。在此情形下，石油天然气法规体系缺少基本法依据。目前在石油天然气法领域具有最基础性地位的法律就是《矿产资源法》，但该法既不是专门针对能源管理而制定，[1]也并未针对石油天然气产业管理的特殊问题做出具有可操作性的规定。在实践中，该法主要在石油天然气产业的上游管理中发挥着较大的作用。在此情况下，我国石油天然气专门立法的推进受到影响，各专门领域的立法也难以形成有机协调的体系。

2007年12月，国家能源领导小组办公室发布《中华人民共和国能源法》（征求意见稿），其中从能源规划[2]、能源矿产资源开

---

〔1〕《矿产资源法》第1条规定的立法目标是“发展矿业，加强矿产资源的勘查、开发利用和保护工作，保障社会主义现代化建设的当前和长远的需要”。

〔2〕《中华人民共和国能源法》（征求意见稿）第23条。

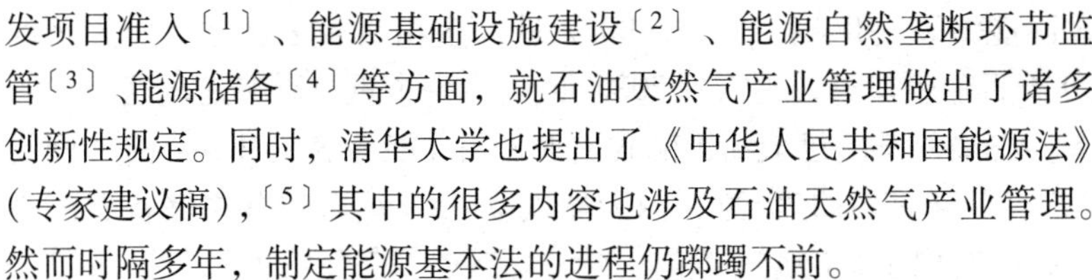

发项目准入[1]、能源基础设施建设[2]、能源自然垄断环节监管[3]、能源储备[4]等方面，就石油天然气产业管理做出了诸多创新性规定。同时，清华大学也提出了《中华人民共和国能源法》(专家建议稿)，[5]其中的很多内容也涉及石油天然气产业管理。然而时隔多年，制定能源基本法的进程仍踯躅不前。

（二）综合性立法缺位

我国目前尚未制定综合性石油天然气法，相关内容分别规定在宪法、矿产资源法、专门或者相关条例、规章或规范性文件之中，这与石油天然气作为战略性能源资源的重要性以及石油天然气产业在我国国民经济中的重要地位极不相称，并对我国石油天然气产业的健康发展造成了消极影响。由于缺乏综合性立法，在管理实践中主要依据大量的低位阶立法和政策性文件，不仅产业管理的透明度难以保障，而且使石油天然气产业管理缺少应有的稳定的法律依据，一些工作无法有效展开，且容易受到政策的易变性的影响。

以石油储备机制为例。部分地由于缺乏足够的法律依据，我国石油储备工作长期以来未能得到应有的重视。尽管我国目前已经完成石油战略储备一期项目，并于2009年启动石油战略储备二期项目。[6]但截至2011年底，我国石油储备能力仅为40天，[7]这与

〔1〕《中华人民共和国能源法》(征求意见稿) 第32条。

〔2〕《中华人民共和国能源法》(征求意见稿) 第47条。

〔3〕《中华人民共和国能源法》(征求意见稿) 第53条。

〔4〕《中华人民共和国能源法》(征求意见稿) 第63、65条。

〔5〕参见清华大学环境资源与能源法研究中心课题组编著：《中国能源法（草案）专家建议稿与说明》，清华大学出版社2008年版，第10~35页。

〔6〕我国战略石油储备一期项目总储备库容为1640万立方米，二期项目计划总储备规模为2680万立方米，三期工程计划建设库容为2680万立方米。参见“2011年底中国石油储备能力达到40天”，载http://www.cheminfo.gov.cn/ZXZX/page_info.aspx?id=386687&Tname=hgyw&c=0，最后访问时间：2012年11月15日。

〔7〕参见“2011年底中国石油储备能力达到40天”，载http://www.cheminfo.gov.cn/ZXZX/page_info.aspx?id=386687&Tname=hgyw&c=0，最后访问时间：2012年11月15日。

国际能源署（IEA）规定的90天进口量相比相去甚远。而要达到90天石油进口量，则需到2020年。[1]一个重要影响是，这一“90天”的要求甚至已成为影响我国加入国际能源署（IEA）的“硬门槛”。[2]在一部综合性石油天然气立法中就战略石油储备做出规定，将有助于解决这一问题。[3]

（三）专门立法不健全

完整的石油天然气法规体系除需要基本法依据和作为牵头法规的综合性石油天然气立法之外，还需健全的下位阶法规体系予以支持，以形成一个相互支撑、相互配合的机制和制度体系，并使法规体系具备较高的可操作性。从这一角度看，我国目前的石油天然气法规体系虽已初具雏形，但仍然缺少如下方面的专门立法：作为综合性立法实施细则的立法；有关石油天然气勘探开发的专门立法；有关石油天然气对外投资的专门立法；有关油气田矿区设施保护的专门立法；有关海上油气田弃置管理的专门立法；有关加油站管理的专门立法；有关石油天然气相关环境保护的专门立法。[4]

缺少专门立法对石油天然气产业的健康发展造成了相当大的困扰。一个例子是，由于我国石油天然气立法起步于计划经济时代，而较多立法长期以来未能修订，时至今日仍不同程度地存在一些计

---

〔1〕参见“解密‘中国战略石油储备’”，载 http：//news. xinhuanet. com/2011－01/21/c_ 121006711. htm，最后访问时间：2012年11月16日。

〔2〕参见“90天石油储备成为中国加入IEA的‘硬门槛’”，载 http：//www. oilboss. cn/firstnews/Article/ShowArticle. asp？ArticleID＝23657，最后访问时间：2012年11月16日。

〔3〕亦可借鉴日本等国的经验，通过制定专门的石油储备立法来促进石油储备制度的建立和完善。在我国已成为石油净进口国的情况下，这一措施尤为必要。2011年，我国石油对外依存度达到56.3%。参见“2011年底中国石油储备能力达到40天”，载 http：//www. cheminfo. gov. cn/ZXZX/page_ info. aspx？id＝386687&Tname＝hgyw&c＝0，最后访问时间：2012年11月15日。关于石油储备立法的具体建议，详见本书第六章。

〔4〕参见叶荣泗、吴钟瑚主编：《中国能源法律体系研究》，中国电力出版社2006年版，第184页。

划经济特征，有关市场机制的法律机制和制度相对薄弱。[1] 再如，目前加油站的安全标准、环境标准和石油天然气设备能力标准基本上是两大集团的自律性规定，尚未出台全国统一有效的行业标准。这样，各地方管理部门在审批设立加油站的申请时，采用的标准往往不尽相同。由于市场进入标准不统一，导致一些地方出现不达标和经营质量不佳的加油站，徒增社会成本。[2]

第三节　我国石油天然气法规体系完善对策

完善我国石油天然气法规体系，应主要从法律位阶、立法模式和体系内容等三个方面入手，借鉴国外成熟经验，同时充分考虑我国的具体国情和不断发展的现实需要。

一、法律位阶

在法律位阶方面，建议在现有的法规体系框架下，通过制定或者修订相应位阶的立法，形成一个包括宪法、法律、行政法规、行政规章、规范性文件、地方法规和规章构成的完整的石油天然气法规体系。

《宪法》中与石油天然气法相关的规定主要是自然资源保护特别是矿产资源保护相关的内容。从石油天然气立法角度讲，其法律依据和政策宣示作用已经足够。

在法律层面，应尽快制定“能源基本法”和“石油天然气法”。在法律性质上，尽管有些国家将能源基本法制定为“政策法”，但这一方案在我国不可行。主要原因在于，在我国，政策与立法之间具有相对明晰的界限。在能源领域，不少立法的政策性本

---

〔1〕 清华大学环境资源与能源法研究中心课题组编著：《中国能源法（草案）专家建议稿与说明》，清华大学出版社 2008 年版，第 96 ~ 98 页。

〔2〕 例如，在北京，一些驾驶员宁愿绕路选择油品口碑较好的较远的加油站，也不愿选择距离较近但口碑不好的加油站，从而增加了社会成本。

来已经很强，如果在能源基本法中过多地强调其政策性，立法的可操作性和可执行性可能受到影响。但这也并不意味该法应制定为事无巨细的能源法典。制定能源法典在我国现阶段不具可行性。一部全面规定能源产业监督管理的框架法，是一个可行的选择。这一框架法中的一些内容可以作为石油天然气立法的依据，甚至可以直接针对某些石油天然气开发利用问题做出规定。“石油天然气法”是石油天然气法体系的牵头立法，其基本内容应包括石油天然气产业监督管理的各方面内容。“能源基本法”与“石油天然气法”是基本法与一般法的关系，而“石油天然气法”与现行的《石油天然气管道保护法》则是一般法与特别法的关系。

行政法规在我国目前石油天然气法规体系中数量不占多数，但从重要性看却属“中坚力量”。目前相关行政法规的内容并未全面涵盖石油天然气产业管理的所有重要内容。目前需要以行政法规的形式补充的立法应至少包括：石油天然气勘探开发管理条例；油气田矿区设施保护条例；石油天然气对外投资管理条例；石油储备管理条例；海洋工程环境保护管理条例；石油天然气贸易管理条例。

可以制定为行政规章的立法除了为更好地实施上述行政法规而制定的实施性立法外，还可以包括海上油气田弃置管理、海洋石油安全生产管理、加油站管理等方面的立法。规范性文件在我国目前石油天然气法规体系中在数量上占绝大多数，并在实践中对石油天然气产业管理具有重要作用。随着石油天然气法规体系的不断健全和完善，以规范性文件形式出现的立法的数量应逐步减少，以使法规体系逐步规范化。

二、立法模式

从立法技术角度讲，石油天然气立法模式方面需要着重探讨的主要是石油立法与天然气立法之间的关系，以及石油天然气产业管理领域上游、中游和下游之间的关系。在这些方面均存在一些理想样态，但是基于某些现实因素的考虑，在立法实践中应选择一个更具可行性的方案。

从资源品种角度看，由于石油和天然气在赋存形态、勘探开发、运输、储存、产业管理需求等方面均存在差异。因此，石油和天然气分别立法是一个较为理想的方案。例如，委内瑞拉就分别制定了《石油法》和《气体烃类资源法》。从产业环节角度看，如前所述，目前采取不同领域分别立法的国家一般法律制度较为完善，市场经济较为成熟；采用按产业环节分别立法模式的国家一般石油天然气资源赋存不足、进口量较大；而采用全行业统一立法的国家，一般而言对石油天然气产业发展的依赖性较强、对产业发展调控力度较大。借鉴这些经验，我国石油天然气立法的理想模式是上中下游分别立法。

但如朱苏力教授所言，“中国的法治之路必须注重利用中国本土的资源，注重中国法律文化的传统和实际”〔1〕。我国一直以来都采取石油天然气一体的模式进行管理。其原因在于，一方面，石油产业和天然气产业均存在自然垄断业务和非自然垄断的可竞争领域；另一方面，我国目前业已形成的石油天然气产业管理体制也基本相同。在此情况下，一个可行的选择是在同一部“石油天然气法”中对二者做出整合规定。这样可以设立统一的监管机构，不仅有助于降低立法成本，而且可以节省行政成本；在法律内容方面，对于石油和天然气两个领域相同或者相似的内容（如矿权取得等），可以做出整合规定，对于有差异的内容，可以分别做出规定。待时机成熟后，可通过适当的立法技术，对石油产业和天然气产业分别立法。需要注意的是，上中下游一体化的立法模式是针对作为石油天然气法规体系牵头立法的“石油天然气法”而言的；而对于下位阶立法，包括行政法规、行政规章等，针对某一特定的产业环节做出具体的、具有较高可操作性的规定，则是可行的选择。

〔1〕 朱苏力：《法治及其本土资源》，中国政法大学出版社2004年版，第6页。

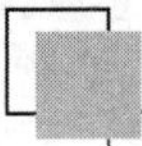

三、体系内容

基于我国石油天然气法规体系的现状和不足，进一步的石油天然气立法应在能源基本法、综合性专项立法、各产业环节立法以及产业支持立法等方面进行努力，以完善法规体系内容。

如前所述，近年来尽管在制定能源基本法方面我国做出了诸多方面的努力，但进展缓慢。缺少作为上位法的能源基本法的石油天然气法规体系无疑是不完整的，因而应推动其尽快出台。该法可以制定为包括总则、能源监督管理、能源市场、能源安全保障、能源合理利用与环境保护、农村能源、国际能源合作、法律责任、附则等方面内容的框架法。〔1〕

在综合性立法层面，应当制定“石油天然气法”和“石油天然气法实施细则”。其中，“石油天然气法”对石油天然气产业管理做出基本的框架性规定，其基本内容应包括总则、石油天然气管理体制、石油天然气炼制、运输和储备、石油天然气市场、石油天然气供应安全和产业激励、法律责任、附则等。〔2〕“石油天然气法实施细则”应在此基础上从资源勘探、开采、运输、储存、贸易、消费等方面做出进一步的具体规定。在应对气候变化背景下，综合性石油天然气法及其实施细则还应做出与适应和减缓气候变化相衔接的规定。

针对石油天然气上游产业管理应保留的现有立法包括《地质资料管理条例》、《对外合作开采海洋石油资源条例》和《对外合作开采陆上石油资源条例》，需要修订的立法是《石油地震勘探损害补偿办法》，需要补充立法的领域包括石油天然气勘探开发、海上油气田弃置管理、石油天然气对外投资等方面。其中，石油天然气勘探开发方面的立法可以制定为行政法规，针对调整和规

---

〔1〕 参见清华大学环境资源与能源法研究中心课题组编著：《中国能源法（草案）专家建议稿与说明》，清华大学出版社 2008 年版，第 10～35 页。

〔2〕 关于此，详见本书第六章第四节和附录一的相关内容。

范石油天然气勘探开采活动的需要，对石油天然气资源所有权、探矿权和采矿权的取得、流转和交易、勘探开发投入和资金保障、开发效率、资料保密、环境保护等方面的内容做出规定。石油天然气对外投资方面的立法也可以制定为行政法规，就投资战略规划、投资主体、外汇管理财政和金融支持等方面做出规定。关于海上油气田弃置管理方面的立法可以制定为行政规章，就拆除要求、财税处理、环境保护等方面的内容做出规定。〔1〕此外，有关煤层气和页岩气矿权管理、加强上游领域市场竞争的立法亦应适时补充制定。

针对石油天然气中下游产业管理主要需要补充制定管输经营准入、加油站管理、定价机制等方面的立法，这些立法均可制定为行政规章。关于管输经营准入的立法旨在打破目前管输经营的垄断状态。石油管输经营准入立法应着重关注管道建设投资的要求和准入制度的具体安排；天然气管输经营准入机制应着重推动第三方准入，逐步实现管道中立，并可适当采取差别性政策。关于加油站管理的立法内容可包括管理机构、经营资质、管理程序、监督检查和商业秘密等方面。完善成品油和天然气定价立法，应着重规定定价机制的选择，引入市场定价机制，并明确市场定价与政府定价、政府指导价之间的关系。

在石油天然气产业支持立法方面，应当对《防止海岸工程污染海洋环境管理条例》进行修订，制定石油储备、油气田矿区设施保护、石油天然气勘探开发利用环境保护等方面的专门立法。这些立法建议制定为行政法规。其中，"石油储备管理条例"可就石油储备的组成和用途、石油储备管理体制、政府石油储备管理、企业义务石油储备管理、财税支持、法律责任等方面做出规定。"油气田矿区设施保护条例"可对油气田矿区设施所有权、设施安全的监督

---

〔1〕 参见叶荣泗、吴钟瑚主编：《中国能源法律体系研究》，中国电力出版社 2006 年版，第 183～186 页。

管理、对干扰和破坏行为的处罚等内容做出规定。[1] 石油天然气勘探开发利用环境保护方面的立法应与现有环境保护法律制度深度衔接，注重制度效力和可操作性，重视公众参与和激励机制。[2]

〔1〕 参见叶荣泗、吴钟瑚主编：《中国能源法律体系研究》，中国电力出版社2006年版，第183～186页。

〔2〕 关于这些立法建议的详细内容，详见本书第五章和第六章。

第四章

石油天然气监管体制

它是你送给自己的礼物，只有你自己才能找到。

——〔美〕斯宾塞·约翰逊〔1〕

综观世界各国石油天然气立法监管体制，主要有出口主导型、进口主导型和进出口并重型三种类型。发展中国家的石油天然气监管体制具有一些独有的特点。国外的某些成熟经验可供我国在进一步立法中参考和借鉴。我国石油天然气产业管理体制在管理主体、监管职能、管理机制和法律依据等方面存在一些亟待解决的问题。

第一节 概 述

科学的监管体制，是石油天然气产业健康发展的重要条件。明确石油天然气监管体制的特征以及确立监管体制的原则，是健全和完善我国石油天然气监管体制的重要前提。

〔1〕 出自〔美〕斯宾塞·约翰逊：《礼物》，刘祥亚、潘诚译，南海出版公司2011年版，第25页。

一、石油天然气监管体制的概念和特征

石油天然气监管体制，是指一国为实现石油天然气政策和立法目标而确立的监督和管理机构的设置、职能分工、管理机制和管理依据所构成的有机整体。石油天然气监管体制具有如下三方面特征：

其一，管理与监督职能的独立性。管理与监督是两个不同的环节。管理是指管理者通过实施计划、组织、领导、协调、控制等职能，协调一定组织或者领域内的活动，以实现既定目标的过程；监督是指对特定领域政策和法律的实施情况进行跟踪、审查、分析和评价，判断其合法性和合理性，以改善和促进政策和法律实施的活动。监督与管理职能相分离有利于从制度层面确保政策制定的独立性和实施效果的稳定性，从而有利于政策和法律的有效实施。

其二，监督管理过程的公正性和透明性。监管机构应使被监督管理者全面、清晰地了解监督管理活动所遵循的规则和程序，公开其决策理由和结果，并定期向公众报告监督管理活动的情况。确保监督管理过程的公正性和透明性，有利于石油天然气法律主体知悉其权利实现和保障情况及其应承担的义务和责任，从而有利于产业的健康发展。

其三，监管目标及其实现的阶段性。对于任何国家而言，石油天然气产业均处于不断发展之中。这不仅与一国社会经济发展的整体战略、能源政策和法律环境、石油天然气资源勘探开发状况、技术保障实力、管理能力等因素有关，而且与其所处的国际环境密切相关，而这些因素都不是一成不变的。相应地，针对影响石油天然气产业发展的这些因素的变化，国家也应当适时调整监督管理的理念、机制、制度和力度等。

二、确立石油天然气监管体制的原则

确立石油天然气监管体制，应基于如下三项原则：

（一）以正当理念为基础

监管体制是一国石油天然气法的重要内容，其制度设计直接决

定该国石油天然气法的价值取向、法律原则和立法目的能否顺利实现。石油天然气监管体制首先应基于正当的理念，即根据前文所述的石油天然气法的价值取向、目的体系和基本原则，建立和完善石油天然气监管体制。以正当理念为基础，一方面要求石油天然气监管体制本身符合石油天然气法的理念，另一方面也要求有关行政主管部门和监督部门以这些理念为导向开展工作。落实正当理念的一条重要途径是实现“管监分离”。所谓“管监分离”，是指能源管理部门和能源监管机构在行使各自职权时相互分离、相互独立。关于此，下文详述。

（二）充分考虑本国国情

任何国家的石油天然气监管体制设计均应考虑本国的特定情况。之所以如此，主要原因有三个方面。首先，任何国家的石油天然气监管均需在特定社会、经济、文化和制度背景之下进行。即便将在其他国家实施效果良好的管理体制经验引进另外一个国家，如果不根据本国的特定国情进行吸收和改造，其实施效果也可能会大打折扣。其次，石油天然气监管体制需要在一国现行能源监管体制的框架下进行制度安排并发挥作用，因而需要与作为上位阶建构的能源监管体制实现良好的衔接。最后，任何监管体制的设计均应充分考虑可操作性，只有符合本国国情的制度才具有更高的可操作性。因而，从制度可操作性层面讲，特定的国情因素（如石油天然气资源赋存、石油天然气产业发展、油气产品进出口情况以及社会经济发展程度等）应在建立和完善石油天然气监管体制过程中予以充分重视。

（三）借鉴国外成熟经验

现代石油天然气产业在一些国家发展历史较长，产业规制亦经历了较长时间的演进和完善，由此形成的一些成熟的机制和制度可供我国健全和完善油气立法时参考。因此，考察典型国家的石油天然气监管体制，在此基础上进行比较研究，从中总结石油天然气监督管理的国际经验，就成为一条可取的研究路径。

第二节　典型国家石油天然气监管体制

尽管世界各国的石油天然气监管体制各不相同，但从各国的石油天然气资源赋存、石油天然气产业发展、油气产品进出口情况以及社会经济发展程度等视角综合考察，仍可从中发现一些具有规律性的内容。在此以石油天然气资源进出口情况和社会经济发展程度两个指标作为切入点，主要对加拿大、美国、日本和巴西的石油天然气监管体制进行研究。加拿大、美国和巴西的石油天然气资源赋存丰富，均为石油天然气生产大国，与我国情况类似。日本是典型的石油净进口国，而我国目前进口依存度也已超过50%，在此方面与我国类似。同时，这些国家均为市场经济国家，石油天然气产业市场化程度较高，这与我国的改革方向相一致。这些国家形成了较为完善的石油天然气监管体制，其成熟经验可供我国借鉴。

一、加拿大：出口主导型

加拿大原油储量居世界第三位，仅次于沙特阿拉伯和委内瑞拉，是世界第六大石油生产国，亦为世界第三大天然气生产国。石油是加拿大最主要的出口产品。[1] 自然资源部、能源政策局、能源技术与计划局、国家能源委员会是联邦层面的主要监管机构，省级监管因省份的不同而略有差异，联邦与各省之间的能源联合监管较为复杂。对于原住民的石油天然气监管，加拿大做出了较为特殊的规定。

（一）联邦石油天然气监管

在联邦层面，加拿大自然资源部（Department of Natural Resources，DNR）负责石油天然气资源管理，具有独立决策权和监督

〔1〕参见〔加〕马乐飞（Michael Laffin）："加拿大石油天然气业监管框架"（演讲稿），2013年10月14日，第5、9页。

管理权。自然资源部的主要职能包括：市场准入许可和收费；市场分析和咨询；国际交流与合作；制定能源监督管理的政策目标和监督管理政策。该部于1995年根据《自然资源部法》成立，现有5个局和4个直属处组成。5个局为：森林局、能源局、地学局、矿产和金属局、综合服务局；4个直属处为：审计和评价处、联络处、法律处、战略计划和协调处。[1]

能源政策局和能源技术与计划局作为管理加拿大能源工业的独立联邦管理机构，在石油天然气产业管理方面负有较为重要的职责，其中主要包括：向政府提供联邦能源政策、战略、紧急计划和工作方面的建议，促进能源有效利用，确保开发能源资源满足国内需求和出口需要；促进提高能源效率，实施石油和天然气管理；石油天然气开发许可；省际和国际石油天然气和产品管线和国际动力管线的建设；联邦权限下的管线的调整及税赋；对石油开采和生产安全以及生态环境保护进行监管，如漏油、井喷、钻井平台泄漏等；其他石油天然气产业活动。[2]

国家能源委员会（National Energy Board，NEB）是主要负责处理省际和国际能源项目的联邦机构，具有准司法权，有高等法院的权利和特权，且其决定均具有法律上的可执行力。NEB职责的法律依据主要是《国家能源委员会法》、《加拿大石油天然气运营法》和《加拿大石油资源法》。[3]

（二）省级石油天然气监管

加拿大省级石油天然气监管系统较为明确。石油和天然气产业活动、管线配送系统由省级公用事业局管理负责，这些机构审批与

---

〔1〕 参见李润生、刘岩、刘克雨编著：《石油与监管》，石油出版社2002年版，第74~75页。

〔2〕 参见王正立、刘伟、张迎新编：《世界部分国家能源管理机构简介》，中国大地出版社2005年版，第113页。

〔3〕 参见〔加〕马乐飞："加拿大石油天然气业监管框架"（演讲稿），2013年10月14日，第11~13页。

石油和天然气产业活动及与管线有关的申请。省级管理机构的主要职责包括：增加石油和天然气生产矿业区税，提供钻探机会并颁发许可证，承认和许可建设和生产，审查天然气零售成本。[1]

在产油大省阿尔伯塔省，石油天然气监管机构主要包括阿尔伯塔省能源局、阿尔伯塔省能源监管局（Alberta Energy Regulator, AER）和阿尔伯塔省环保局。阿尔伯塔省能源局管理该省的包括石油天然气在内的非可再生资源，授予勘探和开发能源和矿产资源的权利，建立、管理和监控实体系统和特许权系统，促进能源效率和能源保护。阿尔伯塔省能源监管局旨在通过其监管活动，高效、安全、有序和环保地开发阿尔伯塔省的能源资源，对以下事宜实施监管：处置和管理公共土地；保护环境；保护和管理水资源，包括合理地分配和使用水资源。[2]

（三）联邦与省之间的联合监管

加拿大联邦与各省之间的能源联合监管较为复杂。例如，在大西洋区域，近海石油天然气产业管理依据联邦和省际的联合规章，通过新斯科舍近海石油局（Nova Scotia Offshore Petroleum Board, NSOPB）和纽芬兰近海石油局（Newfoundland Offshore Petroleum Board, NOPB）进行，二者分别是新斯科舍省和纽芬兰省政府的独立联合机构，可以批准勘探、开采和生产海上石油和天然气，并颁发近海勘查、开发和生产许可证。

加拿大联邦政府、各省政府和私人企业之间关系也非常复杂。与天然气勘探开发密切相关的部门和企业主要包括三类主体：行政部门，包括联邦政府所在省政府和外省政府；石油天然气产业经营者，包括各油气企业、承包商及行业协会；金融机构，包括本地、

---

〔1〕 参见王正立、刘伟、张迎新编：《世界部分国家能源管理机构简介》，中国大地出版社2005年版，第114页。

〔2〕 参见〔加〕马乐飞："加拿大石油天然气业监管框架"（演讲稿），2013年10月14日，第34～37页。

国家和国际金融机构。[1]

(四) 针对原住民的特殊监管

在加拿大，如果石油天然气开发利用涉及原住民的利益，一般通过政府与原住民之间的条约来解决。1867 年《宪法》第 91 (24) 条明确赋权国会处理与“印第安人和印第安人保留地”有关的所有事宜。规范处置、勘探和开发保留地上的石油天然气的联邦法律包括《印第安人法》、《印第安石油天然气法》、《印第安石油天然气条例》、《原住民石油天然气与货币管理法》、《原住民商业和工业开发法》等。根据这些立法，保留地（包括地上权和采矿以及矿产权利）由联邦政府为部落成员之利益信托持有；在授予石油天然气租约和附带的地上权之前，保留地的相关权益须由部落议事会指派给政府；在部落议事会批准和支付规定费用的前提下，印第安石油天然气管理局执行董事按部落议事会和执行董事共同认可的条款和条件，就印第安土地中的石油天然气权利授予许可或租约，或者获得许可或租约的选择权。[2]

二、日本：进口主导型

日本作为石油净进口国，其石油天然气监管着力应对可能发生的油荒、价格异常波动、主要石油输出国国内危机等情形。其主要管理机构包括经济产业省资源能源厅以及独立行政法人石油天然气与金属矿产资源机构。

(一) 资源能源厅

经济产业省资源能源厅（資源エネルギー庁，Agency for Natural Resources and Energy，ANRE，简称“能源厅”）成立于 1973

---

〔1〕 参见国家发展和改革委员会经济体制与管理研究所、《中国石油天然气行业监管体系研究》项目组：《中国石油天然气行业监管体系研究》，石油工业出版社 2007 年版，第 90 ~ 104 页；王正立、刘伟、张迎新编：《世界部分国家能源管理机构简介》，中国大地出版社 2005 年版，第 112 ~ 115 页。

〔2〕 参见〔加〕马乐飞：“加拿大石油天然气业监管框架”（演讲稿），2013 年 10 月 14 日，第 14 ~ 18 页。

年，[1] 主管石油、电力、天然气等能源的稳定、安全供给和节能、新能源政策，其内部机构主要有节能与新能源部、资源燃料部和电力天然气部。能源厅下属的审议会议有综合资源能源调查委员会和筹措价格算定委员会，以及独立法人有石油天然气与金属矿产资源机构和原子能研究开发机构。

能源厅主要与石油、天然气相关的内部机构是资源燃料部。该部主要与石油、天然气相关的科室及其职能主要有政策科、石油与天然气科、石油精炼储备科和石油流通科：① 政策科，其主要职责包括：推进石油、可燃性天然气、煤炭、褐煤以及其他矿产及其制品的安定、有效率的供给；制定与石油及石油制品有关的基本政策；管理与石油及石油制品价格相关的事务；管理与石油及石油制品相关的事业资金；矿业公害（除煤炭公害科职责之外的矿业公害）的赔偿；石油公团的组织及运营的一般事务。② 石油与天然气科，主要职责包括：石油开发；石油储量的勘察；石油的输出、输入以及生产；确保天然气及其制品稳定、有效率的供给。③ 石油精炼储备科，主要职责包括：与石油精炼业相关的许可和认可；石油制品的生产；石油制品（除液化石油气之外）的出口及进口；石油及石油制品的储备；调整石油及石油制品供给（除石油流通科职责之外）；施行“确保挥发油品质”[2] 等相关法律（仅限于石油制品的生产及进口相关事项）。④ 石油流通科，主要职责包括：石油及石油制品的流通（除由石油精炼储备科的职责之外）；石油管线事业的开发、改善及调整；液化石油气的输出及输入；液化石油气的储备；调整液化石油气的供给以及公平交易。

电力天然气部下属的政策科和天然气市场整备科与天然气产业规制相关：① 政策科，主要职责包括：推进与确保电力、天然气

---

〔1〕 参见 Wikipedia，資源エネルギー庁词条，载 http：//ja. wikipedia. org/wiki/%E8%B3%87%E6%BA%90%E3%82%A8%E3%83%8D%E3%83%AB%E3%82%AE%E3%83%BC%E5%BA%81，最后访问时间：2014 年 1 月 25 日。

〔2〕 昭和 51 年（即 1976 年）法律第 88 号。

及地热稳定有效供给有关的基本政策；与天然气及天然气产业相关的事务。（除天然气市场整备科职责之外）。② 天然气市场整备科，主要职责包括：天然气市场的整顿；与天然气供给条件相关的事项；调整天然气产业运营；天然气产业资金相关事项。[1]

（二）石油天然气与金属矿产资源机构

石油天然气与金属矿产资源机构（石油天然ガス・金属鉱物資源機構，Japan Oil，Gas and Metals National Corporation，JOGMEC）是经济产业省资源能源厅管理的独立行政法人，[2]成立于2004年2月29日，是将之前负责确保石油天然气安定供给职责的“石油公团”[3]与之前负责除铁之外的金属矿物的稳定供给职责的“金属矿业事业团”的职能合并而形成的独立法人组织。

依2012年《独立行政法人石油天然气和金属矿物资源机构法》的规定，石油天然气与金属矿产资源机构的职能主要包括七个方面：① 为石油和天然气（以下简称“石油等”）的勘探、煤炭的探勘、地热的探查以及其他金属矿物的勘探等提供必要的资金供给，以及开展其他为促进石油以及天然气资源、煤炭资源、地热资源以及金属矿产资源开发所必要的业务；② 开展石油及金属矿产资源储备的必要业务；③ 致力于石油等、煤炭、地热及金属矿产资源稳定、价格低廉的供给；④ 为矿产企业提供防止矿产公害所必要的资金的贷款等其他业务；⑤ 保护国民健康；⑥ 保证生活环境的

〔1〕 参见経済産業省公式ウェブサイト，資源エネルギー庁ご案内，载 http://www.meti.go.jp/intro/data/akikou31_1j.html，最后访问时间：2014年1月26日。

〔2〕 独立行政法人所管理的是依《独立行政法人通则法》第2条第1项规定的“与国民生活和社会经济安定等公共上利益有关的事务，但同时又没有必要以国家主体直接实施的事务。”

〔3〕 公团，是日本二战后应联合国军占领军总司令部（GHQ）要求，为执行战后物资的分配而设立的一种公法人。而后随着日本市场化的发展，旧有的“公团”逐渐变成“独立行政法人”，2005年彻底消失。

安全；⑦ 推动金属矿产业的健全发展。[1] 2012 年修订文本中新增的职责包括：① 为特殊自然灾害时期石油、液化石油气供给计划的实施提供支持；② 对与煤炭、地热资源开发有关的资金进行合理运用；③ 重新评估海洋矿产资源探测的深度限制。

石油天然气与金属矿产资源机构中主要与石油、天然气有关的部门包括石油开发推进部、石油开发技术部和资源储备部：① 石油开发推进部。该部下属的计划调整部负责石油、天然气勘探、开发项目的计划、开采、组成、支援开展资源外交等业务，事业推进部负责针对石油、天然气勘探、开发项目的出资、债务担保等业务。② 石油开发技术部。该部下属的统筹部负责石油、天然气勘探、开发项目相关的计划、立项、技术开发成果的普及、研究、人才的培养等业务；探查部负责实施石油、天然气勘探、开发的地质构造调查；技术部负责技术开发、技术评价、技术调查等业务；技术解决方案事业组为资源国提供解决方案。③ 资源储备部。该部下属的储备计划部负责国家石油储备的计划与推进、对民间储备的支援、与石油储备有关的国际业务；石油储备部负责国家石油储备及储备基地管理、储备石油的取得、保有、让渡、环境安全、储备技术等业务；天然气储备部负责天然气储备及储备基地的管理、与岩层技术相关的业务。[2]

三、美国：进出口并重型

美国拥有丰富的石油天然气资源，是能源生产和消费大国，其对石油和天然气的需求亦居于世界前列。在石油天然气产业监管方面，美国是一个典型的进出口并重型国家。美国石油天然气监管体

---

〔1〕《独立行政法人石油天然气和金属矿物资源机构法》第 3 条。另见日本総務省電子政府の総合窓口，《独立行政法人石油天然ガス・金属鉱物資源機構法》，载 http：//law. e – gov. go. jp/htmldata/H14/H14HO094. html，最后访问时间：2014 年 1 月 25 日。

〔2〕参见 JOGMEC 公式ウェブサイト，組織紹介，载 http：//www. jogmec. go. jp/about/organization_ map_ 001. html，最后访问时间：2014 年 1 月 26 日。

系中涉及部门较多，其中能源部、联邦能源监管委员会、内政部等部门起着至关重要的作用。

（一）能源部

美国能源部（Department of Energy，DOE）成立于1977年，旨在应对20世纪70年代阿拉伯国家实施的石油禁运和提高石油价格产生的石油能源危机，以加强对能源的集中统一管理。[1] 能源部主要负责美国核能研发和核安全工作、联邦政府能源政策制定、能源行业管理、能源相关技术研发、环保型能源的生产和利用以及核武器研制、生产和维护等。[2] 能源部下属的矿物燃料局、矿物能源办公室、能源信息署等部门的职能与石油天然气监管直接相关。

矿物燃料局战略石油储备办公室负责战略石油储备工作，其主要职责包括：按照总统的指示，迅速抛售储备油；在2025年之前保证石油储备的可得性，并对应急事件迅速做出反应；定期审查储备情况，并就相关问题直接向总统提出意见建议；进行必要的储备更换，包括将品质不合适的原油置换成高质量原油；临时性借调有限数量的原油，以帮助石油公司应对暂时困难。

矿物能源办公室下属的石油天然气技术办公室负责分析影响石油天然气供应的事件，并对相关研究予以资助。该机构的研究内容包括两大部分：建立模型；分析特定政策、激励措施、环境法规、研究开发、技术进步、成本和税收、价格等因素对石油天然气产业行为的潜在影响。

能源信息署负责收集和分析能源供应、需求和价格趋势等数据，其信息服务包括历史和当期数据、短期和长期预测，统计数据的范围覆盖石油、天然气、煤、电力和可再生能源。[3]

---

〔1〕 参见〔美〕约瑟夫·P. 托梅因、理查德·D. 卡达希：《美国能源法》，万少廷译，法律出版社2008年版，第80页。

〔2〕 参见张勇：《能源基本法研究》，法律出版社2011年版，第106页。

〔3〕 参见王正立、刘伟、张迎新编：《世界部分国家能源管理机构简介》，中国大地出版社2005年版，第121页。

（二）联邦能源监管委员会

联邦能源监管委员会（Federal Energy Regulation Commission, FERC）是能源部下属的独立管理机构，其执法的主要根据有《天然气法》（1938年）、《菲利普斯决议》（1954年）、《天然气政策法》（1978年）、《联邦能源委员会436号令》（1985年）、《放松井口管制法》（1989年）和《联邦能源委员会636号令》（1992年）等，负责监管州之间的天然气、电力、水力、石油等管道运输和价格。〔1〕联邦能源监管委员会的主要职责包括：监管资源的开发利用；监控石油和天然气市场运行；制定行业技术标准并监督实施，对生产安全、公众健康和环境保护实施监管；对行业重要公共设施和重大项目实行监管；负责行业基础数据信息的管理，并向政府部门和公众提供咨询服务等。〔2〕

美国联邦能源监管委员会的指导理念是促进市场竞争、价格公平，实施能源项目时充分考虑对社会和环境的影响。〔3〕联邦监管委员会职员包括能源各个领域的专家并设置对应的办公室。委员会做出的决定不受总统和国会审查，其成本非依托于政府财政支持，而是来源于对监管产业收取的费用和年费。〔4〕

在石油天然气领域，联邦能源监管委员会负责监管石油天然气的州际输送，审查液化天然气终端建设的项目建议。具体而言，该委员会的石油天然气职责包括：监管州际商业中用于再销售的天然气的输送和销售；监管州际商业中的石油管道输送；批准州际天然气管道和存储设施的建设与废弃；监测和调查能源市场；监督与天

〔1〕参见美国联邦监管委员会：http：//www. ferc. gov/about/about. asp，最后访问时间：2012年3月25日。

〔2〕参见王正立、刘伟、张迎新编：《世界部分国家能源管理机构简介》，中国大地出版社2005年版，第121页。

〔3〕参见石红艳：《能源安全视角下的中国政府能源管理体制研究》，中国人民大学2007年博士学位论文，第139页。

〔4〕参见王岚：《中美能源管理体制比较研究》，华东政法大学2009年硕士学位论文，第78页。

然气项目有关的环境保护事宜；管理受监管企业的会计和财务报告规则与行为；制裁在能源市场中违反能源监管委员会规则的组织和个人。[1]

（三）内政部

美国内政部（Department of Interior，DOI）设立于1849年，是联邦政府中具体负责石油天然气资源勘探开发和矿业权管理的政府机构，其中负责石油天然气监管相关事务的部门包括土地管理局、矿产管理局和地质调查局。[2]

土地管理局负责联邦公共土地内石油天然气资源勘查开发管理，包括对联邦土地和其上的矿产资源等进行管理，并对州和私人土地进行协调。该机构的主要职责是：地籍调查，土地利用规划，建立土地调查档案和土地管理信息系统，牧场管理，为经济发展提供有关服务，制定国家矿产开发、利用计划等。

矿产管理局负责近海和外大陆架石油天然气资源勘查开发管理，其主要职责包括：分析外大陆架矿产资源的性质、范围和价值，监督外大陆架矿产资源有序的开采，及时收取、核实和归类来源于联邦和印第安土地上的各类矿产的权利金和租金、红利等。

地质调查局负责对全国石油天然气资源的分布、数量、质量和储量进行评价，为制定公平有效的石油天然气资源开发和环保公共政策提供依据。[3]

（四）其他部门

除能源部、联邦能源监管委员会、内政部外，美国负责石油天然气监管相关事务的政府部门还包括劳动部、贸易开发署、商务

---

〔1〕参见胡德胜编著：《美国能源法律与政策》，郑州大学出版社2010年版，第78页。

〔2〕参见倪外：《基于低碳经济的区域发展模式研究》，华东师范大学2011年博士学位论文，第84页。

〔3〕参见王正立、刘伟、张迎新编：《世界部分国家能源管理机构简介》，中国大地出版社2005年版，第116页。

部、环境保护署、运输部、进出口银行等。其中，① 劳动部负责确保石油天然气产业工人健康和安全，其下属的职业安全和健康管理局通过与州政府合作，负责实施并加强有关工作场所健康和安全标准的管理。② 贸易开发署通过资助可行性研究、专业培训补贴、商业研讨会和其他技术援助，帮助国内石油天然气公司在发展中国家和中等收入国家参与能源项目的竞争。③ 在石油天然气领域，美国商务部下属的国家海洋和大气管理局负责与各州合作，对近海地区的环境保护、资源保护与开发进行监督管理。④ 环境保护署主要职责包括：勘探和开发过程中废弃物的地下填埋；炼油厂化学物质的排放；钻孔淤泥和流质体的排放和处理；陆上、海岸、近海地区勘探、开采中废弃物的地面堆放；石油和石油储藏箱的地下保存；湿地地区石油天然气生产的管理。⑤ 运输部下属的管道安全办公室负责管理管道工作，保证天然气、液化气、石油输送过程中的安全和环境无害化，具体职责包括：保证管道、液化气设施定位、设计、建设、检查、试验、经营、维修等方面的安全；规定管道安全项目的各种参数；要求管道经营者针对履行安全检查职责的雇员制定工作计划；规定陆上石油管道事故处理方案的基本要求。⑥ 进出口银行对美国石油公司的海外销售活动提供融资支持，为石油出口商提供流动资金贷款担保，并向外国进口商提供贷款。同时，进出口银行也提供信用担保，以保护美国石油出口商免受因国外政治或商业原因导致的拒付风险。[1]

四、巴西：发展中国家的典型实践

巴西拥有丰富的石油资源，是拉美地区第三大产油国。在过去 60 年间，巴西的石油天然气监管体制经历了一个从国家垄断到放松管制的过程，颇具典型性。其管理机构主要包括改制前的巴西国

---

〔1〕 参见王正立、刘伟、张迎新编：《世界部分国家能源管理机构简介》，中国大地出版社 2005 年版，第 123 ~ 124 页；国家发展和改革委员会经济体制与管理研究所、《中国石油天然气行业监管体系研究》项目组：《中国石油天然气行业监管体系研究》，石油工业出版社 2007 年版，第 90 ~ 104 页。

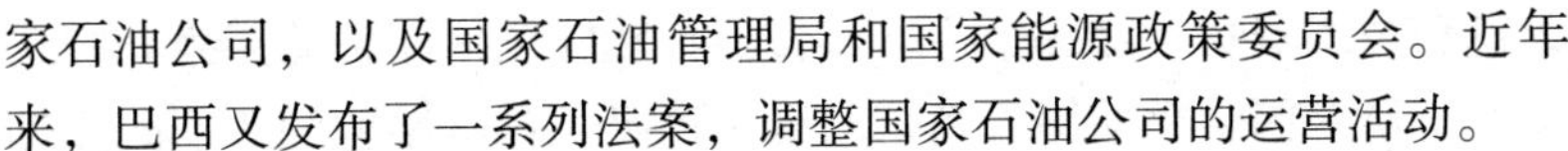

家石油公司，以及国家石油管理局和国家能源政策委员会。近年来，巴西又发布了一系列法案，调整国家石油公司的运营活动。

（一）巴西国家石油公司

巴西国家石油公司（Petrobras）成立于1953年。此后直至1995年，巴西采取国家石油公司的形式进行石油天然气监管。巴西国家石油公司参与石油政策的制定和执行，统管巴西石油的资源管理勘探、开采、生产、输送及企业的经营管理。1995年，巴西进行石油产业监管体制改革，取消了有关公司独家垄断石油勘探开发的地位，强化了政府管理部门的职能，同时对私营资本和外国石油公司逐步开放了勘探开发业务。1997年，巴西实现石油产业管理的政企分离，巴西国家石油公司的行政职能被分离出来，在矿业能源部下增设国家石油管理局，负责全国石油政策的制定和行业监督管理。巴西国家石油公司实行自主经营，其子公司可以与本国或外国企业合资，外国石油公司陆续进入巴西。[1]

（二）国家石油管理局

国家石油管理局是巴西石油行业监督部门。该机构的主要职责包括：制定石油天然气政策，保证石油供应，保护消费者权益；研究石油天然气勘探、开采和生产的地区范围；规范地理学和地球物理学在石油勘探领域的应用和服务，提高技术含量，发展非专利的服务贸易；制作标书和促进特准勘探、开采和生产的招标，签订合同，并监督检查执行；批准实施提炼、加工、输送、进口和出口业务；制定估算管道运输的费率，确定有关价格；直接或通过与各州协议的形式对石油工业的活动进行监督检查；制定石油天然气产业相关用地的审批程序；制定有效措施，履行对石油及其产品、天然气的保存及合理使用，保护环境；开展科研，在勘探、开采、生产、输送、提炼和加工中采用新技术；组织和收集有关石油工业的

〔1〕参见王正立、刘伟、张迎新编：《世界部分国家能源管理机构简介》，中国大地出版社2005年版，第102页。

信息和技术资料；加强企业提供石油天然气全国储备的年报和宣传工作；对全国燃料油储备系统的运转情况和执行燃料油年度战略储备计划情况进行监督检查；与其他能源管理部门加强相互沟通协作，特别是加强对国家能源政策委员会的技术支持；管理和批准有关全国燃料供应活动，对全国燃料供应活动进行监督检查。〔1〕

（三）国家能源政策委员会

国家能源政策委员会是巴西的石油天然气行业管理部门，其主要职责包括：根据能源政策原则，促进合理使用国家能源资源；根据各地区特点，保证偏远地区的能源供给，向国会提交建立补贴的特别措施；定期检查全国各地区的能源供应情况，重视常规能源和替代能源及必要技术；制定特殊计划措施，例如使用天然气、酒精、煤炭和核能的计划措施；制定进出口措施，满足国内对石油及其产品和天然气的需求；保证国家燃料油储备系统的正常运行，实施燃料油年度战略储备计划。〔2〕

（四）近期法案的相关规定

2010 年 6 月，巴西发布第 12276 号法案，授权联邦直接对巴西国家石油公司通过补偿、投标弃权及宪法规定的研究、石油天然气、烃类液开发活动等方式，在划定区域内进行开采活动。〔3〕该法案对此次授权开发活动中的石油开采中所有权〔4〕、转让及转让合同格式〔5〕、开采风险分配〔6〕、特许权使用费的确定〔7〕、海关制

〔1〕 参见王威："巴西油气管理体制及其对我国的启示"，载《国土资源情报》2007 年第 8 期，第 14 页。

〔2〕 参见王威："巴西油气管理体制及其对我国的启示"，载《国土资源情报》2007 年第 8 期，第 14 – 15 页。

〔3〕 See Law 12276 Article 1, http: //www. spectrumasa. com/wp – content/uploads/BRAZILIAN – LEGISLATION – FOR – EP. pdf, pp. 50 ~ 54.

〔4〕 *Id.* Article 1 Paragraph 1.

〔5〕 *Id.* Article 2 ~ 3.

〔6〕 *Id.* Article 4.

〔7〕 *Id.* Article 5.

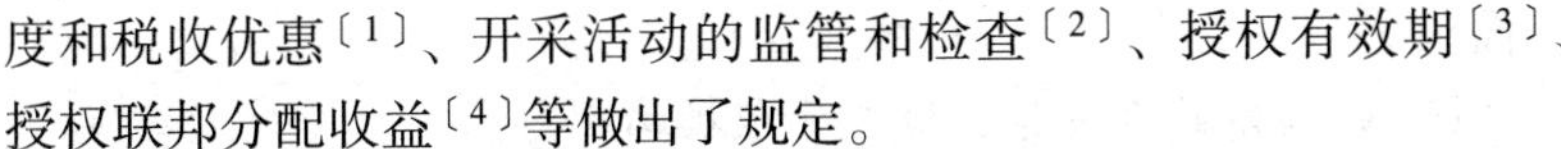

度和税收优惠[1]、开采活动的监管和检查[2]、授权有效期[3]、授权联邦分配收益[4]等做出了规定。

2010 年 12 月，巴西发布第 12351 号法案。该法案规定，联邦与巴西国家石油公司就石油开采活动应该按照法律规定的生产分成协议制度签订合同。[5]法案规定合同一方主要是联邦，[6]双方通过招标或者拍卖式投标签订合同，[7]并就分成协议下双方如何履行，以及生产分成协议下联邦各石油天然气管理机关的权利义务做出了规定。[8]法案还规定了如下方面的内容：直接签订合同[9]及招投标的程序[10]，巴西国家石油公司与其他企业合伙情形下的责任承担[11]，生产分成协议的形式及双方实质性权利义务[12]，产品使用[13]，利益分配及产品商业化[14]，以及建立旨在应对贫穷和促进发展的社会基金[15]。

五、国际经验的借鉴意义

加拿大、日本、美国、巴西和其他一些国家有关石油天然气监管体制的成熟经验，可供我国借鉴。这些经验可以概括为如下几个

---

〔1〕 *Id.* Article 6.

〔2〕 *Id.* Article 7.

〔3〕 *Id.* Article 8.

〔4〕 *Id.* Article 9.

〔5〕 Law 12351 Chapter II Article 3，合同一方为联邦；Article 4 合同另一方为巴西国家石油公司。参见 http：//www. spectrumasa. com/wp – content/uploads/BRAZILIAN – LEGISLATION – FOR – EP. pdf，pp. 65 ~ 99.

〔6〕 *Id.* Article 3.

〔7〕 *Id.* Article 8.

〔8〕 *Id.* Chapter III.

〔9〕 *Id.* Chapter III Section V.

〔10〕 *Id.* Chapter III Section VI.

〔11〕 *Id.* Chapter III Section VII.

〔12〕 *Id.* Chapter III Section VIII.

〔13〕 *Id.* Chapter IV.

〔14〕 *Id.* Chapter VI.

〔15〕 *Id.* Chapter VII.

方面：

（一）厘清政企关系，健全管理机构

在探索石油天然气产业健康高效发展的过程中，越来越多的国家发现，国家石油公司的垄断地位与产业活力、甚至与国家能源安全并非共生共存的关系。因此，不少国家逐步取消国家石油公司的垄断地位，实行行政管理与企业运营相分离，建立和完善石油天然气产业管理机构，明确各管理机构的组成、职能、经费来源和人员组成等事项，以创造更为公平透明的竞争环境。

如前所述，巴西于1997年建立了国家能源政策委员会和国家石油管理局，前者负责能源政策的制定，后者负责实施国家石油天然气政策、制定有关实施条例、授予租让合同，并对炼油、输送、进出口等业务进行授权经营；巴西国家石油公司不再承担行业管理职能。再如，印度尼西亚亦于2001年取消了国家石油公司（Pertamina）在石油行业的垄断地位，其行业管理职能移交给2002年成立的执行机构和监管机构，这两个机构直接向总统负责。

不少国家将石油行业的管理职能置于综合性的能源或矿产主管部门。如美国是能源部，加拿大是自然资源部，英国是贸工部，俄罗斯是能源部和自然资源部，日本是经济产业省，委内瑞拉是能源和矿产部，挪威是石油和能源部，韩国是产业资源部。一般而言，石油天然气产业管理部门的主要职能包括：制定行业发展战略、市场准入规则、税收政策和标准；确定石油天然气产品和服务的定价原则；制定与石油天然气产品和服务质量以及安全、环境保护和资源合理利用相关的法规。

（二）设立监管机构，实行管监分离

在管理模式上，管监分离模式备受推崇。所谓“管监分离”，是指能源管理部门和能源监管机构在行使各自职权时相互分离、相互独立。在管监分离模式下，政府相关部门负责制定石油天然气行业发展战略，以及石油天然气勘探、开采、输送、销售、配送等环节的技术、经济、安全等方面的政策和措施；政策的具体执行工作

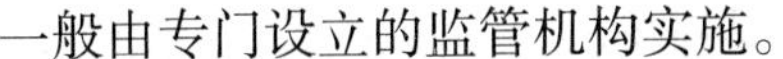

一般由专门设立的监管机构实施。

例如，美国和加拿大均设立了能源主管部门和能源监管机构，前者主要负责能源发展和安全的大政方针及相关的政策研究，后者主要负责具体的监督管理政策的制定和执行，有效保证了政府的能源政策的落实。

（三）引入市场机制，推动有效竞争

一些国家在石油天然气监管体制改革进程中的普遍做法是：强化石油天然气产业某些领域的市场竞争机制，以提高石油天然气产业效益和石油天然气产品的充足程度。在石油天然气产业链的各个环节中，多数国家针对自然垄断领域和非自然垄断领域分别采取不同的监督管理政策：对于自然垄断领域，确保其规模经济性；对于非自然垄断领域，使行业发展处于有效竞争状态，确保其竞争活力。所谓“有效竞争”，又称“不完全竞争”（Imperfect Competition）或“可行竞争”（Workable Competition），是指由于市场中存在至少一个达到足以影响市场价格的卖方或者买方，并且由此改变需求和供给规律，从而无法实现完全竞争状态（Perfect Competition）。一般所称的“寡头垄断”或者“垄断竞争”，均属于不完全竞争的范畴。[1]

在此方面，巴西的经验特别值得我国借鉴。在巴西国家石油公司成立之后的四十多年间，其不仅参与石油政策的制定、执行，还统管巴西石油的勘探、开发、生产、运输及企业的经营管理，实行典型的政企合一模式。推行石油体制改革后，巴西取消国家石油公司的垄断权，对民营资本和外资开放石油领域。在此后的十余年间，巴西成品油市场活力大大提高，石油产量和储量均几乎翻一番，并在2007年底由石油净进口国成为石油净出口国。[2]

---

〔1〕 See Paul A. Samuelson, William D. Nordhaus, *Economics*, New York: McGraw – Hill, 2000, p. 759.

〔2〕 参见杨雷：“巴西告别石油国有垄断企业十年”，载 http://www.infzm.com/content/7499，最后访问时间：2014年1月26日。

（四）健全法规体系，完善管理制度

健全的法规体系和完善的管理制度，是有效的石油天然气产业监管的基础。在此方面，美国、加拿大等国的经验值得借鉴。

美国能源监督管理委员会依据1977年《能源部组织法》建立，而其执法依据则是20世纪30年制定、此后一直沿用几十年的《天然气法》。此外，《菲利普斯决议》、《联邦能源委员会436号令》、《放松井口管制法》等立法也是能源监管机构依法进行石油天然气产业管理的重要法律依据。

加拿大国家能源委员会建立的法律依据是《国家能源委员会法》。该委员会行使监督管理权力的依据主要包括《能源管理法》、《石油和天然气操作法》、《环境评价法》、《石油资源法》等。与此相配套的立法是国家能源委员会制定的《天然气管道统一会计条例》、《陆上石油天然气管道条例》等70多项规章。另外，各省也都各自制定了与石油天然气监督管理相关的立法。

美国和加拿大亦制定了较为完备的反垄断法。在此方面，美国的主要法律有《谢尔曼反托拉斯法》、《克雷顿法》和《联邦贸易委员会法》；加拿大的法律主要包括《竞争法》和《竞争委员会法》等。〔1〕这些立法为有效的石油天然气监管提供了重要的法律依据。

第三节　我国石油天然气监管体制及其完善

经过60多年的演进，我国目前形成了由国家能源局、国土资源部、国有资产监督管理委员会、商务部、对外经济贸易合作部、

〔1〕参见国家发展和改革委员会经济体制与管理研究所、《中国石油天然气行业监管体系研究》项目组：《中国石油天然气行业监管体系研究》，石油工业出版社2007年版，第90～104页。

财政部、住房和城乡建设部、国家质检总局、环境保护部、国家税务总局等部门组成的石油天然气监管体系，为推动石油天然气产业的健康发展起到了重要作用，但在管理主体、监管职能、管理机制等方面也存在一些亟待解决的问题。为此，应着重从推进机构改革、明确管理职责、健全管理机制、完善法律依据等方面做出努力。

一、我国石油天然气监管体制的演进与现状

从1949年的燃料工业部到2013年的国家能源局，我国石油天然气监管体制经历了至少19次较大的变革，并形成了目前由国家能源委员会、国家能源局以及其他相关主管部门共同组成的石油天然气监管体系。

（一）石油天然气监管体制的演进

我国石油天然气监管体制一直处于不断变革之中。1949年，我国成立燃料工业部。1955年，我国成立石油工业部，全面主管石油工业的生产建设工作。1970年，我国将煤炭部、石油部、化工部合并为燃料化学工业部。1975年，撤销燃料化学工业部，成立石油化学工业部。1978年，撤销石油化学工业部，恢复石油工业部。1980年，我国成立国家能源委员会，负责管理石油、煤炭和电力三个工业部。

1982年，我国撤消能源委员会，石油工业部、煤炭工业部和电力工业部直属国务院领导；同时，成立中国海洋石油总公司，归石油部管理。1983年，又从石油部分离出炼油化工部分，与地方石化企业合并，组建中国石油化工总公司，直属国务院管理。1988年9月，我国撤销石油工业部，成立能源部，组建具有行政职能的中国石油天然气总公司。1992年，撤销能源部，中国石油天然气总公司直属国务院领导。总体而言，在1998年之前，我国的石油管理体制与计划经济体制相适应，采取政企合一、政府直接经营的模式。

1998年，我国按照政企分开和上下游、内外贸、产销一体化

原则，对石油和石化两大总公司进行重组，组建了中国石油天然气集团公司和中国石油化工集团公司，政府职能移交给了当时成立的国家石油和化学工业局。2003 年，我国又在国家发展改革委下设能源局，负责包括石油在内的有关能源的管理工作。鉴于我国能源供应形势的严峻和油价高企，2005 年，我国成立了国家能源领导小组。〔1〕 2008 年，成立国家能源局。2010 年 1 月，国务院成立国家能源委员会，该委员会是我国最高级别的能源管理机构。国家能源委员会办公室主任由发展改革委主任兼任，副主任由能源局局长兼任，办公室具体工作由能源局承担。〔2〕 2013 年，原国家电力监管委员会并入国家能源局，组成新的副部级的国家能源局。

概言之，我国石油天然气产业管理体制的演进路径为：燃料工业部→石油工业部→石化工业部→能源部→国家石油公司→国家石油和化学工业局→几部委分散管理。经历 1998 年和 2003 年改革之后，我国石油天然气产业管理体制的改革目标——政府与企业职能分开，并使油气企业成为真正的自主经营、自负盈亏的市场主体——未能得到有效的实现。

表 4　我国能源管理机构发展变动情况〔3〕

年　份	发展变动情况
1949	成立燃料工业部
1950	设立石油管理总局和电力管理总局，归属燃料工业部
1955	撤销燃料工业部，成立煤炭工业部、石油工业部、电力工业部

〔1〕 参见王世声、杨涌江：“改革我国石油管理体制的主要思路”，载《中国石化》2005 年第 9 期，第 38 页；“中国石油天然气立法研讨会”资料，2008 年 3 月。

〔2〕 国务院办公厅《关于成立国家能源委员会的通知》（国办发〔2010〕12 号）。

〔3〕 参见吴吟：“关于我国能源管理体制的思考”，载《中国能源》2002 年第 10 期，第 12 页。2000 年之后我国能源管理机构发展变动情况根据相关资料补充。

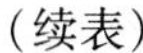

（续表）

年　份	发展变动情况
1958	电力工业部与水利部合并为水利电力部
1970	撤销煤炭工业部、石油工业部、化学工业部，成立燃料化学工业部
1975	撤销燃料化学工业部，恢复煤炭工业部，成立石油化学工业部
1978	撤销石油化学工业部，成立石油工业部和化学工业部
1979	撤销水利电力部，成立电力工业部和水利部
1980	成立国家能源委员会
1982	撤销国家能源委员会，撤销电力工业部和水利部，合并为水利电力部
1988	撤销煤炭工业部、石油工业部、水利电力部、核工业部，将水利电力部的电力部分、核工业部的职能集中在一起，成立能源部
1993	撤销能源部，恢复煤炭工业部、电力工业部
1998	撤销煤炭工业部和电力工业部，成立煤炭工业局、石油和化学工业局，归口国家经贸委管理，并在国家经贸委内设立电力司
2001	撤销煤炭工业局、石油和化学工业局，成立国家安全生产监督管理局
2002	成立国家电力监管委员会
2003	成立国家发展和改革委员会
2008	成立国家能源局
2010	成立国家能源委员会
2013	国家电力监管委员会与国家能源局合并为新的国家能源局

（二）石油天然气监管体制的现状

我国目前涉及石油天然气监管的部门主要包括国家能源委员会、国家能源局、国土资源部、国有资产监督管理委员会、商务部、财政部、住房和城乡建设部、国家质检总局、环境保护部、国家税务总局、科技部等。分述如下。

1. 国家能源委员会

我国 1980 年即成立国家能源委员会，但两年后即被撤销。2005 年成立国家能源领导小组，下设办事机构“国家能源领导小组办公室”。作为 2008 年国务院机构改革的后续，经过近两年时间的筹备，国家能源委员会终于成立。2010 年 1 月 22 日，国务院办公厅发布《国务院办公厅关于成立国家能源委员会的通知》（国办发〔2010〕12 号），决定成立国家能源委员会，时任国务院总理温家宝任国家能源委员会主任。根据工作需要和人员变动情况，国务院于 2011 年 9 月对国家能源委员会组成人员作了相应调整。2013 年 7 月 11 日，国务院发布《国务院办公厅关于调整国家能源委员会组成人员的通知》，决定对国家能源委员会组成部门和人员进行调整。根据调整后的名单，国务院总理李克强担任国家能源委员会主任，国务院副总理张高丽担任副主任。国家能源委员会办公室主任由发展改革委主任兼任，副主任由能源局局长兼任，办公室具体工作由能源局承担。

根据《国务院办公厅关于成立国家能源委员会的通知》（国办发〔2010〕12 号），国家能源委员会负责研究拟订国家能源发展战略，审议能源安全和能源发展中的重大问题，统筹协调国内能源开发和能源国际合作的重大事项。从性质上看，国家能源委员会更多的是一个议事协调机构。

2. 国家能源局

国家能源局成立于 2008 年。根据第十二届全国人民代表大会第一次会议批准的《国务院机构改革和职能转变方案》和《国务院关于部委管理的国家局设置的通知》（国发〔2013〕15 号），国家能源局为副部级单位，该局为国家发展和改革委员会管理的国家局。

国家能源局的主要职责如下：① 负责起草能源发展和有关监督管理的法律法规送审稿和规章，拟订并组织实施能源发展战略、规划和政策，推进能源体制改革，拟订有关改革方案，协调能源发展和改革中的重大问题。② 组织制定煤炭、石油、天然气、电力、新能源和可再生能源等能源，以及炼油、煤制燃料和燃料乙醇的产业政策及相关标准。按国务院规定权限，审批、核准、审核能源固定资产投资项目。指导协调农村能源发展工作。③ 组织推进能源重大设备研发及其相关重大科研项目，指导能源科技进步、成套设备的引进消化创新，组织协调相关重大示范工程和推广应用新产品、新技术、新设备。④ 负责核电管理，拟订核电发展规划、准入条件、技术标准并组织实施，提出核电布局和重大项目审核意见，组织协调和指导核电科研工作，组织核电厂的核事故应急管理工作。⑤ 负责能源行业节能和资源综合利用，参与研究能源消费总量控制目标建议，指导、监督能源消费总量控制有关工作，衔接能源生产建设和供需平衡。⑥ 负责能源预测预警，发布能源信息，参与能源运行调节和应急保障，拟订国家石油、天然气储备规划、政策并实施管理，监测国内外市场供求变化，提出国家石油、天然气储备订货、轮换和动用建议并组织实施，按规定权限审批或审核石油、天然气储备设施项目，监督管理商业石油、天然气储备。⑦ 监管电力市场运行，规范电力市场秩序，监督检查有关电价，拟订各项电力辅助服务价格，研究提出电力普遍服务政策的建议并监督实施，负责电力行政执法。监管油气管网设施的公平开放。⑧ 负责电力安全生产监督管理、可靠性管理和电力应急工作，制定除核安全外的电力运行安全、电力建设工程施工安全、工程质量安全监督管理办法并组织监督实施，组织实施依法设定的行政许可。依法组织或参与电力生产安全事故调查处理。⑨ 组织推进能源国际合作，按分工同外国能源主管部门和国际能源组织谈判并签订协议，协调境外能源开发利用工作。按规定权限核准或审核能源（煤炭、石油、天然气、电力等）境外重大投资项目。⑩参与制定与能源相关的资源、财税、环保及应对气候变化等政策，提出能源价格调整和进出口总量建议。承担国家能源委员会具体工作。负责国家能源发展战略决策的综合协调和服务保障，推动建立健全协调联动机制。⑪承办国务院、国家能源委员会以及国家发展和改革委员会交办的其他事项。[1]

3. 其他相关主管部门

涉及石油天然气产业管理的部门还包括国土资源部、国有资产监督管理委员会、商务部、财政部、住房和城乡建设部、国家质检总局、环境保护部、国家税务总局、科技部等。①国土资源部：拟定有关石油天然气勘探开发的法律法规、政策以及有关技术标准；组织编制石油天然气资源管理规划；管理石油天然气勘探和开发许可证的登记发放、转让事宜；审查石油天然气勘查年度计划并监督执行情况；审批对外合作区块；管理矿产资源补偿费的征收和使用；依法调处石油天然气重大探、采矿权争议纠纷。②国有资产监督管理委员会：监督管理油气企业生产任务，管理国有资本收益。③商务部：协调油气企业的发展及改革；制定和分配原油和石油产品进出口配额；签发进口原油限量登记证；维护石油天然气市场秩序；对石油天然气生产的安全和质量进行监督等。④财政部：制定油气企业税费标准及优惠政策，其中，资源税、勘探许可证费、开采许可证费、对外合作勘探开发项目的矿区使用费由国家税务总局收取。⑤住房和城乡建设部：主管城市燃气系统，负责制定城市天然气利用规划及其配输管网建设规划；签发天然气配送和销售企业、天然气工程设计和建设企业的资质证书；规制天然气配送和销售的安全、质量；协调供需关系等。⑥国家质检总局：

---

〔1〕参见“国家能源局简介”，载 http://www.nea.gov.cn/gjnyj/index.htm，最后访问时间：2014年1月25日。

管理和组织制定石油天然气安全生产的各种行业标准，并监督其执行。⑦ 环境保护部：审定勘探开发建设等活动的环境影响评价文件。⑧ 国家税务总局：收取勘探开发活动的石油天然气资源税、矿区使用费和对外合作开发石油天然气资源的实物税等。⑨ 科技部：支持管理石油天然气勘探开发的重大科研工程等。[1]

二、我国石油天然气监管体制评价

现有石油天然气监管体制对促进我国石油天然气产业发展起到了重要的作用，同时亦存在一些不可回避的问题，主要体现为监管主体、监管职能、监管机制等方面。[2]

（一）监管主体方面的问题

现有石油天然气监管体制在监管主体方面的问题，主要体现为多头监管和政企职能不清两个方面，这些问题严重影响着监管行为的正当性和效率性。

1. 多头监督管理

我国涉及石油天然气监督管理的机构至少包括国家能源委员会、国家能源局、国土资源部、国有资产监督管理委员会、商务部、财政部、住房和城乡建设部、国家质检总局、环境保护部、国家税务总局、科技部等部门；同时，三大石油公司在事实上也承担一定的行政管理职能。这种监督管理模式一方面有助于尽可能地发挥各部门在石油天然气监督管理领域的作用，但另一方面，也导致监管职能分散、政出多门、效率低下等问题，从而降低监督管理效率。在此情形下，适当集中监督管理权，加强各部门间的协调，是

---

〔1〕 参见王丹：《中国石油产业发展路径：寡占竞争与规制》，中国社会科学出版社 2007 年版，第 164～166 页；“中国石油天然气立法研讨会”资料，2008 年 3 月。此外，三大石油公司也在事实上承担一些管理职责，后文详述。

〔2〕 参见王世声、杨涌江：“改革我国石油管理体制的主要思路”，载《中国石化》2005 年第 9 期；国家发展和改革委员会经济体制与管理研究所、《中国石油天然气行业监管体系研究》项目组：《中国石油天然气行业监管体系研究》，石油工业出版社 2007 年版，第 4～5 页。

完善石油天然气监管体制的一条重要途径。

2. 政企职能不清

在1998年重组之前的相当长的时期里，政府既是政策的制定者和监督执行者，又是具体业务的经营者，形成了一种事实上的政企合一的体制格局。其结果是：垄断经营环境使油气企业缺乏竞争活力；石油价格无法反应市场供求关系，无法基于市场机制提高产业效率；投资渠道单一，产业投资不足，供需矛盾突出。

1998年重组旨在使政府与企业职能分开，并使油气企业成为真正的自主经营、自负盈亏的市场主体。然而时至今日，几个国有控股石油公司仍在不同程度地扮演着政策制定者的角色。例如，中石油和中石化不仅参与产业运行规范的制定，而且还直接参与行业整顿工作，甚至这两家公司的一些内部文件被有关部委作为部门规章转发；有些地方政府的成品油流通秩序整顿办公室就设在两大公司的地方石油公司。这样，就出现了规则制定者与市场主体身份混同的局面。[1]

（二）监管职能方面的问题

监管职能方面的问题主要包括三个方面：管监不分，定位不明；职能分散，分割管理；监管缺位，权利义务失衡。

1. 管监不分，定位不明

关于产业规制的一个国际共识是：政府的政策制定职能必须与其监管职能相分离。[2]但长期以来，我国对石油天然气产业的管理基本上采取政策制定与监督实施职能二者合一的模式。这种监管合一的模式使政府角色有时会发生冲突，不利于政府在监督管理方面政策的制定和实施，同时也不利于保证监督管理的公正性；管理部门同时身兼监督者的角色，不仅难以确保为产业参与者提供公平

---

〔1〕 参见王丹：《中国石油产业发展路径：寡占竞争与规制》，中国社会科学出版社2007年版，第168～169页。

〔2〕 参见世界银行、国务院体改办经济体制与管理研究所：《中国石油天然气行业现代化结构改革和监管》，中国财政经济出版社2001年版，第6页。

竞争的机会，而且会导致监督管理效率低下。由于外部监督机制不健全，石油企业不具有有效的自我约束机制，导致恶性事故的发生。例如，2003 年川东发生的“12·23”特大井喷事故导致 200 多人死亡，300 多人受伤。[1]

2. 职能分散，分割管理

尽管经历了 1998 年重组，我国石油天然气监督管理方面仍然存在职能分散、分割管理的现象，市场准入监管、税收以及企业运行管理分别隶属于不同部门，导致职能分散、交叉和重叠等问题。一方面，许多部门拥有石油天然气监管职责；另一方面，没有一个部门作为石油天然气行业的主要监管主体，相互之间的协调机制亦未明确确立。[2]

类似的情形也存在于监督管理部门内部。例如，在国家发展改革委内部，基础产业司负责管理石油天然气的勘探开发；产业发展司负责在石油天然气运输、石油石化产品生产和销售领域行使管理职能；价格司在石油天然气以及部分石油石化产品定价方面拥有审批或指导权；投资司制定投资政策并审批油气企业限额以上投资项目。[3] 行政管理中的分工固然必要，但同一部委内部针对石油天然气产业管理需要如此之多的部门参与，如果缺少有效的协调机制，难免会影响监管效率。

无论是在各部门之间还是在部门内部，监管职能的分散、交叉和重叠增加了监督管理成本，降低了监督管理效率，不利于政策的统一性和协调性，制约了油气企业对市场变化的快速反应能力，对

---

〔1〕 参见“重庆中石油川东油田井喷事故死亡人数已增至 243 人”，载 http://news.163.com/2004w01/12422/2004w01_1073264610232.html，最后访问时间：2014 年 1 月 25 日。

〔2〕 参见世界银行、国务院体改办经济体制与管理研究所：《中国石油天然气行业现代化结构改革和监管》，中国财政经济出版社 2001 年版，第 33 ~ 34 页。

〔3〕 参见王丹：《中国石油产业发展路径：寡占竞争与规制》，中国社会科学出版社 2007 年版，第 166 页。

石油天然气行业的健康发展造成了不良影响。

3. 监管缺位，权利义务失衡

现有监管体制对石油天然气生产运行的监督存在缺位现象，无法很好地防止资源浪费，如油藏管理不善或者不必要的天然气燃烧等。对管道的监管，亦缺少公平的准入机制，以使任何有资格的市场主体获得准入机会。[1]

法律权利和法律义务不可能孤立地存在，一方的存在和发展需以另一方的存在和发展为条件。[2] 1999 年国务院办公厅转发国家经贸委等部门《关于清理整顿小炼油厂和规范原油成品油流通秩序的意见》，赋予中石油、中石化和中海油有关石油的开采、炼化、进口、批发和零售几乎所有方面权利，在很大程度上赋予了这些企业以行政管理权，但该文件却几乎没有规定这些企业的义务和责任。这种权利义务失衡的状况，不利于石油天然气产业的健康发展。

（三）监管机制方面的问题

监管机制方面的问题主要体现为市场机制的作用未能得到充分发挥。在上游领域，油气企业划地而治，对外合作专营权尚未完全取消，行业准入门槛过高，对一般法律主体而言存在相当大的障碍；矿产许可证管理方式未能充分引入市场竞争机制，未普遍采取招标方式发放矿产许可证，也没有制定更为严格的矿产许可证延期条件。在下游领域，尚未完全方开放零售业务，并且在进出口和定价上还存在政府控制行为；城市配气系统的市场化运作水平有待提高。[3] 同时，监管程序缺乏应有的透明度，无法保证决策过程的

---

〔1〕 参见世界银行、国务院体改办经济体制与管理研究所：《中国石油天然气行业现代化结构改革和监管》，中国财政经济出版社 2001 年版，第 33 页。

〔2〕 参见刘金国、舒国滢主编：《法理学教科书》，中国政法大学出版社 1999 年版，第 43 页。

〔3〕 参见王威："巴西油气管理体制及其对我国的启示"，载《国土资源情报》2007 年第 8 期，第 18 页。

合法性和正当性。

以价格机制为例。尽管政府定价可以在一定程度上简化管理，但往往容易扭曲市场价格信号，发生价格偏低或者偏高的情况，造成调整时间滞后、与市场供求关系脱节、资源产品同质不同价等方面的问题。价格过低不利于鼓励上游领域的投资，过高则不利于下游市场的发展。这些问题均不利于石油天然气市场的健康发育。虽然我国目前在石油天然气产业管理的某些领域已开始向市场化方向转变，但仍需要做出更大的努力。

在石油价格方面，国内原油价格基本上与国际接轨，但成品油定价机制却无法及时反映国际市场的态势。我国目前成品油定价的主要机制是：以上一个月纽约、新加坡、鹿特丹三地成品油价格加权平均为调价的依据，由国家发展改革委综合做出价格调控决定。从效果上看，这一定价机制难以及时反映石油市场的变动趋势，不利于发挥市场机制配置资源的作用。

在天然气价格方面，我国目前实行的是国家指导价下的双轨制价格，没有形成市场导向的天然气价格形成机制。从短期讲，它有利于国家宏观调控，但却不利于调动地方的积极性，[1] 在实践中也造成了一些负面影响：天然气资源进一步勘探开发难以获得资金保障，低价供气造成了天然气资源的浪费，并且阻碍了国外资源的及时进入，误导投资方向，造成远期的资本浪费。[2]

三、我国石油天然气监管体制完善对策

世界银行和国务院体改办经济体制与管理研究所认为，健全的石油天然气监管框架应遵循五个方面的原则：监管与政策制定相分离；独立的监管决策；取消国有企业在政策和监管方面的职责；透

---

〔1〕 参见樊明武：“我国天然气行业的垄断性与价格机制研究”，载《天然气工业》2006 年第 6 期，第 140 页。

〔2〕 参见邢治河：“我国天然气定价的发展方向与思考”，载《当代石油石化》2005 年第 12 期，第 31 ~ 32 页。

明监管；坚实的法律框架。[1] 基于这些原则，我国可从如下方面健全和完善石油天然气监管体制：

（一）推进机构改革

针对我国石油天然气监管存在的多头监督管理、管监定位不明、政企职能不清等问题，推进石油天然气产业管理机构改革的整体思路，应是配合能源管理体制改革，实行管监分离和政企分离。

首先，设立综合性石油天然气行政主管机关。在此与综合性能源管理部门的设立密切相关。我国在 1988 年曾设立能源部，但后被撤销。此后，我国石油天然气产业管理就一直处于诸部门分散管理的状态。2010 年设立的国家能源委员会可以部分地起到综合性能源管理部门的作用，但显然无法完全具备能源部的职能。由于综合性主管部门缺位，导致政府职能的重复和交叉，人财物力浪费现象较为严重。为此，我国应借鉴国外成熟经验，尽快设立作为综合性能源主管部门的能源部。综合性石油天然气主管机关设在能源部内，可以是该部门的一个司（局），专门负责石油天然气相关管理工作。

其次，设立独立的石油天然气监管机构。设立独立的监管机构，将行政管理机构的战略、规划、政策、组织等职能与监督管理职能清晰地区分开来。该机构在组织构架上可以设在综合性能源管理部门之下，为国务院直属特设机构，受国务院直接领导。该机构内可设立专司石油天然气监督管理的部门。由此，油气企业在实践中仅面对监管机构，不仅可以提高效率，还可以在不增加政府机构和人员的情况下，[2] 保障行政主管部门职权的有效行使，并有助

---

〔1〕 参见世界银行、国务院体改办经济体制与管理研究所：《中国石油天然气行业现代化结构改革和监管》，中国财政经济出版社 2001 年版，第 34 ~ 35 页。

〔2〕 参见史丹："中国石油工业体制改革的成效、问题及其深化措施"，载"打造中国的能源安全"研讨会资料，2006 年 9 月。

于对石油天然气产业实施有效监管。[1]

最后，取消市场主体的监管职能。主要石油公司在实践中身兼“运动员”和“裁判员”的双重身份，影响市场的公平性，政策和立法的实施效果也受到影响。“只要国有企业拥有自我监管和参与监管的职责，并且在政策制定中也发挥一定的作用，那么市场就不会是公平的。”[2] 因此，应取消国有企业在政策和监管方面的职能，将监管职能移交至上述行政管理机关和监管机构。

（二）明确管理职责

将行政管理职能和监督职能从油气企业收归相应的管理和监督机关，从而彻底实现“政企分离”；同时通过明确的职责定位，实现“管监分离”。这一制度设计尽可能保留目前各有关部门在各自领域中的石油天然气管理主责，从而以渐进式的改革解决问题。

能源部下负责石油天然气产业管理的司（局）的角色应主要包括油气资源管理、油气资源的长期稳定供应、保证市场公平运行、创造有利的投资环境、促进行业就业和社会福利等。[3] 其主要职能可以包括：编制国家石油天然气产业发展战略和规划；制定国家石油天然气产业发展政策；组织实施石油天然气法律制度；组织建立石油天然气预警与应急体系和石油储备战略；预测石油天然气供需、进出口和生产能力；组织制定促进石油天然气利用合理化和提高能源效率的政策和措施；制定和调整石油天然气资源、石油天然气产品和相关服务的定价政策；组织实施石油天然气产业关键技术的研究、开发与推广应用；制定与石油天然气相关的产品与服务标

〔1〕 参见国家发展和改革委员会经济体制与管理研究所、《中国石油天然气行业监管体系研究》项目组：《中国石油天然气行业监管体系研究》，石油工业出版社 2007 年版，第105～108 页。

〔2〕 世界银行、国务院体改办经济体制与管理研究所：《中国石油天然气行业现代化结构改革和监管》，中国财政经济出版社 2001 年版，第 36 页。

〔3〕 参见世界银行、国务院体改办经济体制与管理研究所：《中国石油天然气行业现代化结构改革和监管》，中国财政经济出版社 2001 年版，第 35 页。

准；进行石油天然气统计工作；依法发布石油天然气信息和数据；提供涉外石油天然气事务的政策建议。[1]

国家能源监督管理委员会下属负责石油天然气监督管理的部门的主要职责可以包括：制定和实施有关石油天然气监督管理的规章和规则；颁发、管理石油天然气业务许可证；监督石油天然气市场运行，促进公平竞争；会同有关行政主管部门，监督管理石油天然气安全生产情况，参与事故的调查与处理，统计、分析石油天然气安全生产信息；会同有关主管部门，统计、分析油气企业的价格信息，监督、检查有关石油天然气价格规定的执行情况；建立石油天然气监督管理信息系统；对油气企业进行现场检查；对油气企业违法行为立案调查，并在授权范围内实施行政处罚；处理石油天然气市场中的投诉、申诉，并对当事人之间的纠纷进行调解或裁决。[2]企业不能对该委员会施加不当影响。该委员会的监管行为应被赋予足够的权威性，监管者应有任期保障。[3]

（三）健全管理机制

我国石油天然气监管体制目前存在的最主要的问题是市场机制未能发挥应有的作用。应以此为着力点，加强相关领域的市场竞争。以下游产业为例。石油天然气销售属于一般竞争性业务，较易形成充分的市场竞争，完全可以更大程度地基于市场机制自动调控企业的进入和退出，实现市场高效率运行。充分运用市场机制，是稳定石油天然气市场的重要手段，同时也有利于更加充分地利用国

〔1〕 王世声、杨涌江："改革我国石油管理体制的主要思路"，载《中国石化》2005年第9期；清华大学环境资源与能源法研究中心课题组编著：《中国能源法（草案）专家建议稿与说明》，清华大学出版社2008年版，第12~13页。

〔2〕 参见清华大学环境资源与能源法研究中心课题组编著：《中国能源法（草案）专家建议稿与说明》，清华大学出版社2008年版，第14~15页。

〔3〕 参见世界银行、国务院体改办经济体制与管理研究所：《中国石油天然气行业现代化结构改革和监管》，中国财政经济出版社2001年版，第35~36页。

际资源，保障我国石油天然气供应安全。[1]

同时，还应提高石油天然气监管的透明度。被监管的法律主体有权知悉监管规则和监管程序。除商业秘密之外，所有作为监督措施依据的事实和理由均应公开。公开的形式可以是公布行政信息、召开听证会、发布报告等。[2]

关于管输经营准入、石油储备、管道安全、环境保护等法律机制的健全和完善建议，详见本书第五章和第六章相关内容。

---

〔1〕 参见王威："巴西油气管理体制及其对我国的启示"，载《国土资源情报》2007 年第 8 期。

〔2〕 参见世界银行、国务院体改办经济体制与管理研究所：《中国石油天然气行业现代化结构改革和监管》，中国财政经济出版社 2001 年版，第 37 页。

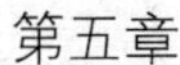

第五章

石油天然气产业规制机制

你得了蜜吗？只可吃够而已，恐怕你过饱就呕吐出来。

——《圣经》〔1〕

产业规制，是指为实现社会经济发展的目标，有权机关对特定产业的运行及相关经济主体的行为进行直接或者间接的约束和规范的活动。对石油天然气产业各环节的规制机制进行考察，发现其中存在的问题并提出完善建议，对于健全和完善我国石油天然气法具有极其重要的现实意义。

第一节 概 述

产业规制包括经济规制和社会规制。公共利益规制理论、规制俘虏理论、规制经济理论和激励性规制理论在规制目标、规制主体、规制对象、规制手段等层面的研究，对石油天然气产业规制理

〔1〕 出自《圣经·箴言25：16》。

论的深入探讨具有有益的启示。石油天然气产业规制应以石油天然气法的价值取向、目的和基本原则为指导，并在实践中贯彻“上游降低风险，中游确保安全，下游增强活力”的指导思想。

一、石油天然气产业规制的概念

“规制”一词英文为 Regulation，有时亦译为“管制”。在汉语中，“规制”与“管制”的含义基本相同。其细微区别仅在于，在某些语境下，“管制”的“控制”（Control）色彩更强一些。在本章中，“规制”与“管制”在相同含义上使用。规制可分为经济规制和社会规制两种类型，前者是指“对价格、产品差异或产品标准、进入和退出条件、特殊行业的服务标准的控制”，后者是指旨在“修正经济活动引起的各种各样的派生后果和外部经济效果的规定”。[1] 本章所称“规制”主要是指经济规制，同时亦涉及一些社会规制的内容。

综观西方规制理论的演进历史，公共利益规制理论、规制俘虏理论、规制经济理论和激励性规制理论做出了较为突出的贡献。根据这些理论，规制的要点包括如下四个方面：① 规制目标。公共利益理论的解释较为典型，即规制的目标是克服市场失灵，进而实现社会公共利益最大化。② 规制主体。一般认为，政府作为公共利益的代表，是首要的规制主体。但因其在具体的规制过程中可能受到被规制者的诱惑或参与利益分割，故规制俘虏理论亦认为规制者本身也需要规制。③ 规制对象。公共利益规制理论视野下的规制对象主要是自然垄断和外部性问题，规制俘虏理论则把政府作为规制对象。④ 规制手段。随着规制理论的演进，规制手段由以惩罚为主转向以引导激励为主。[2]

石油天然气产业规制，是指为实现石油天然气法的目的，对石

---

〔1〕〔美〕保罗·A. 萨缪尔森、威廉·D. 诺德豪斯：《经济学》（第 14 版），胡代光等译，李渝林校，首都经济贸易大学出版社 1996 年版，第 622 页。

〔2〕 参见赵志豪：“西方规制理论演变及其对我国石化产业规制的启示”，载《特区经济》2012 年第 10 期，第 255～256 页。

油天然气产业运行及油气企业经营行为进行规范的活动。石油天然气产业规制的范围涵盖上游、中游和下游业务完整的产业链。上游产业活动以石油天然气资源的勘探和开采为核心；中游产业活动以石油炼化和石油天然气产品的输送为核心；下游产业活动以石油天然气产品的供配、贸易、销售等活动为核心。〔1〕

二、石油天然气产业规制的指导思想

石油天然气产业规制，应以石油天然气法的价值取向、基本原则和目的体系为指导。石油天然气产业规制所应遵循的价值要求包括正义、秩序和效率等三个方面。在正义价值的自由侧面，从事勘探、开采、炼化、储运、供配、贸易、销售、消费等业务的企业以及消费者，均享有相应的权利，并依法承担相应的义务；在正义价值的平等侧面，法律地位平等、机会平等和待遇平等则是其主要内容。在秩序价值的安全性侧面，社会经济安全和生态环境安全是应予关注的主要内容；在秩序价值的可预见性侧面，石油天然气勘探、开采、炼化、储运、供配、贸易、消费等活动的行为过程的可预见性和行为法律结果的可预见性是其主要内容。在效率价值方面，符合正当目的、全面均衡发展、重视条件约束、关注隐性因素等要求则应始终遵循。

可持续发展原则、安全与效率兼顾原则、利益平衡原则和综合调整原则共同构成石油天然气法的基本原则体系。这些原则基于石油天然气法的价值取向而提出。产业规制的具体制度构建，应基于这些原则的要求进行，并应在各自调整和规范的领域落实这些原则。

石油天然气法的目的体系由保障石油天然气安全、提高石油天

〔1〕 关于石油天然气产业链的阶段划分，主要有“二分法”和“三分法”，本书采用“三分法”。在“二分法”中，“上游”是指经处理后的原油在管输到炼油厂之前，或市售管输天然气离开净化厂之前的所有业务活动；“下游”是指除“上游”业务之外的所有其他业务活动。参见世界银行、国务院体改办经济体制与管理研究所：《中国石油天然气行业现代化结构改革和监管》，中国财政经济出版社 2001 年版，第80～81 页。

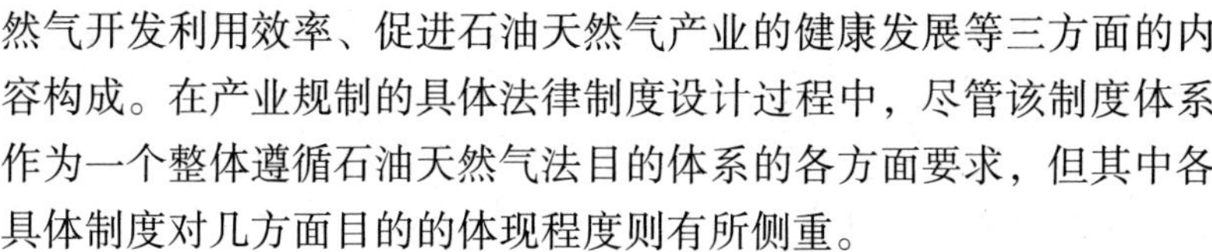

然气开发利用效率、促进石油天然气产业的健康发展等三方面的内容构成。在产业规制的具体法律制度设计过程中，尽管该制度体系作为一个整体遵循石油天然气法目的体系的各方面要求，但其中各具体制度对几方面目的的体现程度则有所侧重。

具体而言，在上游领域，产业规制应注重国内与国外两种资源的同步有效开发，扩展石油天然气资源的可获得性，实现资源供应的多元化，从而在源头上最大限度地降低风险。在中游环节，特别是输送环节，应完善经营准入机制，确保安全性。在下游环节，应更大程度地发挥市场机制的作用，增强市场活力，从而实现资源的有效配置与利用。〔1〕

第二节　上游规制：以矿权制度和国家参与为中心

石油天然气上游产业法律规制涉及诸多方面，本节择要对所有权制度、探矿权和采矿权管理制度进行分析，特别关注煤层气和页岩气矿权问题，同时对上游产业的垄断问题进行探讨。

一、石油天然气所有权制度

石油天然气所有权，是指法律主体依法对石油天然气资源所享有的占有、使用、收益、处分等权利。综观世界各国的实践，在石油天然气所有权方面可以归纳为基于资源所有权的制度安排和基于土地所有权的制度安排。

（一）基于资源所有权的制度安排

大多数大陆法系国家规定土地所有权与矿产资源所有权分离。实行这一制度的国家一般都在法律中明确规定石油资源的国家所有

〔1〕 有学者认为，石化产业规制的总体目标是："上控资源、中调结构、下增活力"。参见赵志豪："西方规制理论演变及其对我国石化产业规制的启示"，载《特区经济》2012 年第 10 期。

权，国家所有权的代表一般是政府或其部门，也有些国家是国家石油公司。[1]

在石油天然气资源所有权与矿业权分离的国家中，一般是政府或其部门代表国家行使石油天然气资源所有权。在这些国家里，石油天然气资源的勘探和开采权可以通过申请或者转让而取得。政府或其部门可以依法将其权力授予国家石油公司，使其获得专营权。在石油天然气资源所有权与矿业权合一的国家，国家不但拥有石油天然气资源的所有权，而且拥有勘探开采权。国家一般授权国家石油公司代表或代理国家行使石油天然气资源所有权，并进行石油天然气资源的勘探和开采。无论在哪一种情况下，国家石油公司在石油天然气勘探开发中均发挥着重要的作用。

可见，在大陆法系国家，石油天然气资源一般属于国家所有，尽管因所有权与矿业权分离抑或合一的制度安排不同而导致具体权利行使的主体有所差别，但这并未改变石油天然气属于国家所有的基本法律制度。[2]

（二）基于土地所有权的制度安排

与大陆法系国家不同，多数英美法系国家将矿产资源视为其所赋存的土地资源的组成部分，石油天然气资源的所有权也根据其所依附的土地资源的所有权而确定。要取得石油天然气资源所有权，仅需取得其依附的土地所有权。

在英国，矿业法将石油资源作为土地不动产权的组成部分。在美国，地下石油天然气资源原则上属于地表所有者所有，因此美国

---

〔1〕 国家石油公司，是指由国家政府控股的石油公司，如沙特阿拉伯石油公司、伊朗国家石油公司、埃及石油总公司、墨西哥石油公司、委内瑞拉石油公司、科威特石油公司等。参见 International Monetary Fund，"World Economic Outlook – Financial Systems and Economic Cycles，2006"，载 http：//www. imf. org/external/pubs/ft/weo/2006/02/chi/weo0906c. pdf，最后访问时间：2012 年 11 月 16 日。

〔2〕 参见肖乾刚、肖国兴编著：《能源法》，法律出版社 1996 年版，第 134～136、320～321 页；参见方忠于、朱英、石宝明："国外石油立法（一）"，载《当代石油石化》2003 年第 10 期。

的石油资源所有权分为联邦、州、印第安部落和私人所有四种形式。这种制度安排被称之为“俘获（Capture）原则”，国家所有的只是国家保留地和大陆架上的石油天然气资源。[1]

（三）我国石油天然气所有权制度评价

我国石油天然气所有权制度适用矿产资源所有权的通行制度。我国《宪法》第9条规定，矿藏属于国家所有。此处的“矿藏”包含了石油天然气资源。《矿产资源法》第3条规定，矿产资源属于国家所有，地表或者地下的矿产资源的国家所有权，不因其所依附的土地的所有权或者使用权的不同而改变；国家对矿产资源的所有权，由国务院行使。国家保障矿产资源的合理开发利用；禁止任何组织或者个人用任何手段侵占或者破坏矿产资源。

可见，我国石油天然气所有权制度类似于大陆法系国家的制度安排，具有如下三个方面的特点：石油天然气所有权与土地所有权分离，石油天然气资源不因其所赋存的土地资源的产权性质而改变；石油天然气所有权主体单一，且其行使主体集中于国务院；禁止所有权交易。[2]这一所有权制度安排符合我国目前社会经济发展的需要，应予坚持。

二、石油天然气矿权管理

无论石油天然气所有权是基于资源所有权还是基于土地所有权进行安排，其各项权能均需通过一定的机制或者制度方可实现。为此，各国均创设了矿权制度，使非资源所有人能够与资源所有人合作，共享石油天然气资源开发利用所产生的惠益。[3]

---

〔1〕参见王才良：《世界石油工业140年》，石油工业出版社2005年版，第304页。

〔2〕参见肖国兴、肖乾刚编著：《自然资源法》，法律出版社1999年版，第342页。

〔3〕参见廖玫：《被束缚的管制——论网络环境下的政府与石油产业》，知识产权出版社2009年版，第117页。

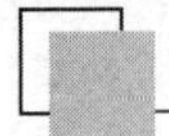

（一）石油天然气矿权概述

石油天然气矿权，亦称“石油天然气矿业权”，是指探矿权和采矿权人依法在已登记的特定矿区或者工作区内勘查、开采一定的石油天然气资源、取得石油天然气产品并排除他人非法干涉的权利。矿业权是一种用益物权，同时具有公法属性，[1] 其权能包括占有、使用、收益、处分等方面。[2] 石油天然气矿权的主要内容包括探矿权和采矿权。

探矿权，是指依照合同或者许可证的规定，在规定的范围内勘查石油天然气资源的权利。[3] 探矿权人享有的权利一般包括：按照勘查许可证规定的区域、期限、工作对象等要求进行勘查；根据工程需要临时使用土地；在工作区和相邻区通行，架设工程所需设施；优先取得工作区内矿产资源的采矿权；取得和销售勘查中按照批准的工程设计施工回收的矿产品；申请保留探矿权；依法转让探矿权；等等。[4]

采矿权，是指依照合同或者许可证的规定，在规定的范围内开采石油天然气资源、获得所开采的石油天然气产品的权利。[5] 采矿权人享有的权利一般包括：矿地占有权；矿地使用权；开采权；取得和销售矿产品；矿山建筑权和辅助建筑权；依法转让采矿权；等等。[6]

（二）我国石油天然气矿权管理制度现状

《矿产资源勘查区块登记管理办法》、《矿产资源开采登记管理

---

〔1〕 参见张更全：“浅析矿业权属性”，载《阴山学刊》2007年第4期。

〔2〕 参见胡健等：《油气资源开发与西部区域经济协调发展战略研究》，科学出版社2007年版，第66～68页。

〔3〕 参见张梓太主编：《自然资源法学》，科学出版社2004年版，第144页。

〔4〕 参见胡健等：《油气资源开发与西部区域经济协调发展战略研究》，科学出版社2007年版，第61页。

〔5〕 参见张梓太主编：《自然资源法学》，科学出版社2004年版，第148页。

〔6〕 参见胡健等：《油气资源开发与西部区域经济协调发展战略研究》，科学出版社2007年版，第61页。

办法》和《探矿权采矿权转让管理办法》，是规范我国石油天然气矿权及其转让管理的主要法律依据。

1. 石油天然气探矿权管理

我国探矿权管理的最主要法律依据是《矿产资源勘查区块登记管理办法》，主要内容包括：① 一级登记管理制度。石油天然气由国土资源部颁发勘查许可证并进行矿业权管理。石油天然气勘查许可证有效期最长为7年。② 申请勘查的资质条件。申请勘查石油天然气的，应提交国务院批准设立石油公司或者同意进行石油、天然气勘查的批准文件，以及勘查单位法人资格证明。③ 滚动勘探开发制度。申请石油天然气滚动勘探开发的，提交规定的资料后，由登记管理机关批准并登记，领取滚动勘探开发采矿许可证。石油天然气滚动勘探开发的采矿许可证有效期最长为15年。④ 试采制度。需要试采的，经批准可以试采1年，需要延长试采时间，必须办理登记手续。⑤ 勘查申请的公告制度。对申请勘查石油、天然气的，登记管理机关还应当在收到申请后及时予以公告或者提供查询。⑥ 一级处罚制度。对石油天然气矿业权人在勘查中的违法行为由国土资源部按有关规定实施行政处罚。⑦ 石油天然气勘查面积最大为2500个基本单位区块。⑧ 其他内容。如探矿权使用费标准和最低勘查投入等，详见下表：

表5　我国石油天然气探矿权使用费标准

时间（年）	使用费（元/平方公里）
第1~3年	100
第4年	200
第5年	300
第6年	400
第7年	500

表 6　我国石油天然气年最低勘查投入要求

时间（年）	投入（元/平方公里）
第 1 年	2 000
第 2 年	5 000
第 3 年	10 000

2009 年 12 月，国土资源部发布《关于进一步规范探矿权管理有关问题的通知》。通知的主要内容包括：① 规范矿产资源勘查准入。申请新立、延续、合并、分立探矿权、变更勘查矿种，编制勘查实施方案，必须符合矿产资源规划、地质勘查规划、探矿权设置方案，符合国家产业政策等相关要求。② 探矿权申请人的资金能力必须与申请的矿种、勘查面积和勘查工作阶段相适应。③ 探矿申请人应是企业法人或事业单位法人。通知发布之前，探矿权人不具备法人资格的，应当依法办理成为企业法人或事业单位法人后，方可再申请办理探矿权延续、保留和变更手续。④ 探矿权申请人提交的勘查实施方案，应符合地质勘查规程、规范和标准，勘查资金投入不得低于法定最低勘查投入标准。⑤ 探矿申请人依法按“申请在先”方式申请探矿权的，登记管理机关应在受理申请时，同时将其申请的区块范围、勘查矿种等信息上网登记，依法保护申请人的“在先权”。申请未予批准的，“在先权”自行撤销。⑥ 新立探矿权有效期为 3 年，每延续一次时间最长为 2 年，并应提高符合规范要求的地质勘查工作阶段。⑦ 加强探矿权转让变更审批管理。探矿权人申请扩大勘查范围的，比照新立探矿权程序进行审理。⑧ 强化探矿权监督管理。国土资源部对全国审批登记颁发的勘查许可证实行统一配号，未按统一配号编号的，办法的勘查许可证无效。石油、天然气、煤层气勘查许可证单独编号。

2. 石油天然气采矿权管理

我国采矿权管理的主要法律依据是《矿产资源开采登记管理办

法》，主要内容包括：① 一级登记管理制度。石油天然气由国土资源部办理采矿权许可证并进行矿业权管理。石油天然气采矿许可证最长为30年。② 申请开采的资质条件。申请开采石油天然气的，应提交国务院批准设立石油公司或者同意进行石油天然气开采的批准文件，以及采矿企业法人资格证明。③ 采矿许可证有效期。大型以上最长为30年，中型的最长为20年，小型的最长为10年。许可证有效期满，需要继续采矿的应在许可证有效期届满的30日前，到登记机关办理延续登记手续。④ 采矿权有偿取得制度。获得采矿权，每年每平方公里需缴纳1000元。⑤ 一级处罚制度。对石油天然气矿业权人在开采中的违法行为，由国土资源部按有关规定实施行政处罚。

3. 石油天然气矿权转让管理

根据1998年《探矿权采矿权转让管理办法》，石油天然气矿权转让管理的要点包括如下几个方面：① 可以转让的情形。具体包括：探矿权人有权在划定的勘查作业区内进行规定的勘查作业，有权优先取得勘查作业区内矿产资源的采矿权。探矿权人在完成规定的最低勘查投入后，经依法批准，可以将探矿权转让他人。已经取得采矿权的矿山企业，因企业合并、分立，与他人合资、合作经营，或者因企业资产出售以及有其他变更企业资产产权的情形，需要变更采矿权主体的，经依法批准，可以将采矿权转让他人采矿。② 探矿权转让条件。自颁发勘查许可证之日起满2年，或者在勘查作业区内发现可供进一步勘查或者开采的矿产资源；完成规定的最低勘查投入；探矿权属无争议；按照国家有关规定已经缴纳探矿权使用费、探矿权价款；国务院地质矿产主管部门规定的其他条件。③ 采矿权转让条件。矿山企业投入采矿生产满1年；采矿权属无争议；按照国家有关规定已经缴纳采矿权使用费、采矿权价款、矿产资源补偿费和资源税；国务院地质矿产主管部门规定的其他条件。④ 评估。转让国家出资勘查所形成的探矿权、采矿权的，必须进行评估。探矿权、采矿权转让的评估工作，由国务院地质矿产主管部门会同国务院国有资产管理部门认定的评估机构进行；评估结果由国务院地质矿产主管部门确认。⑤ 权利转让的法律效果。探矿权、采矿权转让后，探矿权人、采矿权人的权利、义务随之转移。探矿权、采矿权转让后，勘查许可证、采矿许可证的有效期限，为原勘查许可证。采矿许可证的有效期减去已经进行勘查、采矿的年限的剩余期限。

（三）国外石油天然气矿权管理概述

综观国外石油天然气矿权管理模式，可以分为许可证机制和合同机制两种类型。其中的一些成熟经验，可供我国借鉴。

1. 基于许可证机制的矿权管理

美国、加拿大、英国、挪威、巴西、日本、韩国、印度、委内瑞拉等国家在石油天然气矿权管理方面采用许可证机制。在这一机制下，政府以行政许可的方式，授权从业公司进行石油勘探、开采或生产；作为持证人的从业公司对产出的石油天然气产品享有所有权，同时缴纳有关税费。

一般而言，被许可人享有在规定区块进行勘探、开采或生产活动的权利，单独进行投资并承担风险，并向国家缴纳租金和矿区使用费，如果盈利还要缴纳所得税。许可证可以是专营许可证，也可以是非专营许可证。专营许可证一般适用于勘探、开采和生产业务，非专营许可证一般只适用于与地质和地球物理相关的工作。在一些国家，勘探、开采等阶段分别需要单独申请许可证。勘探许可证持有人如果在许可区块上有石油天然气发现，一般有权获得相应区块的生产许可证。有些国家也授予综合性许可证，授权该许可证持有人开展各个阶段的业务。[1]

一些国家要求探矿权人在申请勘探时，提交对将要开展的具体工作的描述；此后若其无法提供开展该工作的详细花费说明，则主

〔1〕 参见方忠于、朱英、石宝明：“国外石油立法（一）”，载《当代石油石化》2003 年第 10 期。

管部门有权取消其勘探许可证。以加拿大萨斯喀彻温省（Saskatchewan，简称“萨省”）为例。规范萨省矿产资源开发的主要是《地下矿藏规定》（The Subsurface Mineral Regulations）。该规定主要规范探矿权、采矿权的取得，以及对探矿采矿一般工作的要求。在勘探阶段，权利人必须在许可期限内为“工作”使用最低费用；否则将面临处罚。其所规定的“工作”是指“钻探、取芯、编录、竖井、建厂及为地下矿藏应用的溶采试验的中试装置，及其他矿业部门批准的其他探矿工作”。权利人在许可期限后的90天内，应向萨省能源部提供在此许可区域相关的详细工作花费声明。能源部可以要求财务人员证明此声明。权利人应在同一时期内，提供运营报告。如果权利人无法按要求提供全部或部分探矿费用数额，则可以向能源部提供差额补贴或押金。如果权利人无法按要求提供探矿花费声明，或者差额补贴、押金，则能源部在60天通知后，并在此期间给予纠正违规机会的情况下，可以取消该许可。如果在此截止日，权利人未向能源部提供合格的运营报告，能源部可以收取每天25美元的罚金。如果违约持续超过90天，能源部可以取消该许可。[1]

对于采矿权，萨省《地下矿藏规定》规定，权利人在获得采矿租约[2]前需向主管部门存入25 000美元的保证金，且应在采矿租约的前三年中为开展工作花费不少于3 000 000美元的开支。权利人应当在租约期限结束或任何续展期结束之后的90天内，提供给主管部门一份声明，证明之前的开支情况。如果权利人无法提供开支证明，或者没能完成开支，则保证金将被国家没收。如果开支中的任何一项被驳回，且该驳回导致权利人违约，则权利人应当在收到来自部长的违约通知之日起的60天内补救违约以达到部长满意

〔1〕 See *The Subsurface Mineral Regulation*, http：//www. publications. gov. sk. ca/details. cfm? p = 1552, last visited August 5, 2013.

〔2〕 采矿租约，是指特定期间内对土地、地上权或采矿权等的让渡或授予土地占有，附带定期支付预定租金的义务。

的结果，否则部长可以取消租约。如果权利人做出了开支并且提供了相关证明，则押金退还给权利人。[1]

2. 基于合同机制的矿权管理

在合同机制下，从业公司与国有合作方签订合同，获得探矿许可或者采矿许可，并据以开展业务。国有合作方可以是国家或代表国家的政府机构，也可以是国家石油公司。合同机制下的工作合同分为“风险合同”和“非风险合同”两种。风险合同要求合同方承担全部投资，产出石油后获得成本油和利润油；非风险合同不要求合同方投资，而是按其工作量计报酬，与产出的石油数量无关。

风险合同最常见的模式是“产品分成合同”（Production Sharing Contract，PSC），其主要内容为：国家保留矿产资源的所有权，合同方向国家支付矿区使用费；合同方从产品净收入中回收勘探、开发投资和经营成本，当可回收的成本超过成本回收限额时，超出的部分可向以后年度结转；合同方获得产品分成，即扣除矿区使用费和回收成本后的收入，亦称为“利润油”或者“利润气”，并依法纳税。[2]

（四）我国石油天然气矿权管理制度的问题与完善

我国现行的石油天然气矿权管理制度存在的主要问题体现为：资源许可取得成本低，缺少责任性规定；未能充分发挥市场机制的作用；退出机制不健全，对环境保护重视不足。

首先，资源许可取得成本低，缺少责任性规定。我国石油天然气矿权管理采用许可证机制。由于许可证取得成本较低，取得许可证后又缺乏相应的约束机制，缺乏关于勘探期内责任的明确规定，从而形成了“跑马圈地”后怠于勘探开发的状况。特别是，虽然规定了勘查投入费用的最低限额，但是既没有对勘查阶段的具体工作

---

〔1〕 See *The Subsurface Mineral Regulation*, http：//www. publications. gov. sk. ca/details. cfm? p = 1552, last visited August 5, 2013.

〔2〕 参见葛艾继、郭鹏：“产品分成合同模式和回购合同模式比较分析”，载《国际石油经济》2001 年第 11 期。

内容做出详细规定，亦没有对企业详细投入说明做出要求，在财务上没有足够严密的制约机制。在此情况下，主管部门不易知悉实际的勘查状况，一定程度上造成了监管失控的状况。要解决这一问题，可以借鉴加拿大的经验。如前所述，萨省规定为开展矿业工作花费一定的数额，且须将花费明细向主管部门说明，如果主管部门认为其任一项花费不是为了矿业目的，则权利人将构成违约，许可证可能被取消。此种与取得成本相关的法律责任规定，对于防止权利人怠于行使权利较为有效。

其次，未能充分发挥市场机制的作用。几十年来，我国石油天然气勘探开发体制经过多次调整，初步实现了从计划经济向市场经济的转变，形成了中石油、中石化和中海油三家企业的有限竞争局面。有观点将这种竞争称为“寡占竞争”。[1] 然而，三大石油公司目前仍是占绝对优势的市场主体，其他中小规模油气企业大多难以获得矿业权，更未形成合理的矿权流转机制。此种情形制约了这些企业参与石油天然气资源勘探开发的积极性，影响了整个产业的健康发展。在此情形下，在石油天然气上游领域进一步形成良性竞争的格局，发挥市场机制的积极作用，是目前亟待解决的问题。

最后，退出机制不健全，对环境保护重视不足。我国《矿产资源法实施细则》规定，关闭矿山报告批准后，矿山企业应当完成有关劳动安全、水土保持、土地复垦和环境保护工作，或者缴清土地复垦和环境保护的有关费用；矿山企业凭关闭矿山报告批准文件和有关部门对完成上述工作提供的证明，报请原颁发采矿许可证的机关办理采矿许可证注销手续。[2] 对于那些没有完成相关工作的企业，实施细则只规定了相关部门不予办理采矿许可证的注销手续，但没有其他的法律责任规定。同时，实施细则亦未规定相关机关违

〔1〕 参见王丹：《中国石油产业发展路径：寡占竞争与规制》，中国社会科学出版社 2007 年版。

〔2〕《矿产资源法实施细则》第 34 条。

规为不符合规定的矿山企业办理注销手续的法律责任。法律层面的疏漏和空白，使得矿山关闭后往往对所在地区的生态环境造成严重破坏。在这一方面，一些国家的经验可供借鉴。在加拿大，矿山在开采前须提交复垦报告，由矿业公司与政府达成有关协议并缴纳足够的复垦保证金。保证金的数额由政府与矿权人商定，并可根据情况变化进行调整。采矿许可证到期后，矿区由政府收回，但如果矿山没有完成复垦，政府将不予收回。政府对矿山的监督工作由政府派出的观察员承担，观察员有权命令关闭矿山。[1]比较我国与加拿大的实践可见，我国矿山关闭计划采取事后补救方式，即在采矿结束后再进行矿山的复垦工作或缴纳复垦费用；加拿大采取事前预防方式，即在采矿生产之前就要提交矿场关闭计划并提供财务保证。我国在关闭矿山时，由有关部门对完成工作提供证明；而加拿大是采取派出观察员的方式进行监督。实践证明，预防性、监督式的法律机制可发挥更为积极的作用。

（五）我国煤层气矿权管理

2006年以来，我国较早从事煤层气开发的山西晋煤集团被中国石油天然气集团公司和中联煤层气有限责任公司投诉。国家油气田治安秩序综合整治部际联席会议经调查认为晋煤集团非法采气，理由是：晋煤集团只享有沁水煤田潘庄矿区的煤炭矿业权，而该区块的煤层气矿业权属于中国石油天然气集团公司和中联煤层气有限责任公司。这一调查结论使得煤炭与煤层气的矿业权争议呈现白热化状态。[2]这一被称为“煤、气之争”的矿权争议，是我国目前煤层气矿权管理领域存在的主要问题。

1. 煤层气矿权争议的根源及其后果

矿权争议的根源在于煤炭与煤层气矿权分置的制度设计，即煤

---

〔1〕 参见中华人民共和国商务部网站：“加拿大主要矿产资源及其开发政策”，载 http://www.mofcom.gov.cn/aarticle/s/200412/20041200314140.html，最后访问时间：2014年2月13日。

〔2〕 参见肖华：“山西：煤与瓦斯之争”，载《南方周末》2006年10月26日。

炭和煤层气为两种不同的矿产资源，煤炭矿权和煤层气矿权实行独立的审批登记制，使得同一区域的煤炭资源和煤层气资源属于不同矿权人，[1] 从而形成“两权分置”的尴尬状况。

我国1996年《矿产资源法》将煤层气作为34种矿产资源之一。1998年《矿产资源勘查区块登记管理办法》规定，煤成（层）气必须由国务院地质矿产主管部门审批发证。根据《矿产资源法》及相关立法，煤炭资源的开发需向国土资源部或省级政府部门申请，而煤层气的开发申请程序与石油、天然气相同，实行登记制，只能由中央政府管辖，即只能向国土资源部申请。[2] 由于中联煤和中石油登记了大部分煤层气区块，一些地方煤炭企业如晋煤集团在自己的矿区内只能采煤，却不能开采伴生其间的煤层气，因为后者的勘探、开采权早已属于中石油和中联煤。[3]

一方面，因两权分置而引发“煤、气之争”，争议双方均无心加大技术投入，无法实现煤层气资源与煤炭资源的综合开发利用。一些煤层气开发公司置煤矿企业的采区规划、安全条件于不顾，往往选择交通方便、布井便利、气源充足的地点布井和开采，对煤层气开发的总体布局造成破坏。另一方面，“煤、气之争”引发了严重的生产安全隐患。煤层气若未被有效利用，往往会引发瓦斯爆炸事故。由于地面煤层气的抽采可能破坏煤层和顶板、沟通含水层，破坏煤炭开采条件，诱发煤炭生产安全事故。[4] 不仅如此，两权分置还使中央企业与地方企业在开采煤层气方面产生矛盾，造成利益冲突。

---

〔1〕 付慧：“解决煤层气与煤炭矿权分置的对策研究——基于新制度经济学视角”，载《市场经济与价格》2010年第10期。

〔2〕 See Yanmei Lin, “China’s Evolving Energy Governance: A Case Study of Mining Rights Disputes”, *Vermont Law School*, December 2011.

〔3〕 参见汤道路、杨光远：“煤层气开采权的法律属性及其相关问题初探”，载《内蒙古煤炭经济》2007年第5期。

〔4〕 参见郝晓红：《煤层气资源开发利用法律问题研究》，山西财经大学2008年硕士学位论文。

2. 解决矿权争议的努力及其效果

为了解决煤层气两权分置问题，相关部门在法律层面做出了积极的努力，但效果并不尽如人意。

2006 年国务院办公厅《关于加快煤层气（煤矿瓦斯）抽采利用的若干意见》确定了“先采气、后采煤”和“煤气一体化”的原则。该意见规定：“坚持采气采煤一体化，依法清理并妥善解决煤层气和煤炭资源的矿业权交叉问题”；“煤层中吨煤瓦斯含量高于规定标准且具备地面开发条件的，必须统一编制煤层气和煤炭开发利用方案，并优先选择地面煤层气抽采。煤层气和煤炭资源实施综合勘查、评价和储量认定的具体办法由国土资源部研究制订”。但这些规定失于笼统，无法有效解决矿权争议。

2007 年国土资源部发布了《关于加强煤炭和煤层气资源综合勘查开采管理的通知》规定，“具备规模化地面抽采条件的，煤炭探矿权人应按照‘先采气，后采煤’的原则，统一编制煤炭和煤层气开发利用方案，依法向国土资源部申请煤层气采矿权，并申请划定煤炭采矿权矿区范围”，同时规定“新设立的煤炭探矿权、采矿权不得进人国家公告的特定煤层气勘查、开采区域”。对于矿权冲突，该通知规定了“协商—调解—裁决”的争议解决路径：“在本通知发布前，煤炭和煤层气探矿权、采矿权发生重叠且未签订协议的，由双方协商开展合作或签订安全生产协议，按照‘先采气，后采煤’的原则，对煤炭、煤层气进行综合勘查、开采。本通知发布后 6 个月内，双方无法签订合作协议的，国土资源管理部门按照有关规定和勘查开采实物工作量已投入等情况进行调解。同意调解的，扣除重叠部分的区块，并由当事人一方对被扣除区块一方已投入部分进行补偿。调解不成的，由国土资源管理部门依据《国务院办公厅转发国土资源部等部门对矿产资源开发进行整合意见的通知》精神，按照采煤采气一体化、采气采煤相互兼顾的原则，支持煤炭国家规划矿区内的煤炭生产企业综合勘查开采煤层气资源”。然而，这一通知亦未能很好地解决矿权争议。一方面，调解的前提是一方退出，同时另一方对其被扣除区块的已投入部分进行补偿。但在实践中，由于对补偿数额等难以达成一致意见，争议双方均不愿退出。另一方面，裁决的原则实际上是倾向于煤炭矿业权人，但煤层气矿业权人获得采矿权并无违法之处，因而要求其退出于法无据，难以贯彻。[1]

3. 三交合作模式：一个可行的方案

理论上讲，煤炭与煤层气矿业权可以定性为相邻关系。相邻关系的特征有三：规范对象为不动产物权；"相邻"的方式可以包括直接毗邻和间接毗邻；以相邻不动产占有人的"容忍义务"为主要内容。[2] 就煤炭和煤层气矿业权而言，首先，二者均属用益物权，符合相邻关系"不动产物权"的要求；其次，煤炭与煤层气矿业权大多"直接毗邻"；最后，任何一方权利的行使均需另一方提供必要的便利，因而双方均有"容忍义务"。依照我国《民法通则》第83条的规定，处理不动产相邻关系时"应当按照有利生产、方便生活、团结互助、公平合理的精神"。解决煤炭与煤层气的矿权争议，亦应遵循此种协商合作精神。

山西省吕梁市临县三交地区是我国煤层气与煤炭矿权重叠和矿权争议最严重的地区之一。为了解决"煤、气之争"，中石油与其中较大的5家煤炭企业秉承处理相邻关系的协商合作精神，形成了采气采煤协调发展的"三交合作模式"，其基本做法如下：① 在矿权重叠区开展共同勘探，共同勘探同一目的层，但目标各有侧重，井网部署和技术手段不同。② 在煤矿的8a首采区[3] 以外生产互

〔1〕 参见王保民："'两权重叠'的法律问题——关于煤炭、煤层气矿业权分置现象的思考"，载《西南政法大学学报》2010年第3期。

〔2〕 参见王保民："'两权重叠'的法律问题——关于煤炭、煤层气矿业权分置现象的思考"，载《西南政法大学学报》2010年第3期。

〔3〕 首采区，是指在新建矿井进行井田规划设计之后，决定第一个进行开采的采区或者盘区，首采区决定着井田开拓的基本规划和后续的接替等一系列的因素。参见百度百科"首采区"词条，载 http://baike.baidu.com/view/10424689.htm，最后访问时间：2014年1月30日。

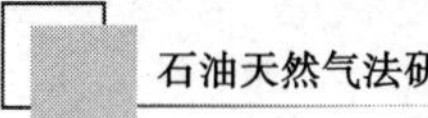

不影响。8a首采区以外的煤炭规划区煤层气生产领域广阔，勘探开发可以正常部署；石油企业通过煤层气开采，在8a首采区内将高瓦斯煤矿降低为低瓦斯煤矿，有利于保障煤矿安全生产。③在煤矿的8a首采区内配合煤矿排采。以地面抽采的方式，配合煤矿进行治理瓦斯的“采前抽、采中抽、采后抽”。在煤矿废弃采区内，可以地面钻井方式进行间歇式抽采；在煤矿5a首采区内可实行一井多用，在煤矿采煤之前 、之后进行煤层气抽采；在煤矿5a~8a首采区内，石油企业通过加密布井，加快抽采速度，从而减少煤矿瓦斯矿难事故的发生。④充分利用煤矿排放的煤矿瓦斯生产混合商品气。[1] 这种互不干涉、共同勘探、共同开发的模式，在一定程度上解决了煤炭与煤层气的矿权冲突，值得推广。

（六）我国页岩气矿权管理

我国对页岩气勘探开发采取积极乐观的政策与态度，在过去十年间开展了一些工作。然而总体上说，我国页岩气开发工作仍处于起步阶段。为了推进页岩气勘探开发工作，我国近年发布了一系列产业促进政策，但技术障碍、环境风险和准入机制等方面的挑战仍不容回避。

1. 页岩气勘探开发的政策倾向

国家能源局于2012年3月发布《页岩气发展规划（2011~2015年）》，其中设专题对“社会效益与环保评估”进行阐述，可以代表目前我国对页岩气开发的政策倾向。

关于页岩气开发的社会效益，该规划认为，页岩气的开发对推动我国科技进步、带动经济发展、改善能源结构和保障能源安全具有重要的意义，主要体现为页岩气开发可以推动油气勘探理论创新和技术进步，促进改善能源结构，带动基础设施建设，拉动国民经济发展。

---

〔1〕 参见白晶：“‘十二五’煤层气220亿方目标能实现吗”，载《中国能源报》2011年5月2日，第4版。

关于页岩气开发的环境影响，该规划持乐观态度。其主要观点包括：① 开发利用页岩气有利于减少二氧化碳排放，保护生态环境。② 页岩气开采工艺与常规气大部分相同，可能产生的环境和生态破坏与常规气基本相同，如采取有针对性的措施，可有效减少或杜绝可能产生的环境问题。例如：工厂化作业减少地表植被破坏；压裂液循环利用减少用水量；严格钻完井规程杜绝污染地下水；加强环保监测实现压裂液无污染排放；等等。[1]

2. 页岩气勘探开发进展概况

自2004年起，我国开始关注页岩气开发问题，开展了一些研究工作。[2] 2006年，中石油与美国新田石油公司联合开展四川盆地威远气田页岩气资源评价，次年组织开展了“中国页岩气资源评价与有利勘探领域优选”。2008年，国土资源部启动了页岩气项目“中国重点地区页岩气资源潜力及有利区带优选”，重点研究四川、松辽等盆地等页岩区。同年，中石油在宜宾地区完钻了我国首口页岩气井。2009年，中石油与挪威石油、埃克森美孚、壳牌、康菲等跨国石油公司开展联合研究，探索页岩气开发的国际合作方式，并计划建立页岩气开发先导试验区。[3]

截至2011年底，中石油在川南、滇北地区优选了威远、长宁、昭通和富顺—永川4个有利区块，完钻11口评价井，其中4口直井获得工业气流。中石化在黔东、皖南、川东北完钻5口评价井，其中2口井获得工业气流，优选了建南和黄平等有利区块。中海油在皖浙等地区开展了页岩气勘探前期工作。延长石油在陕西延安地区3口井获得陆相页岩气发现。中联煤在山西沁水盆地提出了寿阳、沁源和晋城3个页岩气有利区。我国石油企业开展了15口页

---

〔1〕 参见国家能源局：《页岩气发展规划（2011~2015年）》，2012年发布。

〔2〕 参见张前荣：“借鉴美国页岩气商业开发经验调整我国能源战略”，载《上海证券报》2013年6月20日。

〔3〕 参见米华英等：“我国页岩气资源现状及勘探前景”，载《复杂油气藏》2010年第4期。

岩气直井压裂试气，9 口见气，初步掌握了页岩气直井压裂技术，证实了我国具有页岩气开发前景。[1] 然而总体上说，我国页岩气开发工作仍处于起步阶段。

3. 页岩气矿权管理政策

2011 年 12 月，国土资源部发布公告规定，根据《中华人民共和国矿产资源法实施细则》并经国务院批准，页岩气被正式列为新发现矿种，将对其按单独矿种进行管理，页岩气由此被批准为我国第 172 个独立矿种。[2]

2012 年 3 月，国家能源局发布《页岩气发展规划（2011 ~ 2015 年)》，就页岩气勘探开发的指导方针、重点任务、规划实施、社会效益与环保评估等方面做出了规定。该规划提出的发展页岩气勘探开发的基本原则包括坚持科技创新、坚持体制机制创新、坚持常规与非常规结合、坚持自营与对外合作并举、坚持开发与生态保护并重。在机制建设方面，该规划要求加快引入有实力的企业参与页岩气勘探开发，推进投资主体多元化；制定准入门槛和资质，推动矿权招投标制度、区块退出机制及合同管理，大幅度提高最低勘查投入，杜绝“跑马圈地”等现象。在产业鼓励政策方面，该规划要求参照煤层气财政补贴政策，研究制定页岩气具体补贴政策；依法取得页岩气探矿权采矿权的矿业权人或探矿权采矿权申请人可按照相关规定申请减免页岩气探矿权和采矿权使用费；对页岩气勘探开发等鼓励类项目项下进口国内不能生产的自用设备，按有关规定免征关税；页岩气出厂价格实行市场定价；优先用地审批。

2012 年 10 月，国土资源部发布《关于加强页岩气资源勘查开采和监督管理有关工作的通知》，有关矿权管理的内容主要包括：① 合理设置页岩气探矿权，根据页岩气地质条件、资源潜力、赋

---

〔1〕 参见国家能源局：《页岩气发展规划（2011 ~2015 年)》，2012 年发布。

〔2〕 参见刘超：“页岩气开发中环境法律制度的完善：一个初步分析框架”，载《中国地质大学学报》（社会科学版）2013 年第 4 期。

存状况等情况，划定重点勘查开采区，统筹部署页岩气勘查、开采工作，综合考虑其他矿产资源勘查、开采，组织优选页岩气勘查区块并设置探矿权。② 规范页岩气矿业权管理。国土资源部负责页岩气勘查、开采登记管理，主要通过招标等竞争性方式出让探矿权。从事页岩气地质调查，应当依法向国土资源部申请办理地质调查证。③ 鼓励社会各类投资主体依法进入页岩气勘查开采领域。页岩气探矿权申请人应当是独立企业法人，具有相应资金能力、石油天然气或气体矿产勘查资质；申请人不具有石油天然气或气体矿产勘查资质的，可以与具有相应地质勘查资质的勘查单位合作开展页岩气勘查、开采。鼓励符合条件的民营企业投资勘查、开采页岩气。鼓励拥有页岩气勘查、开采技术的外国企业以合资、合作形式参与我国页岩气勘查、开采。④ 鼓励开展石油天然气区块内的页岩气勘查开采，统筹协调页岩气与其他矿产资源勘查开采，鼓励矿业权人加快页岩气勘查开采。

4. 页岩气勘探开发面临的挑战

与煤层气的两权分置境况不同，我国页岩气开发利用面临的主要挑战不在于矿权冲突，而在于资源赋存状况不明、地面建设条件差、基础设施需要加强、缺乏鼓励政策等方面，特别是技术障碍、环境风险和准入机制等方面的问题尤其需要着力解决。

首先，技术障碍。页岩气勘探开发需要水平井分段压裂等专门技术，我国尚未完全掌握有关核心技术。尽管我国一些国有能源企业在与外资合作开采页岩气项目，以获得相应成熟的技术，但由于页岩气在地质、藏储层等方面的独有特点，我国仍需开发适合自身特殊开发条件的页岩气“自用技术”。如《页岩气发展规划(2011～2015年)》所述，在科技攻关方面，我国需要在页岩气资源评价技术、有利目标优选评价方法、储层地球物理评价技术、水平井钻完井技术、储层改造及提高单井产量技术、产能预测和井网优化与经济评价技术等方面做出进一步努力。

其次，环境风险。页岩气开采采用的压裂液中98%是水，其余

2%为化学添加剂，由此对水的大量消耗和污染难以避免。在此情况下，页岩气开发利用应特别注重解决环境风险的防范与应对。[1]为此，可以制定页岩气勘探开发管理细则，其规范的内容主要包括与气井作业有关的地表土壤保护、回流水的收集和处理、井场附近地表水和地下水资源的利用与保护、生物多样性保护等。[2]

最后，准入机制。在2012年两轮页岩气探矿权招标中，[3]均是国企大获全胜，民营企业仅有两家在第二轮中入围。[4]国土资源部2012年发布公告称，油气区与页岩气区块重叠部分的勘探开采权属于中石油、中石化和中海油等四家国有企业所有，以更好的统筹协调页岩气与其他矿产资源勘察开采。[5]正在筹备的页岩气探矿权的第三轮招标预计最快在2014年举行。[6]在此情况下，需尽快完善页岩气勘探开发准入资质，[7]鼓励各类投资主体依法进入页岩气勘查开采领域，特别是鼓励符合条件的民营企业投资勘查、开采页岩气。[8]

此外，前文所述我国石油天然气矿权管理制度的完善建议，亦适用于页岩气勘探开发领域，兹不赘述。

三、国家参与和垄断

综观石油天然气产业发展史，国家参与和垄断与石油天然气产

---

〔1〕参见喻春来："探矿权3年：页岩气向民资开闸"，载 http：//business. sohu. com/20120911/n352796301. shtml，最后访问时间：2014年1月30日。

〔2〕参见杨敏：《我国页岩气开发管理法律制度研究》，中国政法大学2012年硕士学位论文，第34页。

〔3〕参见国土资源部：《国土资源部页岩气探矿权招标公告》，2012年发布。

〔4〕参见国土资源部：《第二轮页岩气探矿权招标结果公布》，2012年发布。

〔5〕参见国土资源部：《关于加强页岩气资源勘查开采和监督管理有关工作的通知》，2012年发布。

〔6〕参见张旭东："页岩气第三轮招标最快明年举行"，载 www. yicai. com/news/2013/11/3114403. html，最后访问时间：2014年2月1日。

〔7〕参见国家能源局：《页岩气发展规划（2011～2015年）》，2012年发布。

〔8〕参见国土资源部：《关于加强页岩气资源勘查开采和监督管理有关工作的通知》，2012年发布。

业的发展总是密切相关。尽管在一些国家从未建立国家石油公司，并且自20世纪80年代以来出现了国家石油公司私有化和国家参与弱化的趋势，但国家石油公司对石油天然气产业的巨大影响显然无法被忽视。我国石油天然气产业上游领域存在的事实上的国家石油公司垄断，在一定程度上影响了石油天然气产业的健康发展。对此进行适当规制，有利于保障资源优化配置和社会福利。

（一）国家石油公司和国家参与

国家石油公司（National Oil Company，NOC）是指由一国政府控股的石油公司。目前，国家石油公司控制着全球绝大部分石油天然气资源，大约60%的未开发的石油天然气储备赋存于国家石油公司在国内占主导地位的国家。[1]

1922年，阿根廷建立世界上第一家国家石油公司，实行国家石油公司对本国石油工业的垄断经营。1938年，墨西哥实行石油工业国有化，成立了国家石油公司，对本国石油工业进行从上游到下游的全部垄断经营（亦称为“一体化”的石油公司）。第二次世界大战结束后，一些石油消费量大的发达国家认识到石油的巨大战略价值，如果完全控制在美英手中，对国家安全将是巨大的威胁，于是纷纷建立国家石油公司。第一次石油危机使发达国家认识到了过分依赖中东石油的危险，于是再次掀起建立国家石油公司的浪潮。当然，这些国家建立石油公司的目的各有不同。例如，英国、挪威和加拿大等国成立国家石油公司是为了开发本国石油天然气资源，掌握本国石油工业的自主权；而日本成立国家石油公司主要是为了支持本国私人企业到海外开发油气资源，建立石油储备。[2]

国家石油公司的业务范围一般包括：代表国家与外国石油公司

[1] See “National Oil Companies and Value Creation”, http://web.worldbank.org/WBSITE/EXTERNAL/TOPICS/EXTOGMC/0, contentMDK: 21991336 ~ pagePK: 148956 ~ piPK: 216618 ~ theSitePK: 336930, 00.html, last visited April 6, 2009.

[2] 参见王丹：《中国石油产业发展路径：寡占竞争与规制》，中国社会科学出版社2007年版，第114～115页。

进行谈判，签订石油合同；在合资企业中，代表国家持股，参与该企业的经营和管理，取得利润；在实行产品分成制的项目中，代表国家取得分成的石油和天然气，并受政府委托经营此部分石油天然气；代表国家对国内石油天然气产品市场进行监督和调控；发展本国石油工业，开拓国外业务，保障本国石油供应；建立战略石油储备，保障本国石油安全。[1]

国家石油公司的设立和发展，推动了“国家参与”机制的实施。国家参与是政府授予国家石油公司参与石油天然气产业运营的一种特权，旨在加强国家对石油工业的控制权，培养并壮大民族工业。国家参与一般通过国家石油公司与合作方签订合作协议实现，合作协议一般须经政府主管部门批准。[2]

由于国家石油公司的强大实力和国家参与模式的施行，形成了一种事实上的垄断格局。这种垄断性自从石油天然气工业诞生之日起就与之形影相随，在一国国内和世界范围内均有体现。国内垄断的实例较多。例如，20 世纪 70 年代，欧佩克成员国先后完成了石油工业的国有化，形成了国家石油公司对本国石油工业的垄断经营。在我国，尽管中石油、中石化和中海油三家公司分立，但从资本性质看，无疑是国家资本占据绝对的主导地位。世界范围内垄断的例子也不胜枚举。1928 年《阿克那卡里协定》的签订，标志着世界石油市场寡头垄断格局的初步形成。二战之后，形成了包括新泽西州美孚石油公司（1972 年改名为“埃克森石油公司”）、纽约美孚石油公司（1966 年改名为“莫比尔石油公司”）、海湾石油公司、加利福尼亚美孚石油公司（1984 年与海湾石油公司合并为“雪夫龙石油公司”）、得克萨斯石油公司（1959 年改名为“得士古石油公司”）、英荷壳牌石油公司和英伊石油公司［1954 年改为

〔1〕 参见王才良：《世界石油工业 140 年》，石油工业出版社 2005 年版，第 225 页。

〔2〕 参见方忠于、朱英、石宝明：“国外石油立法（一）”，载《当代石油石化》2003 年第 10 期。

“英国石油公司”（BP）］在内的“石油七姊妹”（Seven Sisters of Petroleum）国际石油卡特尔。〔1〕欧佩克自1973年形成至今，一直控制着世界石油市场的价格决定权。〔2〕

（二）私有化趋势和国家参与的弱化

国家石油公司在一些国家蓬勃发展的同时，另外一些国家却从未设立国家石油公司。美国即是一例。美国不设立国家石油公司，而是实行充分的市场竞争，具有其特定的背景和条件。美国石油产业兴起之时，联邦政府财力较弱，而私人资本相对活跃。作为全球第一产油大国，美国不担心能源安全问题，亦不担心石油资源被别国控制。同时，几大石油公司实力雄厚，不具有设立国家石油公司的可行性。〔3〕

自20世纪80年代以来，一些国家不同程度地对国家石油公司进行私有化，或者取消、弱化国家石油公司的参与力度。巴西1997年《石油法》规定联邦政府在巴西国家石油公司（Petrobras）中保持控股地位，但同时明确该公司是联邦政府和私人股东共同持股的公司，应与其他公司在市场条件下开展自由竞争，不承担石油行业

---

〔1〕 2007年，英国《金融时报》选出了世界油气市场的新“七姊妹”，他们是沙特阿拉伯国家石油公司（ARAMCO）、委内瑞拉国家石油公司（PDVSA）、中国石油（PetroChina）、俄罗斯国家天然气工业股份公司（Gazprom）、巴西石油公司（Petrobras）、伊朗国家石油公司（Nioc）和马来西亚国家石油公司（Petronas）。这些企业年净收入都在100亿美元以上，对世界原油市场原来的“四姐妹”（即艾克森美孚、皇家荷兰壳牌、英国石油公司和雪佛龙公司）形成了巨大挑战。参见“世界石油新‘七姊妹’PK传统四巨头：中石油入选”，载 http://www.ce.cn/cysc/ny/shiyou/200706/25/t20070625_11926644.shtml，最后访问时间：2009年4月1日。卡特尔（Cartel）是指生产同样产品的独立企业组成的旨在通过某种形式的合作以抬高价格、限制产出的组织。参见〔美〕保罗·A. 萨缪尔森、威廉·D. 诺德豪斯：《经济学》（第14版），胡代光等译，李瀹林校，首都经济贸易大学出版社1996年版，第1355页。

〔2〕 参见王才良：《世界石油工业140年》，石油工业出版社2005年版，第300～302页。

〔3〕 参见王才良：《世界石油工业140年》，石油工业出版社2005年版，第304页。

管理责任，行业管理由新成立的国家石油管理局负责。1998 年，巴西根据新的《石油法》成立国家石油署（ANP），开始推行石油改革，对民营资本和外资全面开放石油领域。[1] 印度尼西亚曾规定所有的产品分成合同必须有国家石油公司（Pertamina）参与。但 2001 年《石油天然气法》未包含国家参与条款，同时规定在两年内取消 Pertamina 在上游勘探开发领域的垄断权。挪威 2001 年《石油法》对原国家石油公司（Statoil）管理的国家直接财政权益进行了改革，15% 出售给 Statoil，6.5% 出售给其他公司，剩余部分由专门成立的国有独资公司 Petoro 管理，从而使 Statoil 承担的部分政府管理职能剥离出来，实现了部分私有化。[2] 另外，阿根廷国家石油公司、法国埃尔夫—阿奎坦石油公司、西班牙雷普索尔公司、匈牙利石油公司、阿尔巴尼亚石油公司、波兰石油公司、捷克石油公司、斯洛伐克石油公司等国家石油公司均进行了私有化。也有国家对国家石油公司进行了股份制改革，如俄罗斯石油公司、意大利国家石油天然气公司等。

这些国家的国家石油公司私有化路径可以分为两种类型。一种类型是欧美发达国家的私有化路径。在英国，政府放弃对本国石油工业的控制，取消国家石油公司。意大利、法国、加拿大、新西兰等国则在国家石油公司中保留少量的股权。另一种类型是大多数发展中国家的路径。基本途径是：对国家石油公司进行股份制改造，政府保留控制权；在上游产业吸引外资参与勘探和开发，国家石油公司代表国家维护石油天然气资源的权益；开放石油天然气产品市场，允许外国公司参与竞争，国家石油公司对石油进口和市场价格实行一定的控制。阿根廷、巴西、委内瑞拉、秘鲁、厄瓜多尔等国

---

〔1〕 参见杨雷：“当国有垄断石油企业不再垄断之后——巴西石油市场化改革十年”，载 http：//m. sohu. com/n/255418225/，最后访问时间：2013 年 11 月 5 日。

〔2〕 参见方忠于、朱英、石宝明：“国外石油立法（一）”，载《当代石油石化》2003 年第 10 期。

家采用的就是这一路径。[1]

（三）石油天然气上游产业垄断及其成因

从历史的角度看，石油天然气上游产业垄断具有必然性。此种垄断是产业竞争发展到一定阶段的自然产物，也是一些国家保障石油供应安全的重要手段，在一定程度上促进了生产力的发展。

首先，垄断是石油天然气上游产业竞争发展到一定阶段的产物。例如，美国标准石油公司在激烈竞争中，通过兼并和联合形成规模优势，将当时美国几乎90%的炼油业纳入其麾下。可以说，这一结果恰恰体现了市场经济的竞争规律。“石油七姊妹”的形成也是市场竞争的结果。当时，新泽西标准石油公司（即埃克森公司）、荷兰皇家壳牌集团、英国石油公司之间曾竞争，在势均力敌的情况下，唯一的出路是合作，于是形成了国际卡特尔。

其次，第二次世界大战后建立的国家石油公司，一定程度上是为了应对“石油七姊妹”对石油产业的垄断，确保本国的石油供应安全。通过建立国家石油公司，这些国家实行石油工业国有化，收回和保护本国石油主权，保持经济独立，发展民族经济。

最后，石油产业的垄断在一定程度上促进了生产力发展。例如，在美国石油工业发展初期，发现石油后，往往大量生产商集中勘探生产，石油产量猛增，超过市场需求，之后又因此而油价猛跌，导致大批生产商破产，油田也因无序开采而产量下降，油价反复上升和回落。标准石油托拉斯成立后，稳定了市场和价格，缓解了无序竞争造成的混乱及其对经济系统的冲击，推动了石油产业的稳定发展。[2]

---

〔1〕 参见王丹：《中国石油产业发展路径：寡占竞争与规制》，中国社会科学出版社2007年版，第116页；王才良：《世界石油工业140年》，石油工业出版社2005年版，第251、303~304页。

〔2〕 参见王丹：《中国石油产业发展路径：寡占竞争与规制》，中国社会科学出版社2007年版，第116~118页。

（四）我国石油天然气上游产业组织样态及其完善

在肯定国家石油公司对石油天然气产业发展做出的积极贡献、国家参与机制的合理性以及石油天然气上游产业垄断的历史必然性的同时，另外一些事实也不可忽视：一些国家（如美国）历史上未曾建立国家石油公司，但石油天然气产业总体上也实现了健康发展；前述国家石油公司的私有化和国家参与程度的降低，目前作为一种趋势也仍在继续。

对于我国石油天然气上游产业处于垄断状态几乎不存在分歧。但是，对于上游产业的垄断形态，却存在不同观点。有观点认为，中石化、中石油、中海油等大型国企涉及的都是关系到国计民生的关键领域，其业务集中是基于自然垄断的要求。[1]“石油开采环节具有较强的规模经济效应，需要巨大的资金投入和抗风险能力，而且，资产沉没成本较高，具有自然垄断的特点。”[2]但也有观点认为，我国油气工业上游的垄断“不是经过充分竞争形成的经济垄断，而是基于法律规定的行政垄断”[3]。本书认为，石油天然气上游产业的垄断在经济特征上应为自然垄断，但在我国具有较强的行政垄断特征。对于垄断的是非功过，也存在不同的观点。有观点认为不利于产业发展，应尽早打破垄断；[4]也有观点认为不能盲目反对垄断。[5]

关于石油天然气上游产业垄断的争论，体现了“马歇尔冲突”

---

〔1〕 参见李莜、王婧：“我国垄断行业现状分析”，载《时代经贸》（中旬刊）2007年第SA期。

〔2〕 王孝莹、张丰智：“石油产业垄断性质分析”，载《山东社会科学》2010年第2期。

〔3〕 陈守海：“我国油气工业上游放开的利益分析”，载《商业时代》2008年第11期。

〔4〕 参见陈守海：“我国油气工业上游放开的利益分析”，载《商业时代》2008年第11期。

〔5〕 参见王才良：《世界石油工业140年》，石油工业出版社2005年版，第304页。

（亦称“马歇尔悖论”或“马歇尔困境”），即：垄断虽然能获得规模经济，但同时也扼杀了自由竞争，失去了竞争所能带来的效率。为了解决这一冲突，人们在理论和实践层面进行了不懈的探索。重要结论之一是有效竞争可使竞争与垄断有效协调，从而获得规模经济和竞争所带来的效率。有效竞争要求不存在人为的进入壁垒和资源流动障碍。为此，一方面，应消除非竞争过程中造成的行政性垄断，更加充分地发挥市场机制的作用；另一方面，应消除因低水平竞争和过度竞争造成的资源浪费。〔1〕

2005 年，国务院发布了《国务院关于鼓励支持和引导个体私营等非公有制经济发展的若干意见》（简称“非公 36 条”），明确规定民营资本可以进入石油行业，并可在其中的非自然垄断业务环节以各种形式进行投资。“非公 36 条”并不表明石油天然气上游产业当然属于竞争性行业，关键是进一步发展规模竞争，〔2〕形成前文所述“有效竞争”，即因市场中存在至少一个达到足以影响市场价格的卖方或者买方，并且由此改变需求和供给规律，从而无法实现完全竞争状态。

为了形成有效竞争，我国石油天然气上游产业立法应着重健全勘探开发准入制度。在石油天然气上游进一步引入竞争机制，实现投资主体多元化，允许符合资质要求的主体进入勘探开发领域。为此，应确立明确的准入标准。在此，需要考虑的因素包括技术标准、产品标准、设备能力标准、环境标准等。此外，应完善矿权流转机制。《矿产资源法》于 1996 年修改后，删除了有关采矿权不得转让的规定，增加了探矿权和采矿权有偿取得并可以依法转让的规定，并有《矿产资源勘查区块登记管理办法》、《矿产资源开采登记管理办法》、《探矿权采矿权转让管理办法》、《矿业权出让转让

〔1〕 参见王丹：《中国石油产业发展路径：寡占竞争与规制》，中国社会科学出版社 2007 年版，第 146 页。

〔2〕 参见王丹：《中国石油产业发展路径：寡占竞争与规制》，中国社会科学出版社 2007 年版，第 148 页。

管理暂行规定》等相配合，从而在法律上肯定了矿权的财产属性以及矿权的使用价值和交换价值，为矿权市场的建立和运作提供了法律依据。[1] 在石油天然气上游产业领域，应在此基础上尽快培育和发展有序、公平、透明的探矿权和采矿权市场，对探矿权和采矿权市场的竞拍者和投标者的资质和能力做出明确规定，同时完善矿权退还机制。

第三节 中游规制：以经营准入为中心

石油天然气中游产业，特别是管道输送业务，作为联结上下游的中间环节，在整个石油天然气产业中具有非常重要地位。本节主要对石油和天然气管道输送经营准入进行探讨。所谓“石油天然气管输经营准入”，是指依法对石油天然气输送管道建设运营活动的申请者进行资质审查和批准，要求管道拥有者或运营者向其系统用户之外的主体开放管道，第三方利用管道的运输能力和相关服务输送自己的石油天然气产品，同时支付相应的费用。因石油管输经营准入与天然气管输经营准入存在差异，故分别进行分析。

一、石油管输经营准入

目前，我国石油输送管道主要由石油公司建设和运营，并已基本形成跨区域的石油管网格局。为解决备受关注的石油管输经营准入问题，可在充分考虑我国国情的基础上，借鉴国外经验，在管道建设投资要求和准入制度的具体内容安排上做出调整。

（一）我国石油输送管网及其经营准入制度现状

我国目前陆上石油输送管道的建设和运营主要是由中石油和中石化两大石油公司各自内部的管道公司进行，其地域范围基本上与

[1] 参见王春秀：《矿业权市场及矿业权价值评估研究》，昆明理工大学 2003 年博士学位论文。

两家公司的业务划分地域相适应。在中石油内部，对于各管道公司之间的权限和管理范围的划分是采取内部决定的方式来实现的。中国石油天然气集团公司下的中国石油天然气管道局和中国石油天然气股份有限公司下的中国石油管道公司是中石油的陆上管道建设、施工和经营的管道公司。中国石油天然气管道局海洋工程分公司还从事滩海、近海海洋管道工程勘查、设计、建设、管道工程和输送等业务。中国石油化工集团公司及其控股的中国石油化工股份有限公司下属的中国石油化工股份有限公司管道储运分公司是油气储运管道专业化公司，下设11个输油单位，共管辖37条在役和在建管线。[1]

从地域分布看，我国已基本形成跨区域的石油管网格局。原油管道形成了以长江三角洲、珠江三角洲、环渤海、沿长江、东北及西北地区为主的原油加工基地的布局，原油管道运输也随之迅速发展。东北、华北、华东和中南地区初步形成了东部输油管网；西北各油田内部管网相对完善，外输管道初具规模。成品油管道近年来发展较快，管输比例逐年增加，在西北、西南和珠三角地区建有骨干输油管道。[2]

我国目前尚未制定石油管输经营准入方面的专门立法。《矿产资源法》、《对外合作开采陆上石油资源条例》、《对外合作开采海洋石油资源条例》等法律和行政法规主要是针对上游领域进行规定；《石油天然气管道保护法》主要解决石油天然气管道的保护问题，对于管道的建设审批、运营监管问题未做出明确的规定。

（二）英国和美国石油管输经营准入概况及其借鉴意义

英国和美国的石油管输经营准入制度较为成熟，其中一些经验

---

〔1〕 参见“中国石油化工股份有限公司管道储运分公司”，载 http://www.sinopec.com/about_ sinopec/subsidiaries/oilfield/20080308/1739.shtml，最后访问时间：2013年8月5日。

〔2〕 参见余洋：“2007年中国油气管道发展综述”，载《国际石油经济》2008年第3期。

值得我国借鉴。在英国，其1998年《石油法》规定建设输油管道需获得部长的许可。该法赋予了第三方有限制的接入权：只有表明此种接入不会损害管道的有效运营，第三方才可以接入。除法定接入外，英国还实行自愿接入制度，需要接入的一方可以就接入的条件和内容进行协商，其中最主要的协商内容通常是管输容量和接入费用。在美国，联邦能源监管委员会（FERC）仅对州际石油运输定价和提供公平服务等事项进行监管，不监督石油管道建设和经营准入。该事项一般由各州的公共事业委员会负责监管。一般而言，公共事业委员会考虑申请建设管道的管道公司的建设计划，并提出关于环境保护、公共安全等方面的附加条件。〔1〕石油管道公司以“公共承运者”的身份出现，依法提供无歧视的管道服务准入。〔2〕

概括而言，英国和美国石油管输经营准入制度可供我国借鉴的经验包括：① 无歧视准入。在相同的交易中，对所有的托运人一视同仁。为此，需做到监管透明、信息公开。② 健全的许可制度。许可制度与相应的运营活动相对应，每个活动均需不同的许可，这样有利于分别监管。③ 合理确定供应义务的承担方。④ 保护消费者和公众利益。在授予许可之前，应确保公众利益受到保护，并要求可能损害公众利益的企业提供解决方案。

（三）我国石油管输经营准入制度的完善

在我国，石油管输经营准入问题备受关注。鉴于石油资源的战略地位以及我国石油管道输送业务的发展现状，我国不能完全照搬英国或者美国的经验。进一步立法可在现有制度的基础上，在管道建设投资要求和准入制度的具体内容安排上做出调整。

在管道建设投资方面。首先，可规定管道建设投资的资金标准和资质要求，确保管道公司拥有足够的经济实力、相当的技术实力

〔1〕 See Cara Hetland, “SD approves new oil pipeline”, http://minnesota.publicradio.org/display/web/2008/03/11/pipeline/, last visited May 6, 2008.

〔2〕 参见〔加〕罗兰·普里德尔：“美国和加拿大石油天然气行业监管体制简介”，载《国际石油经济》2001年第2期。

和运营能力。其次，在符合资质要求的前提下，允许民间资本依法进入，保持市场的良性运作。再次，重视消费者权益和公共利益保护。应考虑管道公司能否在保证合理盈利的情况下进行相对合理的收费，确保消费者不承担高昂的使用费用，并有利于能源供应的保障。最后，对可能产生的环境影响进行充分评估，责令相关企业和单位采取有效措施，尽量避免对环境的不利影响，同时采取有效的措施进行环境恢复。

在准入制度具体内容安排方面。首先，将第三方准入纳入许可条件。管道公司在获得建设和运营许可时，应同时承诺向第三方提供无歧视的接入服务。获得许可后如不履行此项义务，应予处罚，并要求其采取补救措施。其次，明确规定第三方的权利和义务。对第三方行使接入权的条件、程序和救济手段等做出规定，同时规定其应当承担的义务，如支付相应的费用等。

从可操作性的角度考虑，一步到位地实现上述制度安排时机尚不成熟。可先通过试点的形式积累经验，时机成熟后再逐步上升到国家立法。在综合性石油天然气法中，可对此做出原则性规定，以便为进一步立法提供法律依据和制度安排的法律空间。

二、天然气管输经营准入

天然气无法以较低的成本大量储存，其储存和运输需要复杂的基础设施，输送成本较高。目前，全球绝大部分天然气产品均经由管道方式输送。[1]“天然气输送”在不同情况下具有不同的内涵：对于陆上天然气而言，是指将可出售的管道天然气从加工（净化）厂出厂处运输到电厂或其他直接由运输管道供气的大型耗气装置，以及城市配气系统的城市门站；对于海上天然气而言，是指从到岸处运输在海上净化过的天然气和从陆上加工厂出厂处运输净化过的天然气到上述连接点；对于进口液化天然气而言，是指将可出售的

〔1〕 See Richard Eden, Michael Posner, Richard Bending, Edmund Crouch, Joe Stanislaw, *Energy Economics*, Cambridge: Cambridge University Press, 1981, p. 96.

管道天然气从气化厂出厂处运输到上述连接点。[1]

（一）我国天然气输送管网及其经营准入制度现状

经过几十年的发展，我国多条输气干线联络管道已相继建成。东西方向的主要输气管道包括西气东输管道、陕京线、陕京二线和忠武线；南北方向的主要输气管道包括冀宁管道和淮武管道等。这些干线输气管道相互交织，初步形成了天然气管网系统。然而，这一管网的地理分布呈显著的不平衡特征：川渝地区、环渤海地区、长三角地区、中南地区、珠三角地区、广东地区等区域目前已形成了较为完善的供气网络；[2] 其他地区的管网基础设施尚不健全。

三大石油公司在管输能力建设上展开了全面竞争，全国主要的天然气消费城市都出现了几家公司的管道气站和 LNG 终端并存的局面。中石油拥有“西气东输”管道天然气项目和其他各地管道天然气份额，占据绝对市场优势；中海油积极建设东南沿海 LNG 管网，已获得粤、闽、沪等多个地区项目；中石化的天然气将通过陕京二线输送至北京，打破了中石油一家独占北京天然气供应的局面；同时，中海油也积极运作进口 LNG 进入北京天然气市场。[3] 中石化还以其他方式进入国内各地天然气市场，日益挑战中石油的绝对主导地位。例如，2007 年，中石化与中海油签订天然气业务合作框架协议，双方将主要针对我国南方天然气市场，在天然气供应、储备和管道建设等方面进行全面合作。为了应对这一“挑战”，中石油修建通往东南沿海省区的输气管道，并在辽宁大连、河北曹妃甸以及江苏如东三地建设 LNG 项目，以弥补其在东部市场的不

〔1〕 世界银行、国务院体改办经济体制与管理研究所、基础设施咨询基金：《中国：天然气长距离运输和城市配气的经济监管》，石油工业出版社 2002 年版，第 24 页。

〔2〕 参见余洋：“中国油气管道发展现状及前景展望”，载《国际石油经济》2007 年第 3 期。

〔3〕 参见“‘气荒’引来中石化中海油加入 北京天然气市场转向多元”，载 http：//www.china5e.com/news/oil/200503/200503080152.html，最后访问时间：2008 年 5 月 6 日。

足。[1] 然而，由于缺乏有效的协调和监管，目前输气管道重复建设现象较为严重，中石化、中海油新建的油气输送管道与中石油存在多处重复交叉的现象，导致部分管道处于不饱和运行状态。[2]

在法律制度层面，我国调整长距离天然气管道输送的专门法律是《石油天然气管道安全保护法》。但从内容看，该法更加侧重于维护管道安全。该法主要突出四个方面内容：强调管道企业是管道维护的主要责任人；明确政府及有关部门的管道保护责任；注意维护土地权利人的合法权益；充分考虑保障管道安全的同时，注意贯彻节约用地和环境保护的原则。然而，这些内容与管输经营准入关系不大。

（二）美国和英国天然气管输经营准入概况及其借鉴意义

20 世纪 80 年代之前，美国天然气行业高度集中。管道公司就自己运输的天然气与生产商签订合同，并将这些天然气销售给城市配气公司。80 年代中期开始，联邦能源管理委员会（FERC）通过一系列指令开始重组管道公司的业务，建立了完全竞争的天然气工业市场结构。[3] 与美国类似，英国天然气行业也已经形成了一个竞争性市场，在天然气输送领域，可以非歧视的方式强制使用天然气输气管道基础设施。[4]

美国和英国的经验中，最值得我国借鉴的是实施强制性的第三方准入，使所有天然气行业经营者能够使用现有的基础设施，从而实现“有效竞争”。如果气源或消费地的位置不适于建设多条管道，或者在需要着重考虑规模经济性的情况下，可以授予某个公司建设

〔1〕 参见“中石化中海油签天然气合作协议联手挑战中石油”，载 http：//finance. qq. com/a/20070523/000210. htm，最后访问时间：2008 年 5 月 6 日。

〔2〕 参见王志强：“独立管道公司萌动”，载《中国投资》2007 年第 12 期。

〔3〕 参见中国—欧盟能源环境法项目：《世界典型国家不同阶段天然气发展的政策措施及对中国的启示》，2005 年发布，第 9 ~ 12 页。

〔4〕 参见杨凤玲、杨庆泉、金东琦：“英国天然气行业政府管制及立法”，载《上海煤气》2004 年第 1 期。

和经营某条管道的特许权，但也须附加强制性的第三方准入义务。

（三）我国天然气管输经营准入制度的完善

借鉴国外成熟经验，建议从第三方准入机制、管道中立、差别性政策、立法支持等四个方面完善我国天然气管输经营准入制度。

首先，建立第三方准入机制。可首先对长输管道实行协商性的第三方准入制度，要求管道企业公布指导性的运输费率和协商程序；之后，可在财务上分离运输业务账目，监管部门对账目进行审计，避免出现歧视、交叉补贴和不正当竞争行为；[1] 待时机成熟后，再形成较为健全的第三方准入机制。

其次，实现管道中立。为避免形成垄断，管道公司应在管理和经营上独立于上游和下游业务。管道公司应公开其管网开放的规范和程序，其主要内容应包括：分离管道公司运输与供应职能的方案；运输管道第三方准入的一般规定；服务条件、用户资格和收费标准等。[2] 此类规定有利于贯彻公开准入原则。当然，考虑到我国的现实情况，管道中立亦应逐步推进。

再次，采取差别性政策。在气源已经或即将多元化、市场竞争格局已经或即将形成的东部等地区，可实行第三方准入，并可设立区域性监管机构，作为建立全国性监管体系的试点。对于基础设施已具一定规模但气源市场竞争性不足的地区，可着重提高输配系统运营效率，促进气源开发。在处于发展初期的地区，应鼓励基础设施投资，对天然气商品和服务价格进行有效的监管。[3]

最后，加强立法支持。制定专门的石油天然气法，就管网经营

---

〔1〕 参见罗东坤、褚王涛："借鉴欧美经验制定中国天然气法律"，载《天然气工业》2007 年第 1 期。

〔2〕 参见世界银行、国务院体改办经济体制与管理研究所、基础设施咨询基金：《中国：天然气长距离运输和城市配气的经济监管》，石油工业出版社 2002 年版，第 15、46 页。

〔3〕 参见国家发展和改革委员会经济体制与管理研究所、《中国石油天然气行业监管体系研究》项目组：《中国石油天然气行业监管体系研究》，石油工业出版社 2007 年版，第 130 页。

准入制度做出详细的规定。[1] 同时重视相关立法的支持和配合，充分运用反垄断法、反不正当竞争法、公司法等相关立法的制度资源，用以规范天然气行业从业者的经营行为，以防止限制竞争、过分集中等情况的发生。[2]

第四节　下游规制：以定价机制为中心

在石油天然气法视域下，下游产业需重点关注市场监管、市场准入、定价、企业特殊义务等方面的问题。由于石油天然气下游产业的运行显著地受到市场机制支配，本节以“价格”这一市场机制的核心要素[3] 为切入点，分别对石油和天然气的定价机制进行探讨。对价格进行适当规制，有利于防止经营者利用其垄断地位获取不正当的垄断利润，保护消费者利益，提高产业效率，维护社会利益。

一、石油定价机制

本章所称“石油定价机制”，包括原油定价机制和成品油定价机制，但主要关注成品油定价机制。一般地，成品油价格受原油成本、加工配送成本、相关税费和市场供求状况的影响。然而，我国石油定价机制并非自始至终遵循这一规律，而是从单一的国家定价逐步走向有条件地与国际接轨。截至本书截稿之日，有关成品油定价机制的最新依据是《关于进一步完善成品油价格形成机制的通知》。该政策是在此前的相关政策和立法基础上进一步完善的成果，

〔1〕 参见王明远：“我国天然气输配管网经营准入制度研究”，载《清华法学》2008 年第 6 期。

〔2〕 参见国家发展和改革委员会经济体制与管理研究所、《中国石油天然气行业监管体系研究》项目组：《中国石油天然气行业监管体系研究》，石油工业出版社 2007 年版，第 160、167 页。

〔3〕 经济学认为，供求、价格、竞争、风险等构成市场机制的核心要素。

但仍有进一步完善的空间。

（一）我国石油定价机制的演进和现状

从时间维度看，我国石油定价机制几十年的发展经历了单一价格时期、“双轨”时期、“并轨”时期和“接轨”时期等四个阶段，[1]分述如下：

1. 单一价格时期（1949~1981 年）

新中国成立后，我国逐渐形成了高度集中、计划分配的石油流通管理体制。在这一体制下，石油价格的制定与调整均由政府决定。在上游勘探开发领域，国家在价格上给予政策支持，促进了石油产业的快速发展。在下游领域，成品油的价格也由国家决定。[2]

2. “双轨”时期（1981~1994 年）

1981 年，国务院规定实行“双轨制”定价机制：1 亿吨的计划原油产量实行国家计划价格；完成 1 亿吨原油生产任务后，可将超产的和节约自用的、降低损耗的原油出口销售；同时将当时国际油价与国内油价的差额绝大部分作为勘探开发基金。这一机制刺激了生产者的生产积极性，石油产量增长速度加快，“高价油”的比重也越来越大。

20 世纪 80 年代中期开始，我国主要油田进入开采的中后期，生产成本大幅度增加。1988 年起，石油工业开始亏损。为此，原国家计委自 1990 年起几次提高原油价格，但原油价格总水平仍然相对较低，原油与成品油比价格长时期保持在 1∶6。长期亏损导致石油产量增长幅度减缓。在此情形下，“双轨制”定价机制成为阻碍石油产业发展的重要因素之一。

---

〔1〕也有观点认为，1982 年以来，我国石油价格改革先后经历了由低价到高价、单轨到双轨、双轨到并轨、并轨到寻求与国际市场接轨这几个阶段。参见李少民、吴韧强：“我国石油定价机制探讨”，载《价格月刊》2007 年第 1 期。

〔2〕参见齐中英、梁琳琳：“我国石油定价制度的路径选择”，载《价格月刊》2007 年第 4 期。

3. “并轨”时期（1994~1998年）

1994年5月，国务院取消了“双轨制”，合并原油的计划价格和市场价格，实行计划内外价格并轨，将原油价格划分为一、二档，实现了同质同价。这一举措改变了由实行“双轨制”引起的石油价格混乱状态，石油价格总水平有较大提高，当年石油工业扭亏为盈。1996年，国际油价大幅度上升，国际柴油价格涨了一倍，国内柴油需求也大幅上升。为了保证油品供应，我国在接近国际油价的最高点上购进了160万吨柴油。然而国际油价随后开始下滑，到1998年初，一吨进口柴油到岸价比国内柴油出厂价低300元以上，每吨汽油的国内外市场差价达500元以上，油品非法走私活动猖獗。1997年我国净进口石油3380万吨，较1996年增长140%。结果是国产油品销售不畅，被迫压缩加工量，减少接油。下游减产致使石油生产企业被迫限制产量。在国际油价较低的情况下，由于国内仍执行较高的计划价格，石油供大于求。但国内消费者没有享受到石油价格低廉带来的好处，大量利润流失于走私活动。

4. “接轨”时期（1998年至今）

1998年6月，我国石油工业进行重组。同时，根据原国家计委《原油、成品油价格改革方案》，石油定价机制进行重大调整：政府定价改为政府指导价，同时基准原油价格同国际市场有控制的挂靠。在原油价格方面，根据每月新加坡米纳斯原油的平均价格确定国内下个月的原油的基准价，再加贴水构成我国原油价格。成品油也是按照新加坡汽、柴油的离岸价格的平均价，加上运费、保险费、关税及零售利润，制定本月的汽、柴油零售中准价，中准价扣除5.5%作为批发价，企业可根据国内市场供需在国家指导价的基础上上下浮动5%。这一调整使我国石油企业获得了丰厚的利润。

2001年，原国家计委发布《关于完善石油价格接轨办法及调整成品油价格的通知》，对成品油定价机制作了进一步调整：国内成品油价格与新加坡、鹿特丹和纽约原油市场价格挂钩，当国际市场月平均油价变动超过一定幅度时，再相应调整国内成品油价格。

在不突破按接轨原油确定调价总额的前提下，参照国际市场比价关系，相对调整汽、柴油价格。在放开部分产品价格的同时，扩大汽、柴油零售价格的浮动幅度。企业在国家规定的零售中准价的基础上，浮动幅度由5%扩大到8%。当国际原油价格高于一定水平时，由国内炼化企业消化部分原油涨价因素，成品油价格适当少提；当国际原油价格低于一定水平时，成品油价格适当下降，以减少价格波动的幅度。〔1〕

2009年1月1日，《成品油价税费改革方案》开始实施。该方案的主要内容是：将现行成品油零售基准价格允许上下浮动的定价机制，改为实行最高零售价格，并适当缩小流通环节差价；最高零售价格以出厂价格为基础，加流通环节差价确定；将原来允许企业根据政府指导价格上下浮动8%降为4%左右；国家发展改革委根据新加坡、纽约和鹿特丹等地以20天为周期对国际油价进行评估，当三地成品油加权平均价格变动幅度超过4%时，即调整国内成品油的价格。

2009年5月8日，国家发展改革委制定了《石油价格管理办法(试行)》，明确了成品油价格调整条件以及调整规则，并确定了“22+4”规则。该办法规定，成品油价格区别情况，实行政府指导价或政府定价。对于汽、柴油零售价格和批发价格，以及供应社会批发企业、铁路、交通等专项用户汽、柴油供应价格，实行政府指导价；对于国家储备和新疆生产建设兵团用汽、柴油供应价格，以及航空汽油、航空煤油出厂价格，实行政府定价。当国际市场原油连续22个工作日移动平均价格变化超过4%时，可相应调整国内成品油价格。当国际市场原油价格低于每桶80美元时，按正常加工利润率计算成品油价格。高于每桶80美元时，开始扣减加工利润率，

〔1〕 本部分有关“双轨”时期、“并轨”时期和“接轨”时期部分截至此段的内容，主要参考史丹等：《中国能源工业市场化改革研究报告》，经济管理出版社2006年版，第17~19页。

直至按加工零利润计算成品油价格。高于每桶130美元时，按照兼顾生产者、消费者利益，保持国民经济平稳运行的原则，采取适当财税政策保证成品油生产和供应，汽、柴油价格原则上不提或少提。[1]

由于上述机制在运行过程中暴露出调价周期过长、难以及时反映国际市场油价变化、产生投机套利行为等问题，国家发展改革委于2013年3月发布《关于进一步完善成品油价格形成机制的通知》，主要内容包括如下方面：①缩短调价周期。将成品油计价和调价周期由22个工作日缩短至10个工作日，同时取消上下4%的幅度限制，即：汽、柴油价格根据国际市场原油价格变化每10个工作日调整一次；为节约社会成本，当汽、柴油调价幅度低于每吨50元时，不作调整，纳入下次调价时累加或冲抵。②根据进口原油结构及国际市场原油贸易变化，调整了国内成品油价格挂靠油种。③完善价格调控程序。当国内价格总水平出现显著上涨或发生重大突发事件，以及国际市场油价短时内出现剧烈波动等特殊情形需对成品油价格进行调控时，由国家发展改革委报请国务院批准后采取临时调控措施，可以暂停、延迟调价，或缩小调价幅度。当特殊情形消除后，由国家发展改革委报请国务院批准，定价机制正常运行。[2]

表7　北京92号汽油价格变动表[3]

序号	调整日期	调整后零售价（元/升）	变动幅度（元/升）
40	2014-01-25	7.65	-0.11

〔1〕《石油价格管理办法（试行）》第1、5~7条。

〔2〕参见“国家发展改革委关于进一步完善成品油价格形成机制的通知”，载http://www.sdpc.gov.cn/zcfb/zcfbtz/2013tz/t20130326_534068.htm，最后访问时间：2013年8月6日。

〔3〕参见“北京历史油价”，载http://www.cngold.org/crude/beijing.html，最后访问时间：2014年2月2日。

（续表）

序号	调整日期	调整后零售价（元/升）	变动幅度（元/升）
39	2014 - 01 - 11	7. 76	-0. 10
38	2013 - 12 - 13	7. 86	0. 05
37	2013 - 11 - 29	7. 81	0. 13
36	2013 - 11 - 15	7. 68	-0. 13
35	2013 - 11 - 01	7. 81	-0. 02
34	2013 - 09 - 30	7. 83	-0. 20
33	2013 - 09 - 16	8. 03	0. 08
32	2013 - 09 - 02	7. 95	0. 20
31	2013 - 07 - 22	7. 75	0. 25
30	2013 - 07 - 11	7. 50	-0. 07
29	2013 - 06 - 24	7. 57	0. 08
28	2013 - 06 - 07	7. 49	-0. 07
27	2013 - 05 - 10	7. 56	0. 08
26	2013 - 04 - 25	7. 48	-0. 32
25	2013 - 03 - 27	7. 80	-0. 25
24	2013 - 02 - 25	8. 05	0. 24
23	2012 - 11 - 16	7. 81	-0. 25
22	2012 - 09 - 10	8. 04	0. 42
21	2012 - 08 - 10	7. 62	0. 30
20	2012 - 07 - 11	7. 32	-0. 32
19	2012 - 06 - 09	7. 64	-0. 43

续表

序号	调整日期	调整后零售价（元/升）	变动幅度（元/升）
18	2012－05－10	8.07	－0.26
17	2012－03－20	8.33	0.48
16	2012－02－08	7.85	0.24
15	2011－10－09	7.61	－0.24
14	2011－04－07	7.85	0.43
13	2011－02－20	7.42	0.28
12	2010－12－22	7.14	0.22
11	2010－10－26	6.92	0.18
10	2010－06－01	6.74	－0.18
9	2010－04－14	6.92	0.26
8	2009－11－10	6.66	0.38
7	2009－09－29	6.28	－0.15
6	2009－09－01	6.43	0.22
5	2009－07－29	6.21	－0.16
4	2009－06－30	6.37	0.48
3	2009－06－01	5.89	0.33
2	2009－03－25	5.56	0.23
1	2009－01－15	5.33	－0.11

（二）我国现行石油定价机制及其评价

现行石油定价机制，对于保证国内市场供应、降低国际市场价格非正常波动给国内市场造成的负面影响，发挥了重要的作用。同时，该机制也存在定价基点过高、缺乏风险控制措施、价格“涨多跌少”等问题。[1]

首先，定价基点过高。目前国内成品油价格是在2008年6月20日国际油价超过130美元/桶时调价的结果，而在《成品油价税费改革方案》实施时，国际油价已大幅下降，但国内没有相应降低成品油价格。根据该方案调整后的石油价格表面看没有增加消费者支出，但国际石油价格回升后，消费者的实际负担将会增加，从而出现“变相涨价”的情况，不利于保护消费者的利益，不符合石油天然气法正义价值、秩序价值和效率价值的内在要求。

其次，缺乏风险控制措施。目前，我国与国际油价接轨的定价机制没有良好的配套机制与之配合。例如，我国尚未建立健全的战略石油储备体系，国际油价过高时，政府只能以行政手段平抑油价。从长期来看，这种缺乏能源储备支撑的行政—命令型干预策略不利于石油天然气产业的健康、可持续发展。

最后，油价“涨多跌少”问题难以解决。自2009年1月至2014年1月，国内成品油价格共调整了40次，其中上调22次，下调了18次。从整体上看，价格调整幅度“涨多跌少”。以北京92号汽油为例，经过40次调整，价格从每升5.33上涨至7.65元，上涨2.32元；最高价格甚至达到8.33元（2012年3月20日），较2009年1月上涨3元。而反观国际油价，则是总体下降的趋势。《石油价格管理办法（试行）》对此没有解决之道。

（三）国外石油定价机制概况

在过去的半个多世纪里，国际石油定价机制经历了从主要石油公司垄断价格到金融定价模式的逐步转变过程。在此过程中，美国、日本、韩国等国家的石油定价机制也经历了逐步演变的过程。

---

[1] 参见史丹等：《中国能源工业市场化改革研究报告》，经济管理出版社2006年版，第19~20页。

1. 国际石油定价机制的演进与现状

20 世纪 60 年代之前，以美国为主的世界跨国石油公司垄断了大部分石油产业链，石油价格基本上由这些公司决定。1960～1970 年间，石油的定价权逐渐转到欧佩克手中。1973 年石油危机后，阿拉伯国家限制石油产量。主要石油公司取消了在欧佩克成员国的原油标价，国际石油价格演变为欧佩克的官方销售价格。1981 年后，国际油价开始回落，至 1986 年下半年油价跌入谷底。为了提高油价，欧佩克采取“恢复固定价格”和“限产保价”政策，从 1987 年 1 月 1 日起恢复实行固定油价，并于 1986 年制定了包括 7 种原油在内的一揽子原油价格。进入 20 世纪 80 年代中期，随着非欧佩克国家原油产量的逐年提升，欧佩克控制力逐年下降。1986 年，沙特放弃限产保价政策，油价进入了现货市场定价阶段。20 世纪 90 年代后，随着期货市场影响力的逐步增强，市场逐步进入金融定价阶段，即采用“公式计价法”，以基准原油作为定价中心，各地区各品级原油价格加上一定升贴水计算价格。[1]

目前，国际石油定价机制形成了较为完整的现货市场和期货市场体系，现有五大现货石油市场（西北欧市场、地中海市场、加勒比海市场、新加坡市场和美国五个市场）与三大期货石油市场（纽约商品交易所、伦敦国际石油交易所和东京工业品交易所）。国际原油贸易大多以各主要地区的基准油为定价参考，以基准油在交货或提单日前后某一段时间的现货交易或期货交易价格加上升贴水作为原油贸易的最终结算价格。[2]

2. 美国石油定价机制概述

美国的石油定价模式经历了“自由竞争→加强控制→自由竞

---

〔1〕 参见刘建：“当前国际原油定价机制分析”，载 http：//www.wdqh.net/Fenxi/shendufenxi/34154.html，最后访问时间：2013 年 8 月 6 日。

〔2〕 参见吴翔、隋建利：“石油定价机制比较及其改革对策研究”，载《价格理论与实践》2008 年第 10 期。

争”的发展过程。[1]目前，美国的石油价格基本不受政府管制，炼油厂生产的成品油在国内外市场的售价完全由市场决定，并随国际市场油价的波动而波动。在实践中主要存在三种情形：①石油公司通过自己建立的加油站，以零售价格在国内市场销售；②少部分成品油以批发价格出售给中间商；③部分产品以国际市场价格出口。在这三种情形下，石油价格均由市场决定。如需对石油价格进行干预，美国一般通过动用石油储备或者基于税收手段进行。[2]美国零售汽油价格的决定因素主要有四个方面：购买原油的成本，炼油成本，输送和运营成本，以及税费。这四类因素在汽油价格中所占比重依次为70%、10%、5%和10%。[3]

3. 日本石油定价机制概述

在日本，石油价格在1996年之前由政府严格控制。1996年后，日本石油市场逐渐开放。目前成品油价格主要由市场竞争形成。日本也通过税收手段调控石油价格，与石油相关的税收有：关税、石油税、柴油交易税、汽油税、石油气税、航空燃料税等。此外，日本目前已建立包括原油、成品油和液化石油气在内的民间和政府两级石油储备，对应对国际市场石油价格的波动起到了很好的缓冲作用。[4]

日本的石油期货市场起步较晚，但发展很快。1999年，东京

---

〔1〕 See Richard L. Gordon, *An Economic Analysis of World Energy Problems*, The MIT Press, 1981, pp. 163~166.

〔2〕 参见雷涯邻、王丽艳等：《中国石油天然气市场管理法研究报告》（非正式出版物），2008年发布，第26~28页。

〔3〕 英国亦为完全市场化定价，但与美国的价格构成相比，英国汽油的各项税款和增值税占了零售价格的60%，因而，即使在原油、炼油等成本相同的情况下，英国的汽油零售价也是美国的两倍多。可见，税率对油价水平的影响非常显著。参见郑彬、付少华、王颖春：“成品油定价机制全球各异 因地制宜方能发挥价值”，载《中国证券报》2013年3月27日。

〔4〕 参见雷涯邻、王丽艳等：《中国石油天然气市场管理法研究报告》（非正式出版物），2008年发布，第28页。

工业品交易所（TOCOM）推出汽油、煤油期货交易业务。近年来，为了提升交易所国际化程度，TOCOM 建立了新的交易系统，设立夜间交易市场，交易时间延长至凌晨4 点，这样伦敦和纽约的交易者便可在当地时间的上午进行交易。目前，日本主要石油公司均利用石油期货市场对冲风险。石油期货亦成为重要的定价参考指标。〔1〕

4. 韩国石油定价机制概述

韩国石油价格市场化进程经历了政府定价、与国际市场接轨和价格放开三个阶段。1994 年起，韩国石油价格与国际市场价格接轨，先是建立与国际市场原油价格联动机制，然后建立与国际市场成品油价格联动机制，1997 年起石油价格完全市场化。〔2〕2012 年4 月，韩国出台《促进石油产品市场竞争及改善流通结构方案》。该方案旨在扩大石油产品市场的供应商，促进流通渠道的多元化，打破行业垄断，改善不公正行为。根据该方案，三星道达成为国内成品油市场的第五大供应商，从 6 月起向韩国石油公社提供成品油，而该成品油只能在低价加油站出售。为了推广低价加油站，韩国向低价加油站运营商提供税收优惠。为避免大型炼油公司的垄断行为，韩国大力支持销售多家石油公司不同产品的加油站。此外，韩国知识经济部设立石油流通支援中心，提供一站式行政服务，同时定期监察政策履行情况和石油价格走势，以缓解高油价对社会经济生活带来的压力。〔3〕

〔1〕 参见何德功："日本石油期货市场起步晚发展快"，载《经济参考报》2012 年7 月 12 日。

〔2〕 参见雷涯邻、王丽艳等：《中国石油天然气市场管理法研究报告》（非正式出版物），2008 年发布，第 27 页。

〔3〕 参见韩国贸易、工业与能源部："韩国出台'促进石油产品市场竞争及改善流通结构方案'"，载 http：//www. motie. go. kr/language/chn/news/news_ view. jsp? seq = 1034&srchType = 1&srchWord = &tableNm = C_ 01_ 01&pageNo = 1&ctx = 2，最后访问时间：2013 年 8 月 6 日。

（四）我国石油定价机制的完善

石油下游产业属于非垄断领域，定价机制的完善应着眼于实现市场定价。但在有效竞争尚未形成之前，一步到位地实现完全市场定价并非可行的选择。鉴于此，可从调整政府职能、使油价与国际接轨、完善期货市场、健全石油储备机制等方面入手，逐步完善我国石油定价机制。

首先，调整政府在石油价格管理方面的职能，使其由价格制定者转变为宏观调控者，充分发挥市场配置资源的基础性作用。如果石油价格处于正常波动范围之内，政府的职能应限于市场监管，规范经营者行为，使价格充分反映市场供求的变化。只有在石油价格的变动超出正常范围时，政府方可动用行政权力，干预市场运行。在此，油价变动“超出正常范围”的情况包括：发生全国或局部地区石油供应中断或大幅度减少，造成或可能造成国内供需严重失衡；国内市场石油价格大幅度上涨，已经或可能使国民经济遭受重大影响或损害等。

其次，使国内油价与国际油价进一步接轨。目前，我国油价调整比国际油价调整滞后 10 天，对国际市场的反应相对滞后。应进一步促进成品油国内价格与国际价格接轨，完善国内石油价格与国外石油价格的联动机制，[1] 使国内石油价格更及时地反映国际市场的动态变化。为此，应将目前的调整周期逐步缩短，最后与国际油价同步。另外，目前的油价调整基数是在国际油价大幅下降而我国国内仍然沿用高油价时期的价格基础上制定的。随着国际油价的回升，势必加重消费者的实际负担。建议选择适当的实际改变目前的调价基础，以长期均价作为测算依据。

再次，在完善燃料油期货市场的基础上，增加石油交易品种，

---

〔1〕 参见高洁：《我国国内外石油价格联动机制研究》，四川大学 2007 年硕士学位论文。

最终建立健全的石油期货交易体系。[1] 由于不具备健全的石油期货交易体系，我国在国际石油定价方面缺少应有的话语权，[2]不利于石油贸易的健康发展。[3] 事实上，石油企业可以利用期货市场进行套期保值，从而规避价格风险。健全的石油期货交易体系亦有利于我国尽快融入全球石油定价体系，在国际石油定价中发挥更大的作用。由于我国石油产业目前处于高度集中的状态，主要企业可能不希望放弃左右市场价格的权利，形成健全的石油期货交易体系可能需要逐步推进。

最后，健全石油储备制度。石油储备不仅对保障经济安全和应对突发事件具有非常重要的意义，而且可在石油供应中断时弥补国内石油供应缺口，对平抑油价波动具有重要的作用，有助于缓解石油价格的剧烈波动对国民经济产生的不利影响。[4]

二、天然气定价机制

生产、管输和配送，是天然气工业的三大基本业务。天然气生产，是指天然气的开采、集输和加工销售；天然气管输，是指通过大直径高压管道将天然气从生产地输往消费地；天然气配送，是指通过小直径低压管线向终端用户供气。一般将生产者将天然气输入管输公司高压管道的价格称为“井口价”（Wellhead Price），将天然气在配气公司管道系统入口点的价格称为“城市门站价”（City - gate Price），将向总店用户出售的价格称为“燃气价”。[5]

---

〔1〕 参见史丹等:《中国能源工业市场化改革研究报告》，经济管理出版社 2006 年版，第 241 页。

〔2〕 参见林伯强主编:《中国能源发展报告（2008）》，中国财政经济出版社 2008 年版，第 462 页

〔3〕 参见“以原油期货争取全球定价权 或将改变国内原油定价机制”，载 http://news. xinhuanet. com/yzyd/energy/20120518/c_ 111980311. htm，最后访问时间：2012 年 11 月 24 日。

〔4〕 关于石油储备，详见本书第六章第二节相关内容。

〔5〕 参见《国外天然气经济研究》课题组编译：《美国天然气工业与天然气交易》，石油工业出版社 2004 年版，第 5 页。

（一）我国天然气定价机制的演进和现状

迄今为止，我国天然气定价机制经历了国家定价、“双轨制”和“并轨制”三个发展阶段，分述如下：

1. 国家定价时期（1993 年之前）

1993 年之前，我国对天然气井口价格实行国家定价制度。1957 年的井口价格为 70 元/千平方米。为了鼓励就地用气，原石油部于 1958 年将气价下调为 30 元/千平方米。随后，由于天然气成本过高、勘探开发资金不足等原因，我国先后三次调整天然气价格。1992 年起，四川天然气实行包干内外价格并轨，根据各用户性质不同实行分类气价，其他油田天然气出厂价格不并轨。〔1〕

2. “双轨”时期（1993～2010 年）

1993 年起，我国放松对气价的管制，实行企业自销天然气价格政策。1994 年，我国再次调整天然气价格，天然气包干内外井口价格完全并轨，企业自销气价格可以围绕中准价上下浮动 10%。〔2〕在此基础上，我国逐步形成了以国家定价与国家计划指导价并存为特征的政府指导下的“双轨制”天然气定价机制。该机制的核心内容是：天然气的出厂价由政府确定，管输价为政府指导价，并采取老线老价、新线新价的定价政策，城市配气价由地方政府决定。①“老线老价”的定价机制：对于 1995 年之前开发的天然气项目，在井口价方面，计划外天然气的价格高于计划内价格；在分类气价中，化肥用气价格最低，民用其次，商业用价格最高；在净化费〔3〕方面，价格为 0.05 元/立方米；在管输费方面，距离越近，管输费率越低，距离越远，管输费率越高；在配送费方面，价格由当地政

---

〔1〕 参见霍小丽：“我国天然气定价机制的建立与完善”，载《中国物价》2007 年第 11 期。

〔2〕 参见霍小丽：“我国天然气定价机制的建立与完善”，载《中国物价》2007 年第 11 期。

〔3〕 天然气净化费是为了满足集输工艺生产需要和用户的要求，对天然气进行脱油、脱氢、脱水、脱硫等净化处理的费用。

府确定，因此各地的最终用户气价有所差别。②“新线新价”的定价机制：自1997年起，我国对1995年之后开发的天然气项目实行新的定价机制。在井口价方面，除了按照成本、税收等来确定外，还考虑原油、油品、煤和电等替代品的成本、通货膨胀指数、预先确定的价格浮动范围等方面；在处理费方面，统一规定为0.05元/立方米；在管输费方面，采用“成本加成”法，在管道平均输送量和10年折旧期的基础上，将管道项目的成本加上12%的内部收益率（外资项目为15%）来确定管输费。下游价格亦采用“成本加成”法，但同时考虑最终用户的支付能力、天然气与其他燃料的竞争力、热效率以及将煤气配送管网转为天然气管网的转换成本，由项目开发商报请当地物价局审查、调整和批准。[1]

2005年12月，国家发展改革委发布《关于改革天然气出厂价格形成机制及近期适当提高天然气出厂价格的通知》，主要内容包括：将用户价格分为化肥生产用气、直供工业用气和城市燃气用气三类；将天然气的出厂价归并为两档；确定天然气出厂价格的调整依据。[2] 川渝气田、长庆、青海、新疆（不含西气东输天然气）油田的全部天然气，以及大港、辽河、中原等油田计划内天然气，实行计划一档价格，其余地区实行二档价格。

3. “并轨”时期（2010年至今）

2010年5月，国家发展改革委发布《关于提高国产陆上天然气出厂基准价格的通知》，主要内容包括：① 取消价格“双轨制”。各气田（含西气东输、忠武线、陕京线、川气东送）出厂（或首站）基准价格每千立方米均提高230元，同时将大港、辽河和中原三个油气田一、二档出厂基准价格加权并轨，取消价格“双轨制”。② 扩大价格浮动幅度。国产陆上天然气一、二档气价并轨后，将

---

〔1〕 参见杜晓梅、廖特明、张淑英：“我国天然气定价机制及存在的问题分析”，载《中国科技信息》2005年第18期。

〔2〕 参见“天然气定价改革初探：改革势在必行”，载 http://www.ce.cn/cysc/ny/trq/201006/01/t20100601_20403013_2.shtml，最后访问时间：2013年8月7日。

出厂基准价格允许浮动的幅度统一改为上浮10%，下浮不限，即供需双方可以在不超过出厂基准价格10%的前提下，协商确定具体价格。[1]

2011年12月，国家发展改革委发布《关于在广东省、广西壮族自治区开展天然气价格形成机制改革试点的通知》，确定的改革试点的总体思路为：① 将现行以成本加成为主的定价方法改为按"市场净回值"方法定价。选取计价基准点和可替代能源品种，建立天然气与可替代能源价格挂钩机制。② 以计价基准点价格为基础，考虑天然气市场资源主体流向和管输费用，确定各省（区、市）天然气门站价格。③ 天然气门站价格实行动态调整机制，根据可替代能源价格变化情况每年调整一次，并逐步过渡到每半年或者按季度调整。④ 放开页岩气、煤层气、煤制气等非常规天然气出厂价格，实行市场调节。

2012年10月，国家发展改革委发布《天然气利用政策》。其中关于天然气价格的规定包括：合理调控价格，完善价格形成机制，加快理顺天然气价格与可替代能源比价关系，建立并完善天然气上下游价格联动机制；鼓励研究推行差别性气价政策，引导合理消费和高效利用；配套相关政策要求，包括地方各级政策对天然气使用和天然气使用设施在规划、用地、融资、收费等方面的支持。

2013年6月，国家发展改革委发布《关于调整天然气价格的通知》。主要包括如下几个方面：① 基本思路。建立反映市场供求和资源稀缺程度的与可替代能源价格挂钩的动态调整机制，逐步理顺天然气与可替代能源比价关系，为最终实现天然气价格完全市场化奠定基础。为此，将增气量价格一步调整到与燃料油、液化石油（权重分别为60%和40%）等可替代能源保持合理比价的水平。

---

〔1〕 参见"国家发展改革委关于提高国产陆上天然气出厂基准价格的通知"，载 http://www.ndrc.gov.cn/zcfb/zcfbtz/2010tz/t20100531_350432.htm，最后访问时间：2013年8月7日。

②适用范围。天然气价格管理由出厂环节调整为门站环节，门站价格为政府指导价，实行最高上限价格管理，供需双方可在国家规定的最高上限价格范围内协商确定具体价格。门站价格适用于国产陆上天然气、进口管道天然气。页岩气、煤层气、煤制气出厂价格，以及液化天然气气源价格放开，由供需双方协商确定，需进入长输管道混合输送并一起销售的，执行统一门站价格；进入长输管道混合输送但单独销售的，气源价格由供需双方协商确定，并按国家规定的管道运输价格向管道运输企业支付运输费用。③ 具体安排。增量气门站价格按照广东、广西试点方案中的计价办法，一步调整到2012年下半年以来可替代能源价格85%的水平，不再按用途分类；存量气门站价格适当提高；存量气和增量气[1]中居民用气[2]门站价格此次均不作调整。[3]

2013年9月，国务院办公厅发布《关于进一步加快煤层气（煤矿瓦斯）抽采利用的意见》，要求落实煤层气市场定价机制，支持煤层气发电上网，并完善煤层气发电价格政策；根据煤层气（煤矿瓦斯）发电造价及运营成本变化情况，按照合理成本加合理利润的原则，适时提高煤层气（煤矿瓦斯）发电上网标杆电价。

（二）我国现行天然气定价机制评价

我国现行的天然气定价机制在定价依据、价格构成、价格水平、与可替代能源的比价关系、与其他产业环节的衔接等方面均存在问题，分述如下：

首先，在定价依据方面，目前天然气的定价基础是气量，而非热值，且对每立方米天然气的质量没有规定。在此情形下，相同数

---

〔1〕 存量气为2012年实际使用气量，增量气为超出部分。存量气量一经确定，上游供气企业不得随意调整，用户不得互相转让。

〔2〕 居民用气包括居民生活用气、学校教学和学生生活用气、养老福利机构用气等，不包括集中供热用气。

〔3〕 参见“国家发展改革委关于调整天然气价格的通知”，载http：//www. sdpc. gov. cn/zfdj/jggg/tyq/t20130628_ 547973. htm，最后访问时间：2013年8月7日。

量的天然气质量差距可能很大，易导致价值扭曲。

其次，在价格构成方面，目前的定价体制未能很好地体现成本，不利于鼓励降低成本。例如，针对不同类型的用户确定不同井口价，导致大型工业和商业用户对小型居民用户的交叉补贴。又如，不收取容量费，终端用户没有增加天然气使用的动力。再如，“成本加成”法不利于鼓励降低成本和提高效率。

再次，在价格水平方面，我国天然气价格改革陷入两难境地。官方对这一状况的表述是：按照市场规则应提高价格天然气价格；但因担心国内通货膨胀压力，又不敢提高天然气价格。究其原因，主要是资源供应不能自主。2012 年，我国消费天然气超过 1400 亿立方米，其中国产天然气在 1000 亿立方米，进口气则超过 400 亿立方米。进口的天然气价格远远超过现行的国内价格水平，倒挂现象严重。国内价格水平滞后，已潜在影响天然气供应。[1] 低价政策既影响了生产企业的积极性，也激化了市场供需矛盾，致使以天然气为原料的消费企业数量激增，掀起“油改气”、“煤改气”热潮，导致不正常的需求膨胀。在这些因素的综合作用下，我国部分地区发生了相当严重的“气荒”现象。[2] 同时，持续的低价政策使下游企业缺乏改进生产设备、引进先进技术的意愿，不利于产业健康发展。

复次，与可替代能源的比价关系未能理顺。天然气作为燃料和工业原料的可替代能源主要为煤炭、原油、成品油和电力。一般而言，原油价格的提高或者回落，会使天然气价格相应地提高或者回

〔1〕 参见张国宝：“中国天然气价格改革已陷入两难”，载 http：//www. energylaw. org. cn/_ d276403992. htm，最后访问时间：2012 年 12 月 12 日。

〔2〕 参见李清芬：“我国天然气定价机制改革研究”，载《中国证券期货》2012 年第 12 期。2004 年和 2005 年，北京、天津、上海、西安等地也都曾出现过供气紧张的局面；2009 年 11 月初，因受极端天气影响，我国部分城市出现了天然气“气荒”。“气荒”从一个侧面说明了我国现行的天然气定价机制存在问题。参见董秀成、佟金辉、李君臣：“我国天然气价格改革浅析”，载《中外能源》2010 年第 9 期。

落。我国原油价格已基本与国际接轨，煤炭和电力价格的市场化进程也在逐步加快，而天然气与原油等可替代能源的热值比价却很低，二者之间的价格动态调整机制尚未有效建立，从而扭曲了能源消费结构及其调整方向。〔1〕

最后，在与其他产业环节的衔接方面，目前的天然气定价机制使管道企业既面临上游的压力（向资源开发商提供足够的优惠），又面临下游的压力（向用户提供有竞争力的气价），利润空间大大减少，〔2〕不利于管道企业的良性健康发展。

（三）国外天然气定价模式及其借鉴意义

国外天然定价机制可以归纳为垄断性定价和竞争性定价两种模式。各国根据天然气在国民经济发展中的重要性、经济发展水平、市场开放程度、天然气工业的发展水平等因素，采用不同的定价方式。

垄断性定价机制主要为欧洲国家采用。欧洲的天然气供应在很大程度上依赖于进口，因而大部分天然气通过长期合同交易，根据政府间的框架协议通过长期合同约定价格。通过长期合同交易的天然气主要采用市场净回值方法确定天然气价格，即以天然气的可替代能源的价值为基础，确定天然气市场可承受的价格，再扣除管输、配送、储存等各种费用，倒算出厂价格或者边境价格。总体而言，天然气运输公司垄断下游市场的运输和销售，制定终端用户价格。在天然气工业发展早期，这一机制有利于促进天然气工业发展和市场的培育，从而确保天然气管输量和投资效益的稳定性。根据

〔1〕参见张海滨："目前我国天然气定价机制存在的主要问题及对策初探"，载《中国科技信息》2009年第7期。

〔2〕参见国际能源署：《开发中国的天然气市场——能源政策的挑战》，朱起煌等译，地质出版社2003年版，第126~129页；林伯强主编：《现代能源经济学》，中国财政经济出版社2007年版，第136~137页；刘庆新主编：《天然气经济与法规概论》，石油工业出版社2001年版，第16页；曹琛：《我国天然气定价机制研究》，中国石油大学2007年硕士学位论文，第19~20页；霍小丽："我国天然气定价机制的建立与完善"，载《中国物价》2007年第11期。

1998/30/EC 指令，欧盟要求采取管网实行第三方准入，推进天然气市场的逐步开放，同时要求管输与销售业务分开经营，独立核算，从而以渐进式的路径向自由市场和竞争性定价机制靠拢。[1] 欧盟随后发布的一些指令在网络自由接入（Free Network Access）、供应商自由竞争（Free Competition among Suppliers）以及消费者自由选择（Free Consumer Choice）等方面做出了相应的规定。[2]

竞争性定价机制主要为美国、加拿大、英国等国家采用。这些国家在天然气市场发展过程中，定价机制经历了三个阶段的演进历程。第一阶段是固定价格阶段。在这一阶段中，天然气定价一般采用成本加成法。成本加成法对天然气工业的初期发展发挥了重要作用，但随着天然气工业的发展，由于成本加成法无法正确反映天然气市场价值，造成天然气供求市场的失衡。第二阶段是价值定价阶段。在这一阶段中，加拿大、英国等国家采用净回值法、加权定价法确定天然气价格，建立与竞争性能源价格挂钩的定价方式，但天然气价格管制仍然存在。第三阶段是市场定价阶段。在这一阶段中，管制逐步取消，天然气价格由市场竞争决定。[3]

上述国家天然气定价机制的一些共同的成熟经验值得我国借鉴：① 相对独立的监管体系。有效的监管是天然气产业健康发展的重要保障。欧美国家大多在天然气领域建立并不断完善相对独立的监管体系，对天然气产业实施监管。如美国设有联邦能源监管委

---

〔1〕 See Peter Cameron, *Competition in Energy Market: Law and Regulation in the European Union*, Oxford: Oxford University Press, 2002, pp. 345 ~ 346；洪波、许红："欧美的天然气定价机制及价格监管对我国的启示"，载《石油规划设计》2009 年第 1 期；霍小丽："国外天然气定价机制及对我国的启示"，载《中国物价》2008 年第 1 期。

〔2〕 See Peter Cameron, *Legal Aspects of EU Energy Regulation*, Oxford: Oxford University Press, 2005, pp. 42 ~ 58.

〔3〕 参见董秀成、佟金辉、李君臣："我国天然气价格改革浅析"，载《中外能源》2010 年第 9 期。另见《国外天然气经济研究》课题组编译：《美国天然气工业与天然气交易》，石油工业出版社 2004 年版，第 28 ~ 58 页。该书详细阐释了美国政府从控制天然气井口价到解除对井口价的控制、再到公开准入的过程。

员会、加拿大设有国家能源委员会、英国设有天然气和电力办公室等。② 合理的价格水平。合理的价格水平有利于保障天然气产业的健康发展。各国定价机制的一个显著的共同点是：在天然气产业发展初期，均采用低价策略；在发展期和成熟期，对不同的用户采用不同的价格，民用气价略高，工业用气价格略低，并实行调峰气价。③ 开放价格。美国、加拿大、新西兰等天然气工业较成熟的国家开放天然气井口价格；英国天然气销售价格由市场决定，政府对上游和下游用户没有设定过多的限制。④ 完善的基础设施。发达的输气干线和配气管网既可使油气田和市场得到充分开发，又可使运输成本降低，从而有助于形成合理的市场价格。[1]

（四）我国天然气定价机制的完善建议

为了解决我国天然气定价机制存在的问题，我国应借鉴其他国家的成熟经验，科学地确定天然气价格，同时从宏观调控、专门立法、进口战略、天然气储气库建设等方面，完善定价支持机制。

1. 科学确定定价机制

此处的“天然气定价机制”，是指下游的终端消费价格。科学确定终端消费价应主要考虑如下因素：天然气定价应以热值为基础进行，并对单位体积天然气的质量做出规定；应遵循“消费量越大，单位气价越低”的政策，收取容量费，鼓励天然气的使用；重视能源比价，将天然气价格与可替代能源的价格比对。[2] 基于此，可以分地区分类用户可替代能源种类、结构、价格为基础，依“等热值能源等价”原则，运用“等热值加权平均法”，确定天然气终

---

〔1〕 参见霍小丽：“国外天然气定价机制及对我国的启示”，载《中国物价》2008年第1期。

〔2〕 参见马飞等：“我国天然气定价机制改革问题研究”，载《价格理论与实践》2013年第3期。

端消费价。其计算公式为：[1]

$$Pt = \left(a1\frac{P1}{H1} + a2\frac{P2}{H2} + a3\frac{P3}{H3}\right) \times N$$

其中：

Pt：分地区分类天然气终端消费价。

a1、a2、a3：分类用户加权系数，根据可替代能源在该地区的消费结构确定，且 a1 + a2 + a3 = 1。

P1、P2、P3：该地区分类用户天然气可替代能源终端销售价格。

H1、H2、H3：该地区分类用户天然气可替代能源平均热值。

N：单位天然气热值。

2. 完善定价支持机制

宏观调控、专门立法、适当的进口战略以及天然气储气库建设等支持机制，对于确保天然气定价机制的顺利实施至关重要。

首先，重视宏观调控。应加大针对天然气上游企业勘探开发的财政投入，提高企业生产积极性。同时从税收、技术、环保等方面加强调控，调节天然气消费结构，促进天然气市场发展。为保护家庭、小型商业用户等弱势用户，应在推进市场定价的同时，对配气公司确定的最高价格进行监管。

其次，加强专门立法。在综合性石油天然气立法中，应就定价机制做出规定。在此基础上，可以部门规章的形式就天然气定价机制的重要问题，如定价原则、定价程序、基本方法、价格监管等方面，做出进一步的详细规定，从而使天然气定价及其监管有法可依。[2] 现阶段应特别重视将天然气定价听证制度纳入立法。我国

---

〔1〕 与下游定价机制相呼应，中游可以采用“两部制”法，将天然气管输费分为“管输容量预订费”和“管输使用费”；上游可以采用净回值法确定天然气出厂价，即：出厂价 = 城市门站价格 - 管输费。参见董秀成、佟金辉、李君臣：“我国天然气价格改革浅析”，载《中外能源》2010 年第 9 期。

〔2〕 参见张海滨：“目前我国天然气定价机制存在的主要问题及对策初探”，载《中国科技信息》2009 年第 7 期。

《价格法》规定："制定关系群众切身利益的公用事业价格、公益性服务价格、自然垄断经营的商品价格等政府指导价、政府定价，应当建立听证会制度，由政府价格主管部门主持，征求消费者、经营者和有关方面的意见，论证其必要性、可行性。"〔1〕天然气企业和相关部门在确定天然气价格过程中，应以听证等形式，加大信息公开力度，保障公众的信息知情权和决策参与权。〔2〕

再次，实施进口多元化战略。应加强与中亚、俄罗斯等国家和地区的能源合作，分散天然气进口地，同时鼓励国内石油公司加强与产气国的合作，共建天然气加工企业，保证国内供气安全和气价平稳。〔3〕

最后，建立天然气储气库。目前，发达国家的储气库建设已经步入了成熟阶段。全球目前有560多座储气库，分属于110多家公司，主要集中在北美和欧洲等地区。我国的储气库建设工作刚刚起步，与发达国家差距明显。加快储气库建设，有助于满足天然气下游用户的调峰需求，保障天然气供应，为国家能源安全提供重要保障。从天然气定价机制角度看，天然气储气库可在气源短缺时保证供应，保障天然气供给与需求的总体平衡，稳定天然气终端价格。〔4〕

---

〔1〕《价格法》第23条。

〔2〕参见董秀成、佟金辉、李君臣："我国天然气价格改革浅析"，载《中外能源》2010年第9期。

〔3〕参见史丹等：《中国能源工业市场化改革研究报告》，经济管理出版社2006年版，第270～273页；曹琛：《我国天然气定价机制研究》，中国石油大学2007年硕士学位论文，第48～49页；国际能源署：《开发中国的天然气市场——能源政策的挑战》，朱起煌等译，地质出版社2003年版，第136页；霍小丽："我国天然气定价机制的建立与完善"，载《中国物价》2007年第11期。

〔4〕参见李清芬："我国天然气定价机制改革研究"，载《中国证券期货》2012年第12期；聂光华："我国天然气定价机制研究"，载《中国青年政治学院学报》2013年第1期。

第六章

石油天然气产业保障机制

现在的一片天，是肮脏的一片天。星星在文明的天空里，再也看不见。天其实并不高，海其实也不远。人心其实比天高，比海更遥远。

——郑智化〔1〕

近年来，石油储备、石油天然气管道安全、与石油天然气开发利用相关的环境保护等问题，无一不成为社会热点。我国1993年成为成品油净进口国，1996年成为原油净进口国。〔2〕近年来，石油对外依存度不断提高。在此情况下，健全的石油储备制度对于确保我国能源安全甚至国家安全，将发挥决定性作用。在管道安全方面，我国约有40%左右的石油天然气管道建于20世纪六七十年代，当时设计标准较低、管道缺陷较多，加之投入不足、老化严重，这

〔1〕出自我国台湾地区歌手郑智化1992年创作的歌曲《星星点灯》的歌词。以石油天然气产业保障机制的视角观之，这段极具环保隐喻的文字说明，石油天然气产业引发的严重的环境污染问题的根源在于缺乏相应的社会机制（包括法律机制）来约束、控制和弥补人类不断发展的欲望所带来（或者可能带来）的负面影响。

〔2〕参见贾文瑞等：《21世纪中国能源、环境与石油工业发展》，石油工业出版社2002年版，第347页。

批管道已进入事故率每年千公里5次以上的第二事故高发期。[1]在环境保护方面，重大和特大海洋石油污染事件近几年频现报端。2010年7月16日，停靠在我国辽宁省大连新港的一艘利比亚籍30万吨级油轮“宇宙宝石”号，在原油储备库卸油时操作不当，引发大火和连续6次管线爆炸，致使原油泄漏，大连海域附近的生态环境受到了严重的影响。[2]这些统计数据和突发事件非常直观地说明了石油天然气产业保障机制的重要性，以及我国面临的严峻挑战。

第一节 概 述

石油天然气产业保障机制旨在保障产业规制机制的顺利实施。石油储备制度、管道安全保护制度、环境保护制度、税费制度、资金支持制度、技术创新支持制度等，是产业保障机制的主要内容。本章主要对其中的石油储备制度、管道安全保护制度和与石油天然气开发利用相关的环境保护制度进行研究。

一、石油天然气产业保障机制的概念

石油天然气产业保障机制，是指为支持和保障石油天然气产业的健康发展、实现产业规制机制目标而建立并实施的一整套法律措施。

按照不同的标准，石油天然气产业保障机制可以分为不同的类别。依照产业链的环节，可分为上游产业保障机制、中游产业保障机制和下游产业保障机制；依照保障的途径，可分为人力保障机制、物力保障机制、财力保障机制等；依照所采取措施的性质，可

---

〔1〕 参见郭新庆：“关于石油天然气管道安全问题”，载《调查研究》2006年第18期。

〔2〕 参见“7.16大连新港火灾事故”，载 http：//baike. baidu. com/view/6127275. htm，最后访问时间：2014年2月2日。

分为鼓励性保障机制和限制性保障机制；依照所规范的事项划分，石油天然气产业保障机制主要包括石油储备制度、管道安全保护制度、环境保护制度、税费制度、资金支持制度、技术创新支持制度等。

二、石油天然气产业保障的指导思想

石油天然气产业保障的指导思想可从价值定位、基本原则、立法目的及其对产业规制机制的实施等四个层面进行分析。

首先，石油天然气法的价值定位。前已述及，石油天然气法应遵循正义、秩序和效率等价值理念的要求。在正义价值方面，遵循权利与义务相统一的原则，相关主体在从事石油天然气开发利用行为并由此获得惠益的同时，也应承担相应的义务，如依法保障石油天然气安全、保护环境、缴纳相关税费等。在效率价值方面，无论是对油气安全的保障，还是对生态环境的关注，抑或通过财税机制保障产业的健康稳定发展，均在不同侧面体现了目的的正当性、发展的均衡性、关注条件束性、重视隐性成本等要求，只是在侧重点上存在差异。在秩序价值方面，产业保障机制体现得更为充分和具体：石油储备制度和管道安全保护制度是保障石油供应安全的最有力的途径之一，环境保护制度旨在保障生态安全，而税费制度、资金支持制度和技术创新支持制度则从产业运行的角度为产业的健康稳定发展提供资金和技术支持。

其次，石油天然气法的原则和目的。产业保障机制全面体现了石油天然气法目的的要求。无论是石油储备制度、管道安全保护制度，还是环境保护制度，均旨在保障石油天然气安全，提高石油天然气开发利用效率，并促进石油天然气产业的健康发展。石油天然气法的基本原则，包括可持续发展原则、安全与效率兼顾原则、利益平衡原则和综合调整原则，是健全和完善石油天然气产业保障制度的原则基础，应全面体现在具体法律制度之中。

最后，顺利实施产业规制机制的内在要求。产业保障机制本身并不能成为其制度构建的目的。此类机制的要旨在于保障产业规制机制的顺利实施。为此，在具体的制度设计中，应充分考虑特定国情下产业规制机制的现状及发展趋势，在符合石油天然气法理念的前提下，通过具有可操作性的措施，为确保产业规制机制的顺利实施和良好运行提供法律依据。

第二节　石油储备制度

随着我国石油对外依存度的不断提高，石油安全问题日益凸显。〔1〕石油储备在很大程度上决定一国的能源安全状况，从而直接影响国家安全。我国应借鉴其他国家的成熟经验，同时充分考虑我国石油安全管理的实际需要，完善石油储备制度。

一、石油安全与石油储备

广义语境上的“石油安全”包括供给安全、需求安全、价格安全、储备安全、通道安全和设施安全，其中储备安全为核心要素。我国石油储备制度尚处于初步发展阶段，加快建立和完善石油储备制度势在必行。

（一）*石油安全*

对于“石油安全”的概念，目前有不同的定义。有观点从石油贸易的角度定义石油安全，认为石油安全是指石油进口国始终处于一种能够以适当的价格和数量连续不断地获得外部石油资源，以满足本国经济和社会发展需要的状态。〔2〕有观点认为，石油安全即一国拥有主权，或实际可控制，或实际可获得的石油资源在数量和质量上能够保障该国经济当前的需要、参与国际竞争的需要和可持

〔1〕也有观点认为，大量进口原油、适当出口油品，有利于经济发展。参见张抗：“石油进口大幅度增长的影响分析”，载《能源政策研究》2009 年第 3 期，第 26～27 页。

〔2〕参见熊韶辉：《论中国实现石油安全的贸易战略和策略》，对外经济贸易大学 2007 年博士学位论文，第 2 页。

续发展的需要。[1] 有观点认为，保障石油安全就是要减少石油消费量和进口依赖。也有观点认为，石油安全应包括石油供应安全和使用安全这两个方面，亦即石油的经济安全和石油的生态环境安全。[2] 国际能源署（IEA）认为，石油安全是保证在成员国内达到经济持续发展的速度最高、就业范围最广、人民生活水平最大改善、国家财政尽可能稳定，进而促进世界经济发展的石油安全保障。在2004年《中国能源发展战略与政策研究》的报告中，国务院发展研究中心提出，石油安全即保障数量和价格上能满足经济社会持续发展需要的石油供应。[3] 本书认为，石油安全即在一定的时间范围内，一国有能力以合理的价格、通畅的渠道、在可承受的风险范围内，获得稳定的石油供应的状态。[4] 石油安全在很大程度上左右着一国的能源安全状况，甚至由于石油在能源中的重要地位，在许多国家，能源安全的核心即为石油安全。[5]

广义上的“石油安全”包括供给安全、需求安全、价格安全、储备安全、通道安全和设施安全。[6] 在时间维度上，石油安全可分为短期安全和长期安全。短期石油安全关注石油价格的短期趋势和石油价格波动对经济系统的冲击和影响，寻求减少由石油价格波动所产生的经济代价的方法。长期石油安全关注石油供给渠道的多元化以减少石油供给风险，保证石油持续稳定供给，同时提高能源

---

〔1〕 参见雷家骕编著：《国家经济安全：理论与分析方法》，清华大学出版社2011年版，第57页。

〔2〕 参见何沙、秦扬编著：《国际政治经济与石油安全战略研究》，石油工业出版社2011年版，第2~3页。

〔3〕 参见何沙、秦扬编著：《国际政治经济与石油安全战略研究》，石油工业出版社2011年版，第3~4页。

〔4〕 参见《中国能源发展报告》编辑委员会：《中国能源发展报告（2007）》，中国水利水电出版社2007年版，第117页。

〔5〕 参见王桂英：《中国石油环境分析和石油安全战略研究》，对外经济贸易大学2003年博士学位论文，第21页。

〔6〕 参见何沙、秦扬编著：《国际政治经济与石油安全战略研究》，石油工业出版社2011年版，第4~7页。

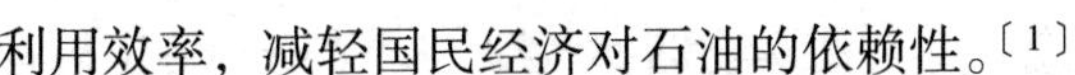

利用效率，减轻国民经济对石油的依赖性。〔1〕

在我国，石油安全问题自20世纪90年代起日益凸显。具体表现为：石油进口来源地过于单一和集中，主要进口国是沙特阿拉伯、科威特、伊朗、阿曼、也门等局势动荡的中东国家，存在较大的政治风险、运输风险和供应中断风险；尽管已决定分期建设国家石油储备库，但仍处于起步阶段，尚不成熟；周边地区局势和石油进口通道存在安全隐患，美国的“太平洋锁链”、印度的“印度洋控制战略”等对我国石油进口安全造成了较大的威胁；国际石油价格波动也对我国石油供应安全造成了负面影响；〔2〕能源供给合同多变；节能技术相对落后。〔3〕

（二）石油储备

石油安全在本质上属于公共利益问题。“单个进口商在做出商品进口决策时，一般不会将国家安全的因素考虑在内。因此当一种产品进口量与本国生产量之间的均衡由市场决定时，一般会导致对进口的过度依赖。”〔4〕在此情形下，建立石油储备制度就成为抵御风险、保障安全、平衡供需、抑制油价，从而确保石油安全的重要措施。

石油储备有广义和狭义之分。广义上的“石油储备”，包括石油资源储备、油田产能储备和石油实物储备。〔5〕本书所称“石油

---

〔1〕 参见雷家骕编著：《国家经济安全：理论与分析方法》，清华大学出版社2011年版，第57页。

〔2〕 参见《中国能源发展报告》编辑委员会：《中国能源发展报告（2007）》，中国水利水电出版社2007年版，第117～118页。

〔3〕 参见林珏主编：《能源价格变动与经济安全》，上海财经大学出版社2009年版，第215页。

〔4〕 参见〔美〕汤姆·泰坦伯格：《环境与自然资源经济学》，严旭阳等译，经济科学出版社2003年版，第158页。

〔5〕 有观点从资源储备的角度，认为石油储备应包括矿产品储备、地下资源储备和技术储备。参见王家枢、张新安、张小枫：《矿产资源与国家安全》，地质出版社2000年版，第244页。

储备”是狭义上的概念，即石油实物储备，即一国政府、特定机构和企业依法建立的，能够随时投放市场的全部石油库存的总和。石油储备一般具有法律强制性、公共性和可动用性等特征。〔1〕

各国石油储备体系大致可以分为三种类型：政府储备，此类储备纳入中央政府财政预算，专门用作应急目的；企业储备，包括义务储备和商业储备；中介组织储备，即由公共或民间团体组织承担的应急性石油储备。

国际能源署（IEA）成员国的石油储备情况分为四种类型。第一类是仅有企业储备的国家，主要包括澳大利亚、奥地利、比利时、希腊、意大利、卢森堡、新西兰、葡萄牙、瑞典、瑞士和土耳其等净进口国家，以及加拿大、挪威和英国等净出口国家；第二类是兼有企业储备和政府储备的国家，包括日本和美国两个净进口国家；第三类是兼有企业储备和中介组织储备的国家，主要包括捷克、芬兰、法国、匈牙利、荷兰和西班牙等净进口国家，以及丹麦等净出口国家；第四类是兼有企业储备、中介组织储备和政府储备，如德国、爱尔兰等国家。〔2〕

（三）我国石油储备现状

20世纪70年代末以来，我国石油进口量逐年增加，石油对外依存度显著提高。所谓“石油对外依存度”，是指一国所消耗原油和成品油依靠外来进口的程度。1993年，我国成为成品油净进口国；1996年又成为原油净进口国；〔3〕到2005年，我国石油净进口约1.36亿吨，对外依存度达40%以上。〔4〕中国石油和化学联合会

〔1〕 参见赵小平主编：《能源管理工作手册》，中国市场出版社2008年版，第243页。

〔2〕 参见韩文秀、裴建军：“建立国家石油储备的国际经验和启示”，载《宏观经济研究》2001年第12期。

〔3〕 参见贾文瑞等：《21世纪中国能源、环境与石油工业发展》，石油工业出版社2002年版，第347页。

〔4〕 参见“日本能源安全政策及对我国的启示”，载 http://www.ndrc.gov.cn/nyjt/gjdt/t20060324_64224.htm，最后访问时间：2007年9月2日。

于2010年5月公布的数据显示，我国石油表观消费量达10 595.6万吨，创历史同期新高，同比增长17.4%，对外依存度达54.52%，比上年同期提高5.6%。研究表明，到2020年，按照最低方案预测，我国石油消耗总量将达4.5亿吨，石油对外依存度将达到60%。从总量来看，目前我国已成为世界第二石油消费大国，石油消费增长水平将远远超过世界石油消费平均增长率。[1]

为此，我国"十五"发展规划确定了建立国家战略石油储备、维护国家能源安全的目标。国家石油储备库工程于2003年启动，[2]目前已经建设了一定规模的储备设施，但布局较为分散，结构不甚合理，政府储备规模较小，难以满足应对石油供应中断等突发事件的需要。[3]同时，我国国内石油市场不断受到国际市场变化的冲击，对中东地区进口石油的依赖程度上升，利用外部石油资源也面临激烈的竞争。[4]为此，我国有必要加快建立和完善石油储备制度。

二、主要国家的石油储备制度

美国、日本、欧盟、德国、法国、荷兰等国家或者经济体基于专门或者相关立法，就石油储备量、储备体制、储备资金来源等事项做出明确规定，为石油安全提供了重要的法律依据，其中的一些经验可供我国借鉴。

---

〔1〕 参见范思立："中国处在能源战略重大调整的关键时期"，载《中国经济时报》2006年6月2日。

〔2〕 参见《中国能源发展报告》编辑委员会：《中国能源发展报告（2007）》，中国水利水电出版社2007年版，第121页。

〔3〕 参见赵小平主编：《能源管理工作手册》，中国市场出版社2008年版，第247页。另据报道，国家石油储备基地一期已基本建成，目前正在推进石油储备二期基地建设，库容将达到2680万立方米（合1.7亿桶）。参见索寒雪："中国规模最大石油储备基地已在天津低调开建"，载《中国经营报》2009年2月16日。

〔4〕 参见贾文瑞等：《21世纪中国能源、环境与石油工业发展》，石油工业出版社2002年版，第347~348页。

（一）美国的石油储备制度

1973 年第一次石油危机严重冲击了美国经济，使美国政府认识到大规模进口石油存在供应中断和价格波动的风险，为此应建立战略石油储备制度。美国在历届政府公布的国家安全战略报告中都对如何实现石油安全提出完整的战略措施。美国 1975 年《能源政策与储备法》规定，在其生效 7 年内，储备石油要达到相当于 90 天的进口量。1998 年 12 月 1 日白宫公布的《新世纪国家安全战略》指出："美国在确保能够获得国外生产的石油方面仍然有着切身的利害关系。我们必须继续牢记，有必要在重要的生产地区保持区域性的稳定和安全，以确保能够获得石油资源和确保资源的自由流动。"〔1〕2009 年底，美国石油储备量达到 7.266 亿桶。〔2〕

美国《国家能源政策法》规定，战略石油储备事务由能源部负责。能源部内设战略石油储备办公室，〔3〕部长依法对战略石油储备行使筹建、管理和维护的权力，提出战略石油储备动用和分配方案，报总统批准后执行。1990 年以后，美国对《能源政策与储备法》中的战略石油储备动用原则进行了修订。当美国总统认为有紧急事态发生，持续时间长，影响范围广，造成石油供应显著减少，或者因发生紧急事态，油品价格大幅上涨，可能对国民经济带来重大影响时，即可批准动用战略石油储备；即使这些紧急事态没有发生，但总统认为石油供应有可能中断或不足时，也可以决定动用战

〔1〕 宋红旭、张斌："美国等西方国家的能源安全战略"，载《经济研究参考》2002 年第 3 期，第 30 页。

〔2〕 See U. S. Department of Energy, *Strategic Petroleum Reserve Annual Report for Calendar Year* 2009, 2010, p. 21.

〔3〕 参见王晓冬："石油战略储备制度比较研究"，载《生态文明与环境资源法——2009 年全国环境资源法学研讨会（年会）论文集》，2009 年发布。

略石油储备。[1] 美国战略石油储备的建设资金和石油收储资金主要来自财政拨款。[2] 战略石油储备进口享受免除关税或进口许可费用、进口数量不受配额限制等优惠政策。[3] 能源部每年向总统和国会提交《战略石油储备年度报告》(SPR Annual Report),其中包括当年预算执行、设施建设与维护、储备库存等管理内容,还包括立法、政策调整情况和有关石油储备问题。[4]

(二) 日本的石油储备制度

日本将实施石油储备作为一项基本国策,实施以国家为主的石油储备战略,旨在防止国际石油市场动荡对其经济所造成的冲击,以保障国家安全。[5] 自20世纪70年代起,日本开始实施石油储备计划。1972年,日本首次以行政规制形式实行"60天储备增强计划"。1975年,日本通过《石油储备法》(即现《确保石油储备等相关问题法》,以下简称《石油储备法》),确立了民间石油储备的义务。1978年,日本将国家储备法制化,开始实行国家石油储备。最早的国家石油储备是由前日本石油公团以"油轮储备"[6] 的形式实施。随着国家石油储备制度的完善和国家石油储备基地的建

---

〔1〕 参见外交部:"美国、德国和法国的石油储备",载 http://www.fmprc.gov.cn/zl/wzzt/ywzt/2007/jjywj/t169212.html,最后访问时间:2014年2月12日;范小林:"美国战略石油储备",载 http://cbj.ndrc.gov.cn/gwcb/t20051028_47344.htm,最后访问时间:2014年2月12日。

〔2〕 参见金三林:"我国石油储备的资金保障与成本控制",载《中国税务报》2007年7月18日。

〔3〕 参见芮执多:"关于国家石油储备管理体制和运行机制的思考",载《国家石油经济》2002年第8期。

〔4〕 参见陈德胜、雷家骕:"法、德、美、日四国的战略石油储备制度比较与中国借鉴",载《太平洋学报》2006年第2期。

〔5〕 参见陈德胜、雷家骕:"法、德、美、日四国的战略石油储备制度比较与中国借鉴",载《太平洋学报》2006年第2期。

〔6〕 油轮储备,日语为"タンカー備蓄",英语为"Stockpiling in Tankers",指作为国家石油储备的应急措施,日本石油公团将当时剩余在外航行的民间油轮活用作为石油储备设施。后来随着陆地上储油设施的建设齐全,这一储备方式于1985年被废止。

立，日本逐渐减轻了民间储备的压力。1989 年起，民间储备开始以每年 4 个消费日的数量减少，最终形成了 1993 年制定的民间储备“70 天体制”。2001 年 12 月，日本废除石油公团，将曾经属于石油公团所有的国家储备石油于 2003 年 4 月移交国家所有，由国家委托独立行政法人石油天然气和金属矿物资源机构进行管理。而该机构则将具体实施工作委托操作服务公司进行。

目前，日本石油储备主要分为政府储备和民间储备两种形式。政府储备又包括两种形式：一是以原油形式在国家石油储备基地进行储备，国家石油储备基地共有 10 座；二是租借民间油罐（Tank），以原油和石油制品的形式储备。截至 2013 年，日本的国家石油储备约 47 亿升，民间储备约 38 亿升，共约 85 亿升石油储备，合 185 天〔1〕消费量的储备，其中国家储备 102 天，民间储备 83 天。〔2〕

1975 年制定、2012 年修订的《石油储备法》规定了石油储备的目的、为顺利达成储备目标国家应实施的义务、石油储备目标的确定、石油精炼业从业者储备计划的申报、基准储备量的计算与通知、石油精炼业从业者基准储备量的保有义务、违反该义务的强制和处罚措施、紧急情形下该义务的解除和基准储备量的减少等内容。根据该法，石油储备的目的是“通过保障石油储备和石油供给措施，以确保出现石油供给不足及灾害发生时，或者特定地区石油供给不足的情形时，石油能够得到稳定的供给，从而维持国民生活的稳定及国民经济的平稳运行”〔3〕。关于石油储备目标的确立，该法规定，经济产业大臣每年度听取综合资源能源调查会的意见，以经济产业省令的形式，确定该年度以后五年内的石油储备目标，

〔1〕 以 2013 年 3 月末的消费标准计。

〔2〕 参见独立行政法人石油天然ガス・金属鉱物資源機構：“我が国の石油・石油ガス備蓄”，载 https://www.jogmec.go.jp/library/stockpiling_oil_003.html，最后访问时间：2014 年 2 月 7 日。

〔3〕 日本《石油储备法》第 1 条。

该目标应包括与储备数量相关的事项、与应当新设置的储备设施有关的事项。[1] 为强化灾害时期的石油天然气供给体制，2012 年修订的《石油储备法》修改了动用储备的条件。除之前规定的当海外石油供给不足时可动用储备之外，增加了因灾害造成国内特定地域石油供给不足时可利用石油储备的规定。同时，修订后的《石油储备法》还增加了“灾害时石油供给联动计划”，规定经济产业大臣以经济产业省令的形式劝告、命令在灾害时期形成原本分属不同公司、不同地域的石油精炼业、销售业及进口业共同联动，以保证石油稳定供给。[2]

独立行政法人石油天然气和金属矿物资源机构中的石油储备部门主要职能包括三个方面：① 管理国家储备：对储备石油的品质等进行适当的维持与管理；储备基地的安全管理；对民间油箱利用的调查和提议；推进调查研究和技术开发；基地工程合同的管理；紧急情况应对体制的建设。② 支援民间储备：对民间储备义务人购入石油资金进行融资；对共同（民间与官方）储备基地的建设提供出资、融资。③ 其他职能：石油储备的信息收集与提供；与各国石油储备机构之间的交流；派遣专家；接待国外对日本基地的视察。[3]

日本还确立了明确的石油储备动用机制。国家石油储备的动用条件为：海外石油供给不足，或者因灾害造成国内特定地域石油供给不足。国家石油储备的动用方式和程序为：由经济产业大臣提出动用提案，进行招标，确定中标者，确定动用的储备基地、油种和

〔1〕 日本《石油储备法》第 4 条，参见“石油の備蓄の確保等に関する法律”，载 http：//law. e - gov. go. jp/htmldata/S50/S50HO096. html，最后访问时间：2014 年 2 月 7 日。

〔2〕 “災害時における石油の供給不足に対処するための規制の見直しに係る事前評価書”，载 http：//www. meti. go. jp/policy/policy_ management/RIA/23fy - ria/bichiku_ jyuteki. pdf，最后访问时间：2014 年 2 月 8 日。

〔3〕 “石油・石油ガス備蓄部門の業務”，载 https：//www. jogmec. go. jp/stockpiling/stockpiling_ 003. html，最后访问时间：2014 年 2 月 7 日。

数量，缔结储备石油买卖合同，向资源机构发出指示，然后由资源机构向具体操作的服务公司发出动用指示。[1] 民间石油储备的义务主体是石油精炼业从业者、与石油精炼业存在一定资本关系的石油销售商和石油进口商。民间储备的动用方式为减少储备量。例如，第二次石油危机期间平均减少了5天的储备量，海湾战争期间平均减少了4天的储备量。[2]

(三) 欧盟的石油储备制度

在欧盟，关于石油法定储备量的依据是1968年12月欧盟委员会第68/414号法令。[3] 根据该法令，欧盟成员国的战略储备应达到上年度90天的实际消费量；石油净出口国可以扣减一部分储备量，如允许英国扣减25%的储备量，这也是欧盟针对其成员国规定的最大扣减量。[4]

欧盟没有政府直接储备体系，石油储备的主体是企业，包括企业和企业的联合体。企业根据政府有关部门下达的储备计划进行储备，并根据政府的指令调用和更新储备油品；储备设施的建设、储备油品的购买、储存费用的支出均由企业负担；储备的油品也归企业或企业联合体所有。欧盟不对储备实物作战略储备和商业储备的区分，使储备油品的购买、调换、维护、调用更加方便，一些国家甚至允许利用国外的储备实体。[5]

欧盟多数国家实行战略石油储备凭证制度。实际储备量超出规定的储备义务的储备实体可以“欧洲战略储备公开市场”上公开出

---

〔1〕“石油備蓄政策の経緯と現状”，载日本经济产业省综合资源能源调查会石油分科会石油储备分委员会2005年7月19日会议材料。

〔2〕“石油備蓄政策の経緯と現状”，载日本经济产业省综合资源能源调查会石油分科会石油储备分委员会2005年7月19日会议材料。

〔3〕该法令于1998年12月由欧盟委员会第98/93号法令修订。

〔4〕参见国家发展和改革委员会石油储备办公室等编译：《石油供应安全——2000年国际能源署成员国应急潜力》，石油工业出版社2006年版，第225页。

〔5〕参见姜润宇主编：《战略石油储备》，中国市场出版社2007年版，第8～10页。

售储备凭证。如果国内法律允许，具有储备义务的企业、机构或国家可以购买储备凭证，充作自己的储备。这一机制有利于调剂储存能力的不平衡，进而实现石油储备的规模效益。[1]

（四）德国的石油储备制度

德国是世界第四大石油消费国。1978 年，德国制定了《石油储备法》，在此基础上构建石油储备体系。[2] 德国的石油储备品种包括原油、汽油、柴油、重油等，目前拥有的储备规模约 2.83 亿桶，相当于 110 天的消费量。[3]

德国经济部负责石油储备的宏观管理，制定相关政策，决定石油储备的动用和投放。德国石油储备协会（Erdoelbevorratungsverband，EBV）承担大部分的应急石油储备义务，所有从事石油进口和炼制的公司均为 EBV 的成员。EBV 既租用储运公司的库容，也拥有自己的储运设施。[4]

德国将政府石油储备所需费用加在成品油零售价格中，最终转嫁给消费者承担。购买石油的资金通过银行贷款解决，贷款逐年滚动使用。筹集的储备资金用于储备设施建设、支付贷款利息和储备石油管理及维护。[5]

（五）法国的石油储备制度

法国是世界上最早建立石油储备的国家之一。早在 20 世纪 20 年代，法国就在立法中规定石油进口商承担储备义务。法国 1992 年《石油供应安全法》规定，所有的石油经营者均承担应急石油储备义务。1993 年，法国进一步明确，经营者应建立和保持相当于

---

〔1〕 参见姜润宇主编：《战略石油储备》，中国市场出版社 2007 年版，第 11 页。

〔2〕 参见王晓冬："石油战略储备制度比较研究"，载《生态文明与环境资源法——2009 年全国环境资源法学研讨会（年会）论文集》，2009 年发布。

〔3〕 参见赵小平：《能源管理工作手册》，中国市场出版社 2008 年版，第 253 页。

〔4〕 参见赵小平：《能源管理工作手册》，中国市场出版社 2008 年版，第 253 页。

〔5〕 参见赵小平主编：《能源管理工作手册》，中国市场出版社 2008 年版，第 253 ~ 254 页；姜润宇主编：《战略石油储备》，中国市场出版社 2007 年版，第 6 ~ 8 页。

上年度26%的原油和成品油消费量的石油储备，约合95天的消费量。[1]

法国工业部的原料和烃（类）局（DIMAH）负责石油的供应安全、战略石油储备监控和供应危机处理事务。政府定期监控经营者储备义务的执行情况，对违规者采取罚款措施。法国战略石油储备专业委员会（CPSSP）负责战略储备的具体运作，直接建立和管理战略储备，或者将储备业务交给某些实体运作。石油经营者应自己承担一定的储备义务，或将一定比例的储备委托给CPSSP承担。CPSSP向经营者收取建立和维护石油储备的费用，最终通过经营者将费用转嫁到消费者身上。[2]

（六）荷兰的石油储备制度

1976年，荷兰制定了《石油储备法》，之后进行了几次修订。该法要求炼油厂和石油进口商按其销售到国内市场的石油数量承担特定的最低石油储备量。荷兰2001年《石油储备维护条例》规定，法定储备不得包含下列石油产品：位于炼油厂管道或加工装置中的产品；位于管道、油柜车或油槽车中的产品；专用或非专用直接供道路交通运输的指定用途产品；位于供海运船只燃料补给站的产品；依据欧洲共同体海关法由海关通关条例规定的产品；荷兰与其他国家已经签订协议允许移交这些国家的产品。[3]

荷兰经济事务部负责石油应急储备管理。荷兰国家石油储备协会（COVA）是石油储备管理机构，受由经济事务部部长任命的监督委员会领导，其任务是以最低成本维持法律确定的石油储备义务，满足石油供应安全的需要。COVA所持有的储备品种以原油为主，成品油为辅。COVA自己不拥有储备设施，主要是租用储运公

---

〔1〕参见韩文秀、裴建军："国外建立国家石油储备的做法和经验"，载《经济研究参考》2002年第3期。

〔2〕参见韩文秀、裴建军："国外建立国家石油储备的做法和经验"，载《经济研究参考》2002年第3期。

〔3〕参见姜润宇主编：《战略石油储备》，中国市场出版社2007年版，第125页。

司的储罐或国外公司的地下盐洞。购买储备石油依靠贷款解决，贷款利息和租罐费用由国家征收储备费补偿，征收储备费的大小视 COVA 的运作情况定期调整。[1]

三、我国石油储备制度完善对策

完善我国石油储备制度，应在进一步立法中就石油储备的组成和用途、管理体制、政府储备管理、企业义务储备管理、财税支持等方面做出明确规定。

（一）明确石油储备的组成和用途

借鉴美国和日本等国的经验，国家石油储备可由政府储备和企业义务储备组成，储备品种包括原油和成品油，成品油应当包括汽油、柴油、航空煤油等。此外，还应鼓励建立商业石油储备。[2]国家石油储备应主要用于应对突发事件等引起的石油供应中断或短缺，保障石油供应，稳定石油价格，维护国家经济安全。

（二）完善石油储备管理体制

国家石油储备的管理体制可由决策机关和管理机关两个层次构成。[3]

国家石油储备的决策机关可设定为国务院，主要负责决定国家石油储备政策、规划、计划、建设、收储、动用、资金等事项。因国家石油储备事关国计民生，国家石油储备动用权应由国务院行使。未经国务院批准，其他任何主体均无权决定动用国家石油储

---

〔1〕 参见韩文秀、裴建军："国外建立国家石油储备的做法和经验"，载《经济研究参考》2002 年第 3 期。

〔2〕 2012 年《能源政策白皮书》要求统筹资源储备和国家储备、商业储备，加强应急保障能力建设，完善原油、成品油储备体系。

〔3〕 也有学者建议"建立起由中央统一管理，决策层、管理层和操作层相互分离的三级管理体制。其中，决策层是国务院的能源主管部门，可设立国家石油储备办公室作为具体办事机构；管理层是国家石油储备管理中心，是独立核算的特别法人机构；操作层包括政府成立的石油储备基地公司，未来将组建的石油储备联盟，也包括承储的民营企业。"参见金三林："从五方面完善我国石油储备体系建设"，载《上海证券报》2007 年 8 月 20 日。

备。必要时，国家能源委员会可以参与决策程序。

国家石油储备管理机关可确定为国家能源主管部门，具体职责可以由现国家石油储备中心承担。根据《国务院办公厅关于印发〈国家能源局主要职责内设机构和人员编制规定〉的通知》，国家石油储备中心由国家发展改革委划给国家能源局管理。按照《国家石油储备中心机构设置及领导职数方案》的规定，国家石油储备中心是国家石油储备建设和管理的执行机构，代行国有资产出资人权利，按照国家石油储备建设计划，负责国家石油储备基地建设与运行管理；国家储备石油的采购、轮换和投放；协助监测国内外石油市场的供求变化。〔1〕但目前公开的仅是该机构的宗旨，其职能、运行机制等尚不清晰，亦未全面包含上述应具备的职能。参照其他国家的经验，该机构的主要职能可以包括：组织编制和实施石油储备发展建设规划和计划；提出石油储备动用和收储计划；组织实施石油储备动用和轮换；建立石油储备预警系统，发布石油储备预警报告等。在资金使用方面，进一步立法应明确国家石油储备中心是否可以盈利、资金来源、〔2〕可动用资金的规模、收储程序等事项。另外，由于国际石油市场与金融市场息息相关，国际石油交易需具备专门的金融交易业务能力，以规避国际金融风险、实现利益最大化。因此，国家石油储备系统还应重视发挥金融人才的作用。〔3〕

---

〔1〕 参见“国家石油储备中心简介”，载 http://www.nea.gov.cn/sycbzx.htm，最后访问时间：2014 年 2 月 4 日。

〔2〕 1992 年，法国出台《石油供应安全法》，并据以成立战略石油储备专业委员会（CPSSP），专门负责制定储备政策以及战略石油储备的运作。该法规定，建立石油储备库和购买储备的经费由国家财政负担并绝对控制。其经验可资参考。参见陈德胜、雷家骕：“法、德、美、日四国的战略石油储备制度比较与中国借鉴”，载《太平洋学报》2006 年第 2 期。

〔3〕 参见“国家石油储备中心的管理面临着挑战”，载 http://www.chinanews.com/cj/plgd/news/2007/12-19/1108376.shtml，http://www.nea.gov.cn/sycbzx.htm，最后访问时间：2014 年 2 月 4 日。

（三）加强政府石油储备管理

在政府储备方面，美国和日本等石油净进口国的经验可供我国借鉴。我国政府石油储备管理应重点关注储备设施的建设与运行、储备资金的管理及储备监督等方面。

首先，储备设施的建设和运行。储备设施建设和储备规模，应根据社会发展的实际情况和保障石油安全的需要确定。具体建设实施工作，可由国家能源行政主管部门组织实施。石油企业可通过委托、招投标等程序参与具体的石油储备基地建设项目，有关部门和地方政府应当提供支持和便利。对于政府石油储备的收储、轮换和动用，有关企业应当在接卸、管道输送等方面予以优先支持。受托实施储备的企业，应保证石油储备库存数量真实、质量良好。

其次，储备资金的管理。政府石油储备设施建设、储备石油采购及储备运行管理所需的资金，应由中央财政划拨。石油储备运行和维护费用，应由受托实施储备的企业报送国家能源主管部门，之后上报国家财政部门拨付。目前就石油储备基地第一、二期工程的资金拨付和使用有较明确的规定，[1] 可将在实践中积累的成熟经验上升为法律规定，明确国家石油储备资金的管理程序。

最后，储备监督制度。国家能源主管部门应会同有关部门对国家石油储备的实施状况进行监督。政府石油储备项目建设和石油储备运行的财务执行情况，由国家财政主管部门进行监督。

（四）细化企业义务石油储备管理制度

欧盟的企业储备机制较为完善，我国可以借鉴。结合我国国情，企业义务石油储备管理应主要关注企业的储备义务、储备石油的管理、储备监督制度等方面的内容。

首先，企业的储备义务。从事原油加工和成品油批发的企业，

---

〔1〕《国家石油储备基地第一期项目建设管理试行办法》第一章从财政部、发展与改革委员会石油储备办以及三大集团公司等三个方面对第一期项目建设的资金拨付和使用做出了规定。《国家发展改革委办公厅关于制定国家石油储备项目建设资金使用办法等有关工作的通知》明确了第二期项目建设的资金为中央预算内资金。

应根据要求承担石油储备义务。其主要义务包括：设置专门机构管理储备业务；保障储备石油的数量、质量和安全；按照要求向主管部门报告义务储备数量；经主管部门批准，可以委托其他承担石油储备义务的企业代为履行储备义务；〔1〕依法接受主管部门的监督和管理。

其次，储备石油的管理。在符合国家有关规定、确保石油质量和数量的前提下，储备主体可以自行确定轮换的时间和数量，并将轮换情况及时报告能源行政主管部门。动用企业义务储备石油应遵守国家石油储备动用的程序规定。动用条件可以包括：发生全国或局部地区石油供应中断，或者石油供应大幅减少，造成或可能造成国内供需严重失衡；国内市场石油价格大幅度上涨，可能使国民经济遭受重大影响或损害；国际或地区能源合作协调行动的需要；国务院主管部门确定的其他情形。储备主体应当按照规定及时补充库存，使储备及时达到义务储备数量和品种的要求。

最后，储备监督制度。监管部门应定期检查企业义务储备的规模、质量、安全环保及储备管理等情况，义务储备企业应予配合。义务储备主体应依照规定的时间要求向监管部门报送储备义务执行情况的报表。财政行政主管部门应监督储备补偿的执行和补贴发放情况。〔2〕

（五）健全财税支持机制

财税支持机制可在鼓励石油资源勘探开发、推动对外石油合作开发、支持石油储备制度落实等方面发挥积极的作用。在此方面，

---

〔1〕 有学者认为，我国应借鉴法国的经验，规定企业义务石油储备可以在自主储备与委托储备之间按比例分配。参见张勇编著：《能源资源法律制度研究》，中国时代经济出版社 2008 年版，第 71 页。

〔2〕 参见张勇编著：《能源资源法律制度研究》，中国时代经济出版社 2008 年版，第 73 页。另有学者对企业义务石油储备的组织体系、资金与补偿、轮换和动用、安全和环保、监督检查和报告等方面进行了研究。参见姜润宇主编：《战略石油储备》，中国市场出版社 2007 年版，第 27 ~ 30 页。

一些国家的经验值得借鉴。例如，日本自1975年起从石油税收收入中拨出专项资金用于石油储备和石油开发。在法国，民间石油储备机构安全储备管理公司享有免征法人税的优惠，其购买的储备油品也享受减免进口税、消费税等税收优惠。荷兰的国家石油储备管理机构国家石油储备协会（COVA）也享受不缴纳公司税的优惠。德国规定，石油产品价格中可增加专门的储备税，用于石油储备协会（EBV）会员缴纳会费，但石油公司的储备费用实质上由消费者承担。这些针对石油储备做出的财税支持规定可供我国进一步石油天然气立法参考。[1]

第三节　管道安全保护制度

本书所称“石油天然气管道”，包括石油天然气运输管道线路，以及与之相关的设施和设备。这些设备和设施包括：管道的加压站、加热站、计量站、集油站、集气站、输油站、输气站、配气站、处理场、清管站、阀室、阀井、放空设施、油库、储气库、装卸栈桥、装卸场；管道的水工防护设施、防风设施、防雷设施、抗震设施、通信设施、安全监控设施、电力设施、管堤、管桥以及管道专用涵洞、隧道等穿跨越设施；管道的阴极保护站、阴极保护测试桩、阳极地床、杂散电流排流站等防腐设施；管道穿越铁路、公路的检漏装置；管道的其他附属设施。[2] 石油天然气管道安全，包括管道的设计安全、钢管制造安全、管道施工安全、管道运行与系统操作安全、管道技术检测安全和管道报废安全等多方面因素。目前，全球有超过一半的石油天然气管道已经进入老龄阶段，频繁

[1] 参见赵选民等：《中国石油财税制度》，科学出版社2008年版，第180～183页。

[2] 参见《石油天然气管道保护法》第58条。

发生事故，同时还受到武装冲突、恐怖行动等因素的威胁。[1] 在我国，石油天然气管道安全形势也非常严峻，部分管道老化腐蚀，[2] 建筑占压严重，[3] 偷盗油气猖獗。[4] 在此情形下，保障管道安全成为一个亟待解决的问题。

一、我国石油天然气管道安全立法现状

为了保障石油天然气管道及其附属设施的安全运行，我国于2010 年制定了《石油天然气管道保护法》。此外，我国目前关于石油天然气管道安全的专门规定还有原石油工业部、铁道部于 1987 年发布的《原油、天然气长输管道与铁路相互关系的若干规定》、原国家经济贸易委员会于 2000 年发布的《石油天然气管道安全监督与管理暂行规定》等。

根据《石油天然气管道保护法》的规定，我国现行石油天然气管道安全保护制度主要包括管理体制、管道规划与建设管理、管道企业的义务、禁止行为、应急与抢修、环境污染处理等方面。

1. 管理体制

国务院能源主管部门主管全国管道保护工作，负责组织编制并实施全国管道发展规划，统筹协调全国管道发展规划与其他专项规划的衔接，协调跨省、自治区、直辖市管道保护的重大问题。国务

〔1〕 林珏主编：《能源价格变动与经济安全》，上海财经大学出版社 2009 年版，第 40 页。

〔2〕 参见郭新庆：“关于石油天然气管道安全问题”，载《调查研究》2006 年第 18 期。

〔3〕 1989 年国务院《石油、天然气管道保护条例》颁布之前，违章建筑 557 处。1989 年《石油、天然气管道保护条例》颁布之后，违章建筑 2335 处。石油天然气管道保护范围内的建筑物总面积达 67.26 万平方米，其中，1989 年之前 12.55 万平方米，1989 年之后 54.71 万平方米。参见柳庆新：“石油天然气管道安全管理存在问题及对策分析”，载《中国石油和化工标准与质量》2007 年第 5 期。

〔4〕 究其原因，一方面在于管道保护管线长，保护成本高，而针对管道的违法犯罪行为手段简单，犯罪成本较低，容易得逞；另一方面，由于管道所在地地方政府出于地方利益的考虑，对打孔盗油的违法犯罪行为处罚不力。参见王世声、王振明：“关于石油天然气管道保护法的几个问题”，载《国际石油经济》2007 年第 6 期。

院其他有关部门依照有关法律、行政法规的规定，在各自职责范围内负责管道保护的相关工作。省、自治区、直辖市人民政府能源主管部门和设区的市级、县级人民政府指定的部门主管本行政区域的管道保护工作，协调处理本行政区域管道保护的重大问题，指导、监督有关单位履行管道保护义务，依法查处危害管道安全的违法行为。县级以上地方人民政府其他有关部门依照有关法律、行政法规的规定，在各自职责范围内负责管道保护的相关工作。[1]

2. 管道规划与建设管理

管道的规划、建设应当符合管道保护的要求，遵循安全、环保、节约用地和经济合理的原则。[2] 国务院能源主管部门根据国民经济和社会发展的需要组织编制全国管道发展规划。全国管道发展规划应当符合国家能源规划，并与土地利用总体规划、城乡规划以及矿产资源、环境保护、水利、铁路、公路、航道、港口、电信等规划相协调。[3] 管道企业应当根据全国管道发展规划编制管道建设规划，并将管道建设规划确定的管道建设选线方案报送拟建管道所在地县级以上地方人民政府城乡规划主管部门审核；经审核符合城乡规划的，应当依法纳入当地城乡规划。纳入城乡规划的管道建设用地，不得擅自改变用途。[4] 依法建设的管道通过集体所有的土地或者他人取得使用权的国有土地，影响土地使用的，管道企业应当按照管道建设时土地的用途给予补偿。[5] 穿跨越水利工程、防洪设施、河道、航道、铁路、公路、港口、电力设施、通信设施、市政设施的管道的建设，应当遵守本法和有关法律、行政法规，执行国家技术规范的强制性要求。[6] 地方各级人民政府编制、

---

〔1〕《石油天然气管道保护法》第4、5条。
〔2〕《石油天然气管道保护法》第10条。
〔3〕《石油天然气管道保护法》第11条。
〔4〕《石油天然气管道保护法》第12条。
〔5〕《石油天然气管道保护法》第14条。
〔6〕《石油天然气管道保护法》第17条。

调整土地利用总体规划和城乡规划，需要管道改建、搬迁或者增加防护设施的，应当与管道企业协商确定补偿方案。[1]

3. 管道企业的义务

管道企业应当建立健全管道巡护制度，配备专门人员对管道线路进行日常巡护。管道巡护人员发现危害管道安全的情形或者隐患，应当按照规定及时处理和报告。管道企业应当定期对管道进行检测、维修，确保其处于良好状态；对管道安全风险较大的区段和场所应当进行重点监测，采取有效措施防止管道事故的发生。对不符合安全使用条件的管道，管道企业应当及时更新、改造或者停止使用。管道企业应当配备管道保护所必需的人员和技术装备，研究开发和使用先进的管道保护技术，保证管道保护所必需的经费投入，并对在管道保护中做出突出贡献的单位和个人给予奖励。管道企业发现管道存在安全隐患，应当及时排除。因管道巡护、检测、维修等作业给土地使用权人或者其他单位、个人造成损失的，管道企业应当依法给予赔偿。[2]

4. 禁止行为

该法规定，禁止下列危害管道安全的行为：擅自开启、关闭管道阀门；采用移动、切割、打孔、砸撬、拆卸等手段损坏管道；移动、毁损、涂改管道标志；在埋地管道上方巡查便道上行驶重型车辆；在地面管道线路、架空管道线路和管桥上行走或者放置重物。[3]此外，该法还规定了禁止在附属设施上方从事的行为、[4]禁止在管道线路中心线两侧各 5 米地域范围内从事的危害管道安全的行为[5]以及其他禁止的行为。进行下列施工作业，施工单位应当向管道所在地县级人民政府主管管道保护工作的部门提出申请：穿跨

[1] 《石油天然气管道保护法》第 21 条。
[2] 《石油天然气管道保护法》第 22 ~ 25、27 条。
[3] 《石油天然气管道保护法》第 28 条。
[4] 《石油天然气管道保护法》第 29 条。
[5] 《石油天然气管道保护法》第 30 条。

越管道的施工作业；在管道线路中心线两侧各5米~50米和管道附属设施周边100米地域范围内，新建、改建、扩建铁路、公路、河渠，架设电力线路，埋设地下电缆、光缆，设置安全接地体、避雷接地体；在管道线路中心线两侧各200米和本法第58条第1项所列管道附属设施周边500米地域范围内，进行爆破、地震法勘探或者工程挖掘、工程钻探、采矿。进行施工作业，应当在开工7日前书面通知管道企业。管道企业应当指派专门人员到现场进行管道保护安全指导。〔1〕

5. 应急与抢修

管道企业在紧急情况下进行管道抢修作业，可以先行使用他人土地或者设施，但应当及时告知土地或者设施的所有权人或者使用权人。管道企业应当制定本企业管道事故应急预案，并报管道所在地县级人民政府主管管道保护工作的部门备案；配备抢险救援人员和设备，并定期进行管道事故应急救援演练。发生管道事故，管道企业应立即启动本企业管道事故应急预案，按照规定及时通报可能受到事故危害的单位和居民，采取有效措施消除或者减轻事故危害，并向事故发生地县级人民政府主管管道保护工作的部门、安全生产监督管理部门和其他有关部门报告。接到报告的主管管道保护工作的部门应当按照规定及时上报事故情况，并根据管道事故的实际情况组织采取事故处置措施或者报请人民政府及时启动本行政区域管道事故应急预案，组织进行事故应急处置与救援。〔2〕

6. 环境污染处理

管道泄漏的石油和因管道抢修排放的石油造成环境污染的，管道企业应当及时治理。因第三人的行为致使管道泄漏造成环境污染的，管道企业有权向第三人追偿治理费用。环境污染损害的赔偿责

〔1〕《石油天然气管道保护法》第35、37条。
〔2〕《石油天然气管道保护法》第38~39条。

任，适用《侵权责任法》和防治环境污染的法律的有关规定。[1]

二、典型国家石油天然气管道安保护制度概述

英国、美国、加拿大等国建立了较为完备的石油天然气管道安全保护制度，其中的一些经验可供我国借鉴。

（一）英国

英国是目前欧盟最大的石油天然气生产国，有贯穿英国和欧洲大陆的天然气管道、爱尔兰至苏格兰的天然气管道、经威尔士贯通爱尔兰和英格兰等地区的输气管道，以及英国最大的陆上油田—维奇法姆（Wytch Farm）原油集输站至炼油厂的原油管道。[2] 其1962年《管道法》、1992年《海上管道安全法令（北爱尔兰）》、1996年《管道安全条例》及其2003年修正案均对管道安全问题做出了规定。[3]

英国1996年《管道安全条例》[4]的主要内容包括如下几个方面：①管道运营商应制定并向政府机关提交安全事故预防文件和紧急情况应急预案。[5] ②管道运营商的强制性通知义务，具体包括：运营商至迟在开始建设运输高危物质管道6个月之前通知主管机关；在运营过程中，若运营商主体变更，或者运营商地址变更时，须提前14天通知主管政府部门；有可能出现紧急事件时，应立即通知。③管道投入运行后，运营公司负责开展数据采集、完整性分析、完整性决策、检查和维护、数据更新、持续循环等工作，以使管道保持完好状态。④除采用本国标准、产业标准和公司细则之外，同时采用ISO标准和欧盟标准。⑤对管网经营者的

---

〔1〕《石油天然气管道保护法》第40条。

〔2〕参见刘瑾、江敏、范巍："英国油气管道环境保护立法研究"，载《中国石油企业》2010年12月。

〔3〕See HSE - keeping UK's pipelines safe, http://pipelinesinternational.com/news/hse_keeping_uks_pipelines_safe/053615/, last visited February 9, 2014.

〔4〕Pipelines Safety Regulations 1996.

〔5〕贺嘉等："欧洲管道立法管窥（之一）——俄罗斯、西班牙、英国石油天然气管道保护立法考察"，载《中国石油企业》，2006年5月。

雇员做出详细的从业资格要求，以将因操作失误导致的管道安全事故率降至最低。[1]2003 年修正案主要对项目审批形式和由于发生管道事故引起的诉讼中举证时间和责任问题作了补充。[2]

（二）美国

美国对石油天然气运输管道建设和运营实行行政审批制。全美跨国和跨州石油天然气运输管道的管理（如对国际和州际大中型管道建设及运营企业的经济、技术、环保能力的审查，对跨州管道建设地点的选择和放弃运营后的设施清除的审查和监督，对跨州管网运输公司制定的运输服务质量、数量标准和服务费率的审查和监督等）由联邦能源监管委员会承担。而完全位于一州境内的油气运输管道管理工作则由州政府负责。[3] 美国自 1968 年颁布《天然气管道安全法》[4]后，相继出台了多部法律，逐步完善石油天然气管道安全法律保护体系，其中包括 1979 年《危险液体管道法》[5]、1996 年《可靠的油气管道和合作伙伴关系法》、2002 年《管道安全促进法》[6]、2006 年《管道检测、保护、强制执行和安全法》[7]和 2011 年《管道安全、确定性监管与创造就业法》[8]等。

1968 年《天然气管道安全法》的主要内容是授权交通部负责管理石油天然气管道的设计、建设、运营、维修保养以及对油气泄漏事故的应急救护培训。2002 年，布什总统签署《国土安全法

---

〔1〕 See UK Pipelines Safety Regulations 1996, http://www.opsi.gov.uk/si/si1996/Uksi_19960825_en_2.htm, last visited August 8, 2007.

〔2〕 See The Pipelines Safety (Amendment) Regulations 2003, http://www.legislation.gov.uk/uksi/2003/2563/introduction/made, last visited February 9, 2014.

〔3〕 潘小娟："外国能源管理机构设置及运行机制研究"，载《中国行政管理》2008 年 3 月。

〔4〕 The Natural Gas Pipeline Safety Act of 1968.

〔5〕 The Hazardous Liquid Pipeline Act of 1979.

〔6〕 Pipeline Safety Improvement Act of 2002.

〔7〕 Pipeline Inspection, Protection, Enforcement and Safety Act of 2006.

〔8〕 Pipeline Safety, Regulatory Certainty, and Job Creation Act of 2011.

案》，规定成立国土安全部，同时规定将运输安全管理局从运输部调整到国土安全部。[1]

2002年《管道安全促进法》的主要内容包括：① 运营商的法定职责。在设计和修建管道时，应确保公共安全，并且应保证设计方案和修建过程符合环境保护要求；管道建成投入使用后，管道运营商应采取适当的防范、维护、检查和测试措施，并配备固定的巡查人员，定期进行安全巡查；应制定详细的应急预案，以应对可能发生的紧急情况；对雇用的员工进行背景考察；要定期进行员工培训，使其具备相应的资质。② 加大了对管道破坏行为的执法力度以及对管道破坏的预防措施。③ 每隔7年开展一次管道安全评估。

2006年《管道检测、保护、强制执行和安全法》的主要内容包括：授权运输部为州的管道安全程序提供资金激励；明确运输部的监管和民事罚款权力；规定当管道在挖掘中被损坏时，挖掘者必须向管道公司报告，发生燃料泄漏还须拨打911；授权为国家811统一呼叫系统提供资金，要求其在更多的州开通。[2]

2011年《管道安全、确定性监管与创造就业法》对油气管道安全事故引发的民事损害赔偿、管道破坏预防、管道泄漏勘查、管道安全知识教育和公共意识等方面做出了规定。[3]

（三）加拿大

在加拿大，自然资源部下属的国家能源委员会（National Energy Board，NEB）负责油气管道安全管理工作。该委员会的主要职责是研究国家能源状况，提出有效利用能源的合理建议，审批油气

---

〔1〕 参见帅健："美国油气管道的安全管理体系研究"，载《油气储运》2008年第7期。

〔2〕 See "Pipeline Inspection, Protection, Enforcement, and Safety Act of 2006", http://www.gpo.gov/fdsys/pkg/PLAW-109publ468/pdf/PLAW-109publ468.pdf, last visited February 9, 2014.

〔3〕 *Third Semiannual Report of Activities of The Committee on Science, Space, and Technology*, U.S. House of Representatives for The One Hundred Twelfth Congress, June 2012, p. 27.

管道设计、建设、运营、维护、废弃及事故调查工作。加拿大各省设立有分管能源事务的主管部门，并设有独立的油气管道监管机构。[1]

1988 年《管道穿跨越条例》[2]对油气企业在保护管道安全方面的义务做出了具体规定，主要包括：① 实施公众意识教育项目，培养公众对油气管道的安全意识；② 定期对该项目进行评估并且对记录进行存档；③ 信息公开。[3]1999 年，加拿大颁布《陆上石油天然气管道条例》[4]，并于 2013 年 8 月修订。该条例规定，油气企业对油气管道设计、铺设以及油气运输过程中的安全、稳定、环境保护等方面负责。[5]

（四）借鉴意义

基于对上述对国家石油天然气管道安全保护制度的简要考察，我国可借鉴的经验包括如下几个方面：完善油气管道安全监管体制，规范主管部门和企业的行为；[6] 重视管道设计质量，通过立法或行业标准对管道设计的准入资格进行规范；加强施工管理，制定并严格实施有关施工的规范和设计要求；要求管道经营人对施工人员进行监督，确保管道建设质量；注重管道安全评价和管道完整性管理，[7] 重视企业内部安全保卫，将管道安全风险定量化、精确化，提高管理水平；加强管道操作人员的培训，提高职业技能和

---

〔1〕 参见卢海军等："美国与加拿大油气管道的安全保护"，载《油气储运》2013 年第 8 期。

〔2〕 National Energy Board Pipeline Crossing Regulations of 1988.

〔3〕 National Energy Board Pipeline Crossing Regulations of 1988, Articles 4 ~ 16.

〔4〕 The National Energy Board Onshore Pipeline Regulations of 1999.

〔5〕 The National Energy Board Onshore Pipeline Regulations of 2013, Article 6.

〔6〕 参见卢海军等："美国与加拿大油气管道的安全保护"，载《油气储运》2013 年第 8 期。

〔7〕 管道完整性管理，即通过有计划地实施监测、评价和维护措施，使管道的故障率降低至可接受的水平。参见严大凡、翁永基、董绍华编著：《油气长输管道风险评价与完整性管理》，化学工业出版社 2005 年版，"内容简介" 部分。

职业素质；加强管道安全宣传和教育，使公众充分认识管道安全的重要性，帮助公众了解潜在的管道危险及应对措施。

三、我国石油天然气管道安全保护制度完善对策

包括《石油天然气管道保护法》在内的现行立法为我国石油天然气管道安全保护提供了重要的法律依据，但同时也存在监管体制不顺畅、保护范围偏窄、管道企业责任过大、管道穿跨越用地补偿标准不明、与相关立法衔接不力等方面问题，进一步立法应着重在这些方面做出努力。

1. 监管体制不顺畅，不同立法有关管道管理的规定之间存在矛盾

《石油天然气管道保护法》第4条规定，管道设施保护监督管理主体是国务院能源管理部门或者地方政府以及地方能源管理部门；而《特种设备安全监察条例》第2条又将压力管道作为特种设备纳入国务院和县以上地方负责特种设备安全监督管理部门的监察范围。这在一定程度上造成了职能交叉、职责不清的问题，并在实践中产生多部门重复管理的现象，加重了企业负担。对此，可以在进一步的下位阶立法中明确如何处理类似的职能交叉问题。

2. 保护范围偏窄

《石油天然气管道保护法》规定的保护对象是国内输送石油和天然气的管道，还包括管道附属设施，如管道的加压、加热站、计量站、集油、集气站、输油、输气站；管道的水工防护设施、防风设施；管道的防腐设施；管道穿越铁路、公路的检漏装置等。城镇燃气管道和炼油、化工等企业厂区内管道的保护不适用该法。作为我国石油天然气领域的唯一一部专门立法，忽略了城镇燃气管道和企业管道，似为缺憾。对此，可以通过一定的立法技术，使城镇燃气管道和企业管道安全保护也纳入法制轨道。同时，该法规范的“石油”包括原油和成品油，“天然气”包括天然气、煤层气和煤

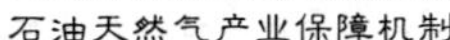

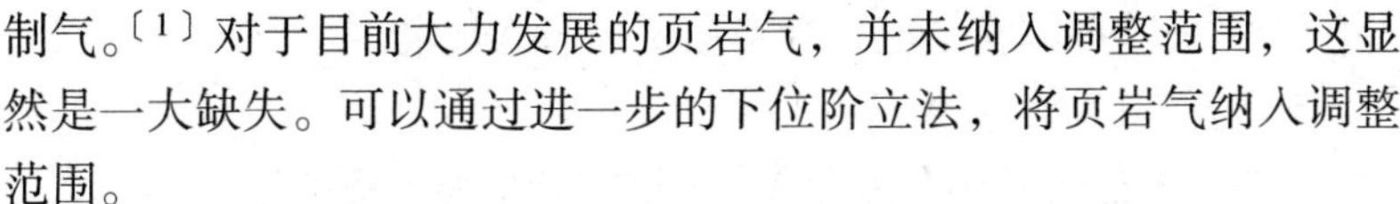

制气。[1] 对于目前大力发展的页岩气，并未纳入调整范围，这显然是一大缺失。可以通过进一步的下位阶立法，将页岩气纳入调整范围。

3. 管道企业责任过大

《石油天然气管道保护法》中“管道运行中的保护”一章将管道保护的主要责任人确定为管道企业，[2] 地方政府的职责仅限于“加强对本行政区域管道保护工作的领导，督促、检查有关部门依法履行管道保护职责，组织排除管道的重大外部安全隐患”[3]。事实上，管道保护应当是政府、管道企业和其他单位或个人的共同责任。过度依靠管道企业的努力，不利于有效预防和处理管道破坏行为。[4] 进一步立法应加强对政府和其他主体管道保护义务的规定。

4. 管道穿跨越用地补偿标准不明

管道设施的建设、使用和维护均依附于土地。我国现行立法对管道穿跨越用地经济补偿标准未作明确规定，造成有关单位漫天要价、重复收费现象突出。[5] 为此，应加快穿越工程费用与补偿标准的细化工作，出台明细方案，对预算编制、永久性占用被穿工程土地补偿、施工临时占用土地补偿、配合施工需要的临时停车停运

---

〔1〕《石油天然气管道保护法》第 3 条。

〔2〕《石油天然气管道保护法》第 22 ~ 27 条。

〔3〕《石油天然气管道保护法》第 6 条。

〔4〕参见孟庆龄：“浅析石油天然气管道保护法”，载《现代营销》（学苑版）2011 年第 1 期。

〔5〕例如，西气东输二线江苏段穿越吴江市境内河流时，某水利局提出需按每月 1 元/平方米的标准收取 30 年的河道堤坝占用费 1245.6×10^4 元，收费标准无依据，金额巨大，有关各方至今不能达成一致，导致该段穿越工程一直无法开工。西气东输二线湖南段穿越京广铁路、武广高铁时，某铁路集团公司所属的工务、通信、公安等 7 个部门以管理费、维护费、配合费等各种名目收取费用，累计金额 170×10^4 元。参见曾崇荣、杨峰：“天然气管道通过权问题积弊与对策”，载《油气储运》2012 年第 12 期。

补偿、安全监护与施工配合等费用做出明确规定。[1]

5. 与相关立法衔接不力

《石油天然气管道保护法》规定，在管道线路中心线两侧各5米以内严禁修建违章建筑，严禁挖砂取土，以免造成穿越河流的管道裸露、悬空等。但在实践中，有农民以《农村土地承包法》为依据，时有违反有关5米距离规定的行为发生。类似情况的发生不应完全归咎于农民，相关立法衔接不力是产生这一结果的重要原因。可以通过行政法规或者行政规章的形式，解决此类立法衔接问题。

第四节 环境保护制度

2011年6月4日和17日，蓬莱19－3油田先后发生两起溢油事故。2011年11月1日，国家海洋局发布《蓬莱19－3油田溢油事故联合调查组关于事故调查处理报告》。根据报告，此次事故发生的原因包括：企业违法总体开发方案规定进行生产，注水操作系统缺乏安全规定，对该油田的复杂性缺少稳定性测试和风险提示，出事故的平台未执行环境影响评价报告书以及异常情况应急建设不足。[2] 近年来，类似的石油污染事故屡现报端。在应对气候变化的背景下，石油天然气作为典型的化石能源，其开发利用的负面环境影响一直备受关注。尽管我国已在石油天然气开发利用环境保护方面制定了相关立法，主要石油公司也制定了相应的内部规程，但这些规定在制度效力、公众参与程度、激励机制等方面均存在一些亟待解决的问题。这是导致石油污染事故频发的重要原因。

---

〔1〕 参见曾崇荣、杨峰：“天然气管道通过权问题积弊与对策”，载《油气储运》2012年第12期。

〔2〕 参见“国家海洋局公布蓬莱19－3油田溢油事故联合调查组关于事故调查处理报告”，载 http：//politics. people. com. cn/GB/18265686. html，最后访问时间：2012年11月24日。

一、石油天然气开发利用的环境影响

对石油天然气开发利用环境影响的关注，不仅源于理论层面对经济理性与环境关怀之间协调与融合的思考，也不仅限于对海洋石油污染事故的反思，在更大程度上是源于其对大气环境、水环境、土壤、生态系统、人体健康的现实或者可能发生的负面影响。

首先，对大气环境的影响。石油天然气开发利用过程中产生的废气包括燃料燃烧废气和生产工艺废气。燃料燃烧废气中的主要污染物是烟尘、氮氧化物、二氧化硫、烃类等。生产工艺废气类型较多，其中主要是烃类气体和含硫化合物。在这其中，石油开发利用产生的温室气体较多，常规天然气开发利用过程中产生的温室气体相对较少。但作为非常规天然气的煤层气如果开发不当，其释放的温室气体亦会产生较大的气候影响。

其次，对水环境的影响。在石油钻井过程中，钻井废水和废弃泥浆如果处置不当，可能渗入地下并影响地下水质量，废弃泥浆亦可能因雨水冲刷进入河流而污染地表水体。石油天然气开采环节中影响水环境质量的主要污染物有采油（气）废水和落地原油。炼油环节产生的循环水、油品洗涤废水、冷凝废水、机泵冷却废水、原料油脱水、地面冲洗水、设备冲洗水、油罐排水等，对水环境会产生较大影响。页岩气开发利用对水环境的负面影响备受关注，特别是水力压裂法大量消耗水资源以及对地下水层的污染问题，一直是难以解决的问题。[1]

再次，对土壤的影响。油气田开发建设过程中排放的废水、废气和固体废弃物中包含的污染物主要是废弃钻井液中的油类、重金属、化学添加剂、落地原油等。这些污染物直接或间接进入土壤，会严重影响土壤质量。在油气田生产过程中的施工作业，也可能引起土壤理化性质改变、肥力降低及土壤盐碱化和沙化。如果发生井

---

〔1〕 参见陈莉、任玉：“页岩气开采的环境影响分析”，载《环境与可持续发展》2012 年第 3 期。

喷或管道泄漏事故，亦会严重污染土壤。[1]

复次，对生态系统的影响。在油气田开发建设中，钻井、作业、铺设管道、修建公路及建居民区等工程会对生态系统造成影响，加之采油、输油等环节产生的落地原油可随雨水或地表径流渗漏到土壤和水体中，从而对陆地生态系统和水生态系统造成负面影响。[2] 发生在海域中的石油泄漏事件，对海洋生态系统产生巨大影响。而要对石油泄漏进行清理，则取决于许多因素，包括石油泄漏的类型、水的温度（影响蒸发和生物降解）和海岸线和海滩的类型等，一般需要几周、几个月甚至几年的时间。[3]

最后，对人体健康的影响。石油天然气生产和消费过程产生大量有害环境的物质，直接或者间接地影响人体健康。石油通常无法完全充分燃烧，从而排放一氧化碳、甲醇等对人体有害的物质。另外，伴随石油燃烧产生的细颗粒物会引起人类心肺系统疾病。例如，美国加州空气资源委员会研究发现，柴油发动机的尾气中含有许多致癌物质，暴露于高浓度柴油发动机尾气的工作人员肺癌发病率非常高。[4]

关于石油天然气等化石能源的开发利用对气候系统的影响，详见本书第一章相关内容。

二、我国石油天然气开发利用环境保护立法现状

我国现有的石油天然气开发利用环境保护制度主要体现在一些专门立法、相关立法和石油企业制定的内部环境管理规程中。这些

---

〔1〕 See "Environmental impact of the petroleum industry", http：//en. wikipedia. org/wiki/Environmental_ impact_ of_ petroleum, last visited December 20, 2013.

〔2〕 任晓娟主编：《石油工业概论》，中国石化出版社 2007 年版，第 15 ~ 16 页。

〔3〕 See Marybeth Holleman, "The Lingering Lessons of the Exxon Valdez Spill", *Seattle Times*, 2004.

〔4〕 See F. Peter, W. Winteringham, *Energy Use and the Environment*, Lewis Publishers, 1992, p. 44；王金南等：《能源与环境：中国 2020》，中国环境科学出版社 2004 年版，第 5 页；周晓东、胡振琪："石油天然气开发对生态环境的破坏与治理"，载《资源 · 产业》2000 年第 7 期。

制度为我国石油天然气开发利用中的环境保护工作提供了重要的法律依据，但在效力、信息管理、公众参与程度等方面亦存在一些亟待解决的问题。

（一）石油天然气开发利用环境保护立法概况

我国石油天然气开发利用环境保护制度可以分为国家立法、地方立法和石油企业内部规程等三个层次。

第一层次是国家立法。《环境保护法》、《海洋环境保护法》、《水污染防治法》、《大气污染防治法》、《固体废物污染环境防治法》、《环境影响评价法》等环境保护法律以及相关的下位阶环境保护立法确立了环境影响评价制度〔1〕、“三同时”制度〔2〕、限期治理制度〔3〕、环境保护许可制度〔4〕、排污收费制度〔5〕、环境应急处理制度〔6〕等环境法基本制度，这些制度已成为石油天然气开发利用应遵循的基本法律规范。此外，我国还制定了一些有关石油天然气开发利用环境保护的专门立法，涵盖了法律、法规、行政规章、规范性法律文件等各个位阶，如《海洋石油勘探开发环境保护管理条例》、《海洋石油勘探开发环境保护管理条例实施办

〔1〕环境影响评价，是指对规划和建设项目实施后可能造成的环境影响进行分析、预测和评估，提出预防或者减轻不良环境影响的对策和措施，进行跟踪监测的方法与制度。参见《环境影响评价法》第2条。

〔2〕“三同时”制度，是指基本建设项目、技术改造项目、自然资源开发利用项目以及其他可能对环境造成损害的建设项目，其防治环境污染和破坏的设施与主体工程同时设计、同时施工、同时投产使用的一整套措施。

〔3〕限期治理制度，是指对现已存在的危害环境的污染源，由法定机关做出决定，令其在一定期限内治理并达到规定要求的一整套措施。

〔4〕环境保护许可证制度，是指环境法主体在从事对环境造成或者可能造成不良影响的活动前，依法向有关管理机关提出申请，由管理机关进行审查、批准并发放相应的许可文件后，方可从事该活动的一整套措施。

〔5〕排污收费制度，是指环境保护行政主管机关依照排污者所排放的污染物的种类、数量或者浓度，依法征收一定数额的费用的一整套措施。

〔6〕环境应急处理制度，是指在发生或者可能发生环境污染或者环境破坏事故时，生产建设单位、有关人民政府及其相关主管部门及时采取行动，以使现实的或者潜在的损害或者损失降至最低程度，以及制定应对此种事故的行动方案的一整套措施。

法》、《防治海岸工程建设项目污染损害海洋环境管理条例》、《海洋石油开发工程环境影响后评价管理暂行规定》、《海洋石油平台弃置管理暂行办法》等。

第二层次是地方立法。有些省制定了各自的石油天然气开发利用环境保护的专门立法，如《河北省陆上石油勘探开发环境保护管理办法》、《黑龙江省石油天然气勘探开发环境保护条例》、《陕西省煤炭石油天然气开发环境保护条例》、《新疆维吾尔自治区石油勘探开发环境管理办法》等。

第三层次是石油企业内部规程。我国主要石油公司参照国外经验，逐步建立了以 ISO 14001 和健康、安全与环境（Health，Safety and Enviroment，HSE）管理体系为核心的环境管理体系。1996 年 9 月起，中石油对 ISO/CD14690 标准草案文本〔1〕进行翻译和转化，同时吸收以往行之有效的安全生产、环境保护规章制度和管理经验，于 1997 年 6 月发布了石油天然气行业标准《石油天然气工业健康、安全与环境管理体系》（SY/T6276 - 1997）。中海油也在 1997 年发布了《中国海洋石油总公司安全（HSE）管理体系原则及文件编制指南》。中石化随后在 2001 年发布了《中国石油化工集团公司安全、环境与健康（HSE）管理体系》，要求在作业现场推行“HSE 作业指导书”、“HSE 作业计划书”和“HSE 现场检查表”，使各项污染预防和控制措施得到落实。同时，我国三大石油公司的 ISO 14001 认证工作开展迅速。〔2〕由于三大石油公司的特殊地位，这些规程和指南虽不具备法律的形式，但在实践中发挥着非常重要的作用。

此外，有关主管部门发布的政策性文件亦对上述石油天然气开发利用环境保护制度形成支持。例如，环境保护部于 2012 年发布

〔1〕即《石油和天然气工业健康、安全与环境管理体系》。该体系由国际标准化组织于 1996 年 6 月发布，已成为 HSE 管理体系在国际石油行业普遍推行标准。

〔2〕参见吴宇：“石油行业的环保现状”，载《环境教育》2009 年第 2 期。

《石油天然气开采业污染防治技术政策》。该政策就清洁生产、生态保护、污染治理、鼓励研发的新技术、运行管理与风险防范等方面做出了较为详细的规定。该政策要求，石油天然气开采要坚持油气开发与环境保护并举，油气田整体开发与优化布局相结合，污染防治与生态保护并重。大力推行清洁生产，发展循环经济，强化末端治理，注重环境风险防范，因地制宜进行生态恢复与建设，实现绿色发展；在环境敏感区进行石油天然气勘探、开采的，要在开发前对生态、环境影响进行充分论证，并严格执行环境影响评价文件的要求，积极采取缓解生态、环境破坏的措施。

（二）石油天然气开发利用环境立法评价

国家立法与企业内部规范相结合的模式，对我国石油天然气开发利用环境保护发挥了较大的作用，但在制度效力、制度衔接、激励机制、公众参与程度等方面存在不足。

首先，制度效力有待提高。我国目前具有较强可操作性的石油天然气环境保护制度大多以主要石油公司内部环境管理规程的形式做出规定，其中一些有效的制度尚未在更高位阶的立法中体现。另外，石油天然气开发利用环境保护制度以行政手段为主，易受政策变动的影响，从而影响制度实施过程和实施效果的稳定性。

其次，制度衔接不足。例如，我国目前实施的是2000年修订的《大气污染防治法》，其中对油气回收等问题只字未提。随着经济高速增长，油库、加油站等服务设施和场所成为新的大气污染源，油气挥发可能带来一系列的环境问题。例如，油气挥发物经紫外线照射后，会与空气中的氮氧化物发生物理化学反应，生成光化学烟雾，形成温室效应，破坏臭氧层。同时，油气挥发和泄漏对人类生存环境构成威胁。油气的主要成分是苯、二甲苯、乙基苯及其他碳氢化合物，多属致癌物质，油气挥发物被吸入人体后，会对人体产生直接的危害，并可能造成爆炸和火灾的隐患。石油天然气环境保护相关立法对类似的问题应予关注。

再次，对激励机制重视不足。从经济学上讲，环境保护属于一种向社会经济系统输出正外部性的行为。通过激励机制为有利于环境保护的行动提供动力，有助于环境保护制度更加有效地实施。我国目前的石油天然气相关立法对环境保护激励机制重视程度不足。就正激励而言，税费制度对环境保护因素考虑不多；〔1〕就负激励而言，有些关于法律责任的规定在责任形式和责任大小等方面无法很好地适应环境管理的实际需要。〔2〕

最后，公众参与程度较低。公众的积极参与和主动监督，是环境保护政策和法律有效实施的重要保障。在我国，尽管近年来公众参与环境保护的程度有所提高，但总体而言还存在重视不足、法律规定可操作性差、范围过窄、形式单一、缺乏奖惩性规定等问题。这些问题在石油天然气开发利用领域同样存在，使相关法律规定在实践中无法很好地落实。

三、国外石油天然气开发利用环境保护制度概况

国外石油天然气开发利用环境保护制度主要包括如下几个方面：环境保护法中与石油天然气开发利用有关的内容；石油天然气法中与环境保护有关的内容；以及主要石油企业的内部环境保护制度。

一些国家的环境保护法中规定了与石油天然气开发利用相关的内容。以美国为例，《清洁水法》规定了采油废水、钻井废水、完井废水和修井废水的排放要求，并规定外排采油废水应符合环境保护标准，以用于农业灌溉或有利于野生动物的生长。《安全饮用水法》根据不同的污染类别规定了废水注入层的结构以及封闭标准的最低要求。有毒和无毒废弃物的地下注入处理，废水注入层要求无裂缝、无地质断层；对于油气生产过程中所产生的盐水的回注，废

〔1〕 关于税收工具对资源开发过程中环境保护的作用，参见〔瑞典〕托马斯·思德纳：《环境与自然资源管理的政策工具》，张蔚文、黄祖辉译，上海人民出版社2005年版，第144～155页。

〔2〕 参见温宗国等：“跨国石油公司环境保护机制的比较分析”，载《油气田环境保护》2008年第9期；吴宇：“石油行业的环保现状”，载《环境教育》2009年第2期。

水注入层要求无含水层或对水层有潜在影响的层位；对于采矿过程中向井下注入超热蒸汽、水和其他液体，废弃物要求通过管套注入，管套与井眼之间环空要进行固井，以防层间窜流；在水源层之上注入有害物质或者放射性物质，要求对注入井的封闭性进行连续监测。此外，《清洁空气法》、《超级基金法》、《资源保护和回收法》等环境保护法亦与石油天然气开发利用环境保护密切相关。[1]

绝大多数国家的石油天然气法均包括有关环境保护的内容。一些国家在石油天然气基本法中做出原则性规定。委内瑞拉 2002 年《石油基本法》规定，作业企业要遵守有关安全、健康和环保的法规，并采用最佳技术手段。一些国家的立法对石油污染损害处理特别重视。例如，挪威 1996 年《石油法》第七章规定，石油排放或泄漏引起的污染损害责任的承担和赔偿，被许可人无论过失与否，都要承担污染损害责任；第八章对赔偿渔民作了特殊规定，对于因石油业务占用养鱼场所、污染或安装设施等给渔民造成的经济损失，国家有义务给予赔偿，但如果损失是被许可人的过失造成的，国家可以向其追索相应的赔偿。为了保证石油作业的安全，某些国家的油气立法还规定作业企业应始终保持紧急准备状态，以便对人员伤亡、财产损失和污染事件做出紧急响应，使损失减少到最小程度。[2] 还有一些国家通过单独的立法对石油天然气环境保护做出规定。例如，美国出于对埃克森·瓦尔迪兹（Exxon Valdez）号溢油事件的反应，于1990 年通过了《石油污染法》。[3] 该法为石油泄漏创立了联邦综合责任系统，建立了联邦信托基金，帮助支付清除污染的费用，加强了对涉及石油泄漏的法律主体的民事和刑事惩

〔1〕 参见刘东升、曹云森：《油气田环境保护技术综述》，石油工业出版社 2006 年版，第 5 ~ 11 页。

〔2〕 参见方忠于、朱英、石宝明："国外石油立法（二）"，载《当代石油石化》2003 年第 11 期。

〔3〕 Oil Pollution Act of 1990.

罚，并要求石油企业制定泄漏应急计划和预防计划。[1]

主要跨国石油企业不仅在其内部推行环境管理机制，将环境保护作为企业的长期战略目标，而且将环境保护作为推进其业务发展的重要手段之一，努力使其标准在更广泛的范围被采用，或者升级为更高层次的标准，以便在国际上开拓更大的市场。一些石油企业形成了较为完备的环境管理机制。英国石油公司（BP）将“无损环境”（No Damage to The Environment）作为企业的运营目标之一。该公司要求所有的业务单元进行企业内部环境风险及影响评价和管理，实行 ISO 14001 环境管理系统，并建立了健康、安全与环境（HSE）管理体系保障系统。为应对环境污染，该公司建立了应急预案，以使环境影响降到最低。壳牌公司于 1987 年发布了环境管理指南，1991 年发布了 HSE 管理体系指南。1994 年，壳牌公司实行 HSE 管理体系，并在其后不断完善，形成了适于其多层次跨国经营的 HSE 管理体系。该公司要求各业务单元贯彻总部的健康安全环境方针和政策，制定积极的环境保护计划并实施，在员工中开展环境保护宣传教育，落实各级管理人员的健康安全环保责任制，并定期发布年度环境审核报告。该公司的 HSE 标准体系成为 ISO/TC67 委员会起草的石油工业 HSE 管理体系标准的蓝本。埃克森美孚石油公司在 HSE 管理方面建立了业务一体化管理体系（Operations Integrity Management System，OIMS），提出了十一个要素，包括：管理、领导、承诺和责任；风险评价和管理；设施设计和建造；信息与文件；员工能力与培训；实施与运行；变更管理；第三方服务；事故调查与分析；群体意识与应急准备；运行评估与改进等。为了满足这些要求，该公司要求每一个业务单元建立管理体系，通过自我评价和外部评价对 OIMS 管理体系的实施进行

〔1〕 参见李贵宝：“美国的涉水法律法规简介”，载 http：//www.wh－swjt.com/shownewsinfo.asp?NewsId＝15404，最后访问时间：2014 年 2 月 15 日。

检查。[1]

国外石油天然气开发利用环境保护立法体现出的一些趋势，亦值得我国在进一步石油天然气立法中关注：① 提高环境保护标准。随着环境问题的日益凸显及其对社会经济发展产生的影响越发显著，大多数国家均制定或者修订了相关立法，加大对石油天然气产业活动排放污染物的控制力度。例如，美国2007年12月通过了新的能源法案，提高了汽车油耗标准；尼日利亚也颁布法律，规定如果石油企业在2008年之后仍然放空燃烧伴生气，将面临巨额罚款和其他形式的处罚。② 加强企业自身环境管理。为了应对日趋严格的环境标准，一些石油企业提高了自身的环境标准。例如，埃克森美孚公司获得了美国养殖认证委员会（The Aquaculture Certification Committee，ACC）和国际环境技术中心（International Environmental Technology Centre，IETC）的认证。③ 提高环境保护监管和扶持力度。2007年11月，美国决定耗资10亿美元启动“海岸影响援助计划”，以减少海岸油气勘探开发带来的环境影响。同月，联合国环境规划署（United Nations Environment Programme，UNEP）和联合国开发计划署（United Nations Development Programme，UNDP）对尼日尔河三角洲地区300多处场所进行评估，以控制石油泄漏造成的环境和生态灾难。④ 重视节能减排。为了应对全球气候变化，一些国家采取积极措施，石油天然气行业也积极参与，努力提高油品质量，减少温室气体排放量，寻找缓解温室效应的方法，如研发低碳技术、碳捕获技术、推进碳交易合作等。[2]

四、我国石油天然气开发利用环境保护制度完善对策

基于我国石油天然气开发利用环境保护立法现状及面临的挑战，同时借鉴国外有益经验，可从提高制度效力和可操作性、加强

---

〔1〕 参见温宗国等：“跨国石油公司环境保护机制的比较分析”，载《油气田环境保护》2008年第9期。

〔2〕 参见吴宇：“石油行业的环保现状”，载《环境教育》2009年第2期。

法律制度之间的衔接、完善税费制度、健全海洋石油污染处理机制、重视公众参与等方面着手，进一步完善我国石油天然气开发利用环境保护制度。

（一）提高制度效力和可操作性

我国目前具有较强针对性和较高可操作性的石油天然气开发利用环境保护制度的内容大多规定在主要石油公司的有关内部规程中。在实践中，这些规程发挥了较大的作用。然而，这些文件毕竟在适用范围上具有局限性，而具有更高法律效力的立法又未对此做出具有足够可操作性的规定。因此，通过进一步立法提高石油天然气开发利用环境保护制度的效力和可操作性，成为迫切之需。

一些国外经验可供借鉴。例如，印度尼西亚 2001 年《石油天然气法》在有关原则和目的的第 3 条中规定，产业活动应当持续不断地符合环境保护的要求；在有关上游业务活动的第 11 条中规定，合作合同应当包含关于环境管理的条款；在有关鼓励措施的第 38 条中规定，无论是国家立法还是产业活动，均应充分考虑环境条件和环境保护的要求。伊朗《石油法》第 7 条规定："在实施石油工程时，石油部应制定正确完整的监理计划来保护石油的储藏，并与有关组织协作保护自然资源和设施、防止环境（空气的、水的、土壤的）污染。"

可见，在综合性石油天然气法中就环境保护做出原则性或者专门性的规定，是一条可取的途径。同时，基于我国的现实情况，在立法过程中还应充分吸收各主要石油企业的成熟实践，将其上升为法律制度。

（二）实现法律制度间的良好衔接

石油天然气法与环境保护法之间的良好衔接和相互支撑，是完善石油天然气开发利用环境保护制度的关键。这从前述 2000 年修订的《大气污染防治法》忽视油气回收之例即可看出。为了应对类似的问题，一些国家几十年前就在立法中做出了相应的规定。1975 年，美国联邦法规文件中首次提及控制汽车加油油气逸散的管制方案，计划在全美空气质量最差的地区，采用油气回收技术作为加油时油气逸散的控制策略。1977 年修订的《清洁空气法》规定，特定地区必须采用油气回收技术以控制加油时的油气扩散。20 世纪 80 年代后期，美国进一步完善了《清洁空气法》，规定只有当加油站安装油气回收系统后才能满足环保法规的要求；1990 年《清洁空气法》规定："对认定为臭氧污染造成空气质量不良或很差的地区，必须推行第二阶段油气回收计划以作为管制措施"。目前在美国加州和中心城市已全部安装了二次油气回收装置。在欧洲，针对加油站建设方面也有着严格的标准规范。不少南美国家和亚洲国家也纷纷采取措施，效仿欧美国家加强本国加油站的安全环保建设。我国一些地方政策也已就此做出规定。例如，《珠海市机动车排气污染防治实施方案》规定："2010 年 1 月 1 日前，珠海全部完成加油站、储油库、油罐车的油气回收综合治理工作"。《广东省机动车排气污染防治实施方案》规定："2010 年 1 月 1 日前，珠江三角洲地区全部完成加油站、储油库、油罐车的油气回收综合治理工作。2012 年 1 月 1 日前，全省加油站、储油库、油罐车完成油气回收综合治理工作。"这些经验可供参考。可以在现有的《大气污染防治法》中规定：挥发油气的油库、加油站等设施和场所，应当按照国务院环境保护主管部门或者地方人民政府的规定，加装油气回收装置。

此外，石油天然气法亦应吸收环境保护法的相关内容，如环境影响评价制度、"三同时"制度、限期治理制度、环境保护许可制度、排污收费制度、环境应急处理制度等。这些制度既可以规定在综合性石油天然气法中（在立法技术上，可以采用指引性规定），也可以规定在专门的下位阶石油天然气开发利用环境保护立法中。

（三）完善税费制度

在激励机制方面，税费制度尤其值得关注。石油税费体系至少包括石油增值税、石油企业所得税、石油资源税、石油消费税等方面，其中与环境保护关系最为密切的是石油消费税。2008 年，我国提高成品油消费税税额,[1] 这有利于发挥税收的杠杆作用，促进节能减排和环境保护。但这一制度目前至少在三个方面仍需完善：① 与从价计征相比，从量计征方式不利于税收调解作用的有效发挥；② 在价内征收的情况下，消费者不易了解为应税产品支付的税金数额，不利于消费税征收目的的实现；③ 在生产环节征收，占用了石油企业的资金，增加了核算量，与消费税的初衷不符。[2] 进一步立法应着重解决这些问题。

（四）健全海洋石油污染处理机制

近年来不断发生的石油天然气环境污染事件，特别是海洋石油污染事故及其处理的困难性，使健全海洋石油污染处理机制迫在眉睫。为此，可采取如下措施：① 明确索赔主体。根据现行立法，有权代表国家索赔的部门为“行使海洋环境监督管理的部门”[3]。在我国，行使海洋环境监督管理的部门包括渔政监察机关、环境保护机关、港监机关、沿线县级以上人民政府行使海洋环境监督管理的部门等。这种笼统的规定在实践中难以操作。进一步立法可以明确索赔主体为环境保护行政主管部门。② 细化损害类型及其赔偿方式。对于私人财产损失，应包括直接损失和利润及盈利能力的减

---

〔1〕 根据2008年《国务院关于实施成品油价格和税费改革的通知》，我国成品油税费改革之后，提高现行成品油消费税单位税额，不再新设立燃油税，利用现有税制、征收方式和征管手段，实现成品油税费改革相关工作的衔接。其中，汽油消费税单位税额每升提高0.8元，柴油消费税单位税额每升提高0.7元，其他成品油单位税额相应提高。加上现行单位税额，提高后的汽油、石脑油、溶剂油、润滑油消费税单位税额为每升1元，柴油、燃料油、航空煤油为每升0.8元。成品油消费税属于中央税，由国家税务局统一征收（进口环节继续委托海关代征）。纳税人为在我国境内生产、委托加工和进口成品油的单位和个人。纳税环节在生产环节。计征方式实行从量定额计征，价内征收。

〔2〕 参见赵选民等：《中国石油财税制度》，科学出版社2008年版，第203～204页。

〔3〕《海洋环境保护法》第42条。

损，以及可以证明的未来损害；[1] 对于国家财产损失，应包括生态损失和因石油污染导致的国家收益减损。③ 健全油污损害赔偿基金。可将海洋石油污染损害纳入2005年《船舶油污损害赔偿基金征收使用管理办法》的适用范围，由从事海洋石油天然气开发的企业缴纳，具体缴纳标准可参照船舶油污基金的征收标准执行。[2] ④ 允许分批支付赔偿金。如果污染企业需要支付的赔偿金额较大，应允许其分批支付，使污染企业获得恢复公司财务状况的时间，继续为社会做出积极贡献，[3]以符合石油天然气法"可持续发展原则"的内在要求。

（五）重视公众参与

进一步石油天然气立法应吸收现有相关立法中有关公众参与环境保护的规定，将公众参与环境保护的主要制度进行内化。对于目前已做出规定的有关公众参与石油天然气开发利用环境保护的内容，可以根据近年来相关立法的最新发展作进一步完善。

要更好地实现环境保护目标，不仅需要政府采取有力行动，而且需要公众的理解和支持。目前，公众对石油天然气开发利用的环境影响的认知程度有待提高。为此，应进一步宣传石油天然气开发利用环境保护的必要性和重要性，使公众理解我国面临的严峻形势，熟悉如何从自身行动入手支持环境保护工作，从而更好地发挥公众在石油天然气开发利用环境保护方面的支持和监督作用。

〔1〕 2008年《渔业污染事故经济损失计算方法》对海洋石油污染引起的未来不能继续养殖的年限、赔偿标准均未涉及。参见李正："我国海洋石油污染民事赔偿研究——以BP公司民事赔偿为例"，载《生态经济》2013年第6期。

〔2〕 参见刘玲："美国石油污染损害赔偿制度对我国的启示——以海洋石油开发为视角"，载《河北法学》2013年第7期。

〔3〕 参见李正："我国海洋石油污染民事赔偿研究——以BP公司民事赔偿为例"，载《生态经济》2013年第6期。

第七章

我国综合性石油天然气立法

法令者，代谋幸福之具也。法令而善，其幸福吾民也必多，吾民方恐其不布此法令，或布而恐其不生效力，必竭全力以保障之，维持之，务使达到完善之目的而止。

——毛泽东〔1〕

我国综合性石油天然气立法研究工作始于20世纪90年代，迄今已逾20年。2005年，综合性石油天然气立法研究工作进程加快，国家能源局一度主导起草“石油天然气法”，但至今未有突破性进展。制定综合性石油天然气法，有利于落实国家石油天然气产业政策，完善石油天然气法规体系，弥补现行石油天然气立法内容的不足，推动石油天然气产业管理的科学化，为应对气候变化做出重要贡献。前文关于石油天然气法的理念基础、法规体系、监管体制、产业规制机制和产业保障机制的内容，为综合性石油天然气立法提供了必要的理论基础。

〔1〕 出自毛泽东：“商鞅徙木立信论”，作于1912年6月。

第一节 综合性石油天然气立法的政策基础

“政策”是指为实现一定时期的社会经济目标，在特定的战略框架下制定的行动准则，一般体现为“计划”、“规划”、“纲要”、“方案”等形式，有时也体现为“通知”、“意见”等。在我国，政策与法律之间既存在本质区别，又密切相关。政策与法律之间的区别主要体现在：政策可以主要由或完全由原则性的规定组成，可以只规定行动的方向而不规定行为的具体规则；法律则以规则为主，不能仅限于原则性规定；政策既可以以法律作为实施保障，也可以依靠宣传、教育、政党纪律；而法律则以国家强制力保证实施；政策具有较大的灵活性，具体政策往往随着情势的变化而随时调整；而法律则具有较高的稳定性。因而，完善的法律通常具有更高的可操作性。〔1〕同时，政策与法律在经济基础、指导思想、基本原则、社会目标等根本方面又具有高度的一致性，并且二者之间存在密切的关联。重大政策对法律的制定和实施起着指导作用，同时往往是立法程序最重要的启动因素。在特定情况下，当国家没有制定出相应的法律规范时，政策还直接起着法律的作用，这在石油天然气开发利用领域体现得尤为明显。〔2〕现行的石油天然气政策为综合性石油天然气立法提供了多方面的依据。因此，有必要就我国石油天然气政策作一系统分析。

一、石油天然气政策的全球视域

由于全球石油天然气资源赋存状况的不均衡性以及各国经济发展水平的不同，各国的石油天然气战略呈现出较大的差异性。尽管

〔1〕参见刘金国、舒国滢主编：《法理学教科书》，中国政法大学出版社 1999 年版，第 402 页。

〔2〕参见本书第五章第四节关于石油天然气定价机制的内容。

如此，按照世界各国在石油天然气贸易领域的地位及相应采取的策略，仍可进行类型化研究，将其划分为净出口型、净进口型和进出口并重型。

其一，出口主导型。石油天然气净出口国以加拿大和挪威为代表，其石油天然气政策的主要特征为：重视石油天然气市场化；强调与消费国的对话以维持油价的稳定；鼓励私人资本参与石油天然气基础设施的建设；强调政府对石油天然气产业的指导作用；采取措施增加石油天然气的产量；重视石油天然气资源的长远规划。〔1〕

其二，进口主导型。日本是石油天然气进口主导型国家的典型代表。日本的石油天然气资源极度贫乏，绝大部分石油天然气资源均需进口。为此，日本的石油天然气政策要点包括：提倡节约，减少浪费；加强能源外交，维持原油进口稳定；推进新能源开发与使用。〔2〕

其三，进出口并重型。石油天然气进出口并重型国家以美国为代表。美国能源政策主导模式的目标为：确保能源的充沛供应；维持合理的能源价格；限制大企业的市场支配能力；促进能源市场竞争；支持常规能源的发展；允许在现行的监管体系内制定能源政策和决策。〔3〕这一模式要求有常规能源的支撑，同时充分注意预防、避免和消除市场失灵。“政府和能源能产业只有都在市场和政治混合构成的经济界内行事，才能实现稳定的能源生产、配置和利用。”〔4〕

这三种类型的石油天然气政策既存在差异性，又存在共性。其

---

〔1〕 参见雍自权等：“世界石油天然气战略综述”，载《天然气工业》2004年第2期。

〔2〕 参见林珏主编：《能源价格变动与经济安全》，上海财经大学出版社2009年版，第196~197页。

〔3〕 参见〔美〕约瑟夫·P. 托梅因、理查德·D. 卡达希：《美国能源法》，万少廷译，法律出版社2008年版，第56页。

〔4〕 胡德胜：《美国能源法律与政策》，郑州大学出版社2010年版，第71页。

共性主要体现为：强调市场机制对石油天然气供给安全的重要性，注重引入竞争机制；鼓励私人资本参与基础设施建设；通过外交等措施实现进出口石油天然气的目标。[1]

二、我国现行石油天然气政策

我国石油天然气政策主要体现为国务院及其部委发布的相关行动计划、规划、目标、实施方案、纲要、决定等。在这些政策性文件中，较为重要的是2011年的《中国应对气候变化的政策与行动（2011）》白皮书、《页岩气发展规划（2011～2015年）》、《"十二五"资源综合利用指导意见》、2012年的《节能减排"十二五"规划》、《中国的能源政策（2012）》白皮书、《天然气利用政策》、《天然气发展"十二五"规划》、《石油天然气开采业污染防治技术政策》、2013年的《页岩气产业政策》、国务院办公厅《关于进一步加快煤层气（煤矿瓦斯）抽采利用的意见》、《2014年能源工作指导意见》等。由这些政策性文件，可以归纳出我国石油天然气上游、中游和下游产业政策的主要内容，具体包括常规油气资源勘探开发政策、非常规油气资源开发政策、石油天然气管网输送政策、石油天然气储备政策、石油天然气价格政策、与石油天然气产业相关的应对气候变化政策等。[2]

（一）常规油气资源勘探开发政策

2006年《国民经济和社会发展第十一个五年规划纲要》提出，要加大石油天然气资源勘探力度。具体措施包括：加强油气资源调查评价，扩大勘探范围，重点开拓海域、主要油气盆地和陆地油气新区，实行油气并举，稳定增加原油产量，提高天然气产量；加强老油田稳产改造，延缓老油田产量递减。加快深海海域和塔里木、准噶尔、鄂尔多斯、柴达木、四川盆地等地区的油气资源开发。

---

〔1〕参见雍自权等："世界石油天然气战略综述"，载《天然气工业》2004年第2期。

〔2〕石油天然气价格政策在本书第五章第四节已详细介绍，兹不赘述。

2011 年《国民经济和社会发展第十二个五年规划纲要》进一步提出，要加大石油、天然气资源勘探开发力度，稳定国内石油产量，促进天然气产量快速增长。

根据《中国的能源政策（2012）》白皮书，我国常规油气资源勘探开发政策的主要内容包括：实行油气并举的方针，稳定东部、加快西部、发展南方、开拓海域；推进原油增储稳产，稳步推进塔里木盆地、鄂尔多斯盆地等重点石油规模生产区勘探开发；加强老油田稳产改造，提高采收率。加快天然气发展，加大中西部地区主力气田产能建设，抓好主力气田增产，推进海上油气田勘探开发，逐步提高天然气在一次能源结构中的比重；优化炼油工业布局，建设若干大型炼化基地，形成环渤海、长三角、珠三角三大炼油集聚区，实现上下游一体化、炼油化工一体化、炼油储备一体化集约发展。

国家能源局于 2014 年 1 月 20 日发布的《2014 年能源工作指导意见》要求加大油气资源勘探开发力度。做好深层、近海和深水油气田勘探，以松辽、渤海湾、鄂尔多斯、西北、四川和海上六大油气生产基地为重点，切实提高油气资源探明率和采收率，努力实现增储上产。推动出台差别化的财税政策，鼓励老油田和低品位油气资源开发。

（二）非常规油气资源开发政策

《中国应对气候变化的政策与行动（2011）》白皮书强调，要大力开发天然气，推进煤层气、页岩气等非常规油气资源开发利用，促进天然气产量快速增长。2011 年国家发展改革委印发的《“十二五”资源综合利用指导意见》要求推进油田伴生气、酸性气体等回收利用，逐步推动油砂、油页岩利用产业化，推动高含硫化氢天然气中硫磺的综合利用，开展页岩气、致密砂岩气等综合开发利用。《中国的能源政策（2012）》白皮书还要求加大页岩油、油砂等非常规油气资源勘探开发力度。在这其中，较为重要的包括煤层气资源开发政策和页岩气资源开发政策两个方面。

在煤层气方面，《中国的能源政策（2012）》白皮书要求加快煤层气勘探开发，增加探明地质储量，推进沁水盆地、鄂尔多斯盆地东缘等煤层气产业化基地建设。国务院办公厅《关于进一步加快煤层气（煤矿瓦斯）抽采利用的意见》要求加强煤层气的开发利用管理，具体措施包括：① 建立煤层气、煤炭协调开发机制，统筹煤层气、煤炭资源勘查开采布局和时序，合理确定煤层气勘查开采区块。增设一批煤层气矿业权，通过招投标等竞争方式，优先配置给有开发实力的煤层气和煤炭企业。② 建立勘查开发约束机制。新设煤层气或煤炭探矿权，必须符合矿产资源、煤层气开发利用等规划，并对煤层气、煤炭资源进行综合勘查、评价和储量评审备案。研究提高煤层气最低勘查投入标准，限期提交资源储量报告。对长期勘查投入不足、勘查结束不及时开发的企业，核减其矿业权面积；对具备开发条件的区块，限期完成产能建设；对不按合同实施勘查开发的对外合作项目，依法终止合同。③ 鼓励规模化开发利用。鼓励金融机构积极做好煤层气（煤矿瓦斯）开发利用项目的金融支持服务工作。④ 规范煤层气投资项目管理。煤层气开发、输送、利用等建设项目根据投资主体、投资来源和建设规模实行审批、核准或备案制，并在政府核准的投资项目目录等文件中予以明确。

在页岩气方面，《中国的能源政策（2012）》白皮书要求加快页岩气勘探开发，优选一批页岩气远景区和有利目标区。加快攻克页岩气勘探开发核心技术，建立页岩气勘探开发新机制，落实产业鼓励政策，完善配套基础设施，实现到2015年全国产量达到65亿立方米的总体目标，为页岩气未来的快速发展奠定坚实的基础。根据《页岩气发展规划（2011～2015年）》规定，对于页岩气开发利用要给予特殊优惠政策，与常规天然气有机结合，实现有序发展。该规划要求创新理念和方法，依靠政策支持、技术进步、体制创新，加大页岩气勘探开发力度，加快攻克页岩气勘探开发核心技术，尽快落实资源，形成规模产量，推动页岩气产业健康快速发

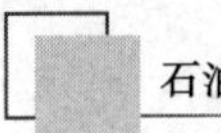

展，缓解我国天然气供需矛盾，促进能源结构优化，提高我国天然气供给安全和能源保障能力，促进经济社会又好又快发展。

国家能源局《2014 年能源工作指导意见》强调，要着力突破页岩气等非常规油气和海洋油气资源开发。总结推广中石化涪陵示范区经验，加快页岩气示范区建设，力争在川渝地区加快勘探开发步伐，在湘鄂、云贵和苏皖等地区取得突破。加快沁水盆地和鄂尔多斯盆地东缘煤层气产业基地建设，积极推进新疆等地区煤层气勘查开发。制订和实施海洋能源发展规划和周边海域油气开发规划。按照“以近养远、远近结合”的发展模式，积极推进南海、东海油气资源开发。

（三）石油天然气管网输送政策

2006 年《国民经济和社会发展第十一个五年规划纲要》提出，要加快油气干线管网和配套设施的规划建设，逐步完善全国油气管线网络；要建成西油东送、北油南运成品油管道；适时建设第二条西气东输管道及陆路进口油气管道。2011 年《国民经济和社会发展第十二个五年规划纲要》进一步提出，要加快西北、东北、西南和海上进口油气战略通道建设，完善国内油气主干管网；要统筹天然气进口管道、液化天然气接收站、跨区域骨干输气网和配气管网建设，初步形成天然气、煤层气、煤制气协调发展的供气格局。

根据《中国的能源政策（2012）》白皮书，我国要综合考虑目标市场，产业布局调整，统筹谋划能源输送通道建设。加强原油、成品油和天然气主干管网建设，提高油气管输比例，完善区域运输网络，建设沿海大型油气接卸站。严格落实石油天然气管道保护立法，确保油气管道安全运行。

国务院办公厅《关于进一步加快煤层气（煤矿瓦斯）抽采利用的意见》要求统筹规划建设煤层气规模化开发区块输气管网等基础设施，支持大型煤矿区瓦斯输配系统区域联网，推进中小煤矿联合建设瓦斯集输管网，鼓励民间资本参与煤层气输气管道建设。

国家能源局《2014 年能源工作指导意见》要求加快油气基础

设施建设，加快推动西气东输三线、陕京四线、新疆煤制气外输管道、庆铁三四线等油气管道建设，完善天然气输配管网，推动LNG接收站及应急调峰储气设施建设。

（四）石油天然气储备政策

2001年《国民经济和社会发展第十个五年计划纲要》中明确提出："建立国家石油战略储备，维护国家能源安全"。2004年3月，国家发展改革委召开了国家石油储备一期项目建设启动会，拉开了建立国家石油储备的序幕。2006年《国民经济和社会发展第十一个五年规划纲要》继续强调扩建和新建国家石油储备基地。2011年《国民经济和社会发展第十二个五年规划纲要》亦提出要合理规划建设能源储备设施，完善石油储备体系，

根据国务院批准的《国家石油储备中长期规划》，2020年以前，我国将陆续建设国家石油储备基地第二期、第三期工程，形成相当于100天石油净进口量的储备总规模，进一步增强应对石油中断风险的能力，为保障石油供应安全、稳定石油市场，促进国民经济平稳运行发挥积极作用。

根据《中国的能源政策（2012）》白皮书，我国要加强能源储运设施建设，统筹资源储备和国家储备、商业储备，加强应急保障能力建设，完善原油、成品油、天然气和煤炭储备体系，提高天然气调峰能力。

此外，国务院办公厅《关于进一步加快煤层气（煤矿瓦斯）抽采利用的意见》鼓励民间资本参与煤层气的储配。

（五）与石油天然气产业相关的应对气候变化政策

石油天然气开发利用是温室气体产生的重要来源。因此，应努力降低能源消耗，提高资源利用效率，降低温室气体排放，提高应对气候变化的能力。

1. 总体目标

《国民经济和社会发展第十二个五年规划纲要》规定，要坚持减缓和适应气候变化并重，充分发挥技术进步的作用，完善体制机

制和政策体系，提高应对气候变化能力。综合运用调整产业结构和能源结构、节约能源和提高能效、增加森林碳汇等手段，大幅度降低能源消耗强度和二氧化碳排放强度，有效控制温室气体排放。合理控制能源消费总量，严格用能管理，加快制定能源发展规划，明确总量控制目标和分解落实机制。《中国应对气候变化的政策与行动（2011）》白皮书亦有类似规定："十二五"期间，中国应合理控制能源消费总量，综合运用优化产业结构和能源结构、节约能源和提高能效、增加碳汇等多种手段，有效控制温室气体排放。《中国的能源政策（2012）》白皮书规定，中国要为保障全球能源安全和应对气候变化做出应有贡献。为此，应统筹化石能源开发利用与环境保护，加快建设先进生产能力，淘汰落后产能，大力推动化石能源清洁发展，保护生态环境，应对气候变化，实现节能减排。《页岩气发展规划（2011～2015年）》亦规定要改善能源结构，实现页岩气产业化开发，增加天然气供给，改善能源结构，降低温室气体排放。

2. 具体措施

为了实现国家对于石油天然气产业应对气候变化的总体目标，《节能减排"十二五"规划》、《石油天然气开采业污染防治技术政策》等文件较为详细地规定了具体措施。

根据2012年7月国务院通过的《节能减排"十二五"规划》，原油开采行业要全面实施抽油机驱动电机节能改造，推广不加热集油技术和油田采出水余热回收利用技术，提高油田伴生气回收水平。鼓励符合条件的新建炼油项目发展炼化一体化。原油加工行业重点推广高效换热器并优化换热流程、优化中段回流取热比例、降低汽化率、塔顶循环回流换热等节能技术。推广燃煤机组无油和微油点火、内燃机系统节能、玻璃窑炉全氧燃烧和富氧燃烧、炼油含氢尾气膜法回收等技术。开展交通运输节油技术改造，鼓励以洁净煤炭、石油焦、天然气替代燃料油；在有条件的城市公交客车、出租车、城际客货运输车辆等推广使用天然气和煤层气；因地制宜推广醇醚燃料、生物柴油等车用替代燃料；实施乘用车制造企业平均油耗管理制度。

根据《“十二五”资源综合利用指导意见》，要基本实现焦炉、高炉、转炉煤气资源化利用；鼓励电力、石油、化工等行业对废气中有用组分进行回收和综合利用；以工业窑炉余热余压发电和低温废水余热开发利用为重点，实现余热余压的梯级利用。《石油天然气开采业污染防治技术政策》规定，在开发过程中，伴生气应回收利用，减少温室气体排放，不具备回收利用条件的，应充分燃烧，伴生气回收利用率应达到80%以上；站场放空天然气应充分燃烧。

第二节　综合性石油天然气立法的内在动因

为了落实石油天然气开发利用政策，应有科学的石油天然气法规体系与之呼应。我国石油天然气法规体系存在基本法依据不足、综合性立法缺位、专门立法不健全等问题。制定综合性石油天然气法，对于落实国家石油天然气政策、完善石油天然气法规体系、弥补现行立法内容的不足、推动油气产业管理科学化，具有重要意义。

一、落实国家石油天然气政策

如前所述，我国非常重视石油天然气产业的发展，几十年间出台了一系列推进产业发展的政策，内容涵盖常规油气资源勘探开发、非常规油气资源开发、石油天然气运输、石油天然气储备、石油天然气价格等方面。同时，近年来的一些政策越来越多地涉及应对气候变化方面的内容。

一些现行立法从不同方面体现和贯彻了这些政策，对保障石油天然气产业的健康发展发挥了重要的作用。但因缺少综合性石油天然气立法，产业政策更多的是根据位阶较低的立法实施，或者仅凭自身的效力实施，无法在一个完整、健全和协调的法规体系框架之下得到更加充分的落实。由此，石油天然气政策实施的稳定性和连续性也相应地受到影响。为了更好地实施国家石油天然气产业政策，有必要制定综合性石油天然气法。

二、完善石油天然气法规体系

制定综合性石油天然气法，有助于弥补现行法规体系的结构性缺陷。我国石油天然气法的内容分别规定在宪法、矿产资源法、专门或者相关的条例、规章或规范性文件中，但缺少统领这些法规的更高位阶的立法，使一些问题无法在法律层面得到及时有效解决。同时，由于石油天然气立法缺少统一的理念基础和制度框架，致使立法进展缓慢，法规体系不协调，内容不完整。这些问题的解决，有赖于一部位阶更高的、作为牵头法规的综合性石油天然气法。

从调整内容看，我国石油天然气上游法律体系相对较为健全，但中下游的许多重要领域都存在若干空白。特别是有关油气输送、液化石油气和天然气进口及监管等方面，目前主要依靠一些行政规章和大量的政策性文件进行调整，相关立法基本处于空白状态。这种状况使得中下游产业投资和经营环境的稳定性缺乏法律保障，增加了不确定性和投资风险，不利于产业健康发展。随着我国石油天然气需求和进口依赖程度的不断提高，这些问题也对石油天然气领域的跨国合作产生了诸多不利影响。

三、弥补现行立法内容的不足

《矿产资源法》是现行石油天然气法规体系的重要组成部分。但是，该法及其配套法规所规定的是矿产资源开发利用法律规制的共性问题，而无法有针对性地处理油气资源的特殊问题。尽管石油天然气资源的勘探和开采可以适用《矿产资源法》及其配套规定，但石油天然气产业集勘探、开采、炼化、储运、供配、消费、贸易为一体，其中一些重要环节是《矿产资源法》及其配套规章无法调整的。例如，《矿产资源法》及其配套规章未对政府与石油勘探开采企业的权利义务关系、勘探开采的市场准入、地方政府保护油气资源的责任等问题做出规定。

石油天然气产业具有上中下游一体化联动的特点，这就要求立法对各产业环节进行有效的规范和管理。我国现有立法对石油天然气炼化加工业务准入、管输经营准入、销售市场准入、国际贸易等方面均缺少足够明确并具有较高可操作性的法律规范，从而制约着石油天然气市场的健康发展。我国至今尚未制定有关石油储备方面的法律，难以在法律层面为进一步的石油储备工作提供支持。油气资源的节约和替代是国家石油安全战略的重要组成部分。尽管我国已经实施了《节约能源法》，但其中缺乏针对石油天然气产业的具体规定，特别是激励性规定。[1]

上述问题无法通过对现有相关立法的简单修改来解决。通过制定综合性石油天然气法，对这些问题做出明确的规范，是必要而且必然的解决方案。

四、推动油气产业管理科学化

我国石油天然气产业管理在监管主体、监管职能、监管机制等方面均有待完善。在管理主体方面，目前存在的主要问题是多头监督管理，政企职能不清，严重影响监管行为的正当性和效率性；在监管职能方面，主要问题体现在管监不分，职能分散，分割管理，监管缺位，权利义务失衡；在管理机制方面，主要问题体现在市场机制的作用未能得到充分发挥。[2]

为了解决这些问题，应制定更高位阶的综合性石油天然气法，确定综合性石油天然气行政主管机关，设立独立的石油天然气监管机构，并明确其职责。同时，将行政管理职能和监督职能从油气企业收归相应的监督和管理机关，从而实现“政企分离”；通过明确的职责定位，实现“管监分离”。同样重要的是健全管理机制，建立政府宏观调控与市场配置资源相结合的机制，推动石油天然气产

---

〔1〕 参见中国—欧盟能源环境项目：《世界典型国家不同阶段天然气发展的政策措施及对中国的启示》，2005 年发布，第 37 页。

〔2〕 详见本书第四章第三节的相关内容。

业的健康、持续发展。[1]

第三节 综合性石油天然气法的内容与立法技术

综合性石油天然气法应将石油天然气政策的重要内容法定化，同时弥补现行立法内容的不足。在立法技术上，法律位阶、文本形式、与正在研究制定中的能源基本法和相关立法的衔接，是应予重点解决的问题。

一、综合性石油天然气法的主要内容

我国综合性石油天然气法应包括总则、石油天然气管理体制、石油天然气上游产业规制（勘探和开采）、石油天然气中游产业规制（炼制、运输和储备）、石油天然气下游产业规制（市场）、石油天然气供应安全与产业激励、法律责任等方面的内容。[2]

（一）总则

“总则”部分应明确立法依据、立法目的和适用范围，规定石油天然气资源的所有权和用益物权，并就能源节约和合理开发利用、公众参与、安全、环保和健康、应对气候变化等事项做出原则性规定。

---

〔1〕 参见《中国能源发展报告》编辑委员会：《中国能源发展报告（2007）》，中国水利水电出版社2007年版，第122页。

〔2〕 关于综合性石油天然气法的内容，也有观点认为，该法应涉及上游、中游和下游，上游应重点突出资源勘探开发的效率（鼓励投资、经济性）、安全（资源保障程度）和环境保护，中游应突出运行的安全可靠和对第三方开放，下游应突出资源配置的效率（市场准入、消费结构、利用效率）。同时认为，该法律文本的框架应包括如下十三方面的内容：石油天然气产业管理和产业政策；资源与资源管理；石油天然气贸易与服务；市场主体与准入；石油天然气安全；石油天然气行业监管与价格；石油天然气对外合作；石油天然气对外投资；石油天然气标准；石油天然气节约；环境保护与海上油气田生产设施弃置；监督检查；法律责任。参见叶荣泗、吴钟瑚主编：《中国能源法律体系研究》，中国电力出版社2006年版，第180～181页。

立法目的应当是一个多元体系，包括保障石油天然气安全、提高石油天然气开发利用效率和促进社会经济可持续发展等三个方面。调整范围应包括石油天然气勘探、开采、炼化、储运、供应、贸易、消费等环节，即石油天然气产业链的所有活动。

在安全、环保和健康方面，应主要规定石油天然气开发利用过程中的污染防治、从业人员的健康与安全保护、技术和安全标准等内容。此外，还应就油气田的废弃与环境恢复（包括海上石油天然气田生产设施的弃置和环境保护）做出原则性规定。

在应对气候变化方面，综合性石油天然气法应主要就减缓气候变化做出原则性规定。可结合目前正在研究制定的能源基本法和气候变化应对法的相关内容，做出与温室气体排放总量控制制度和行业温室气体排放控制相衔接的规定。

（二）石油天然气管理体制

“石油天然气管理体制”部分应当明确我国石油天然气产业管理的原则、管理机构的组成和管理资金的来源，并重点就石油天然气行政主管部门和石油天然气监管机构的职责做出规定。

应设立综合性石油天然气行政主管机关和独立的石油天然气监管机构，并明确其职责。制度设计的基本思路是实现“政企分离”和“管监分离”，并充分发挥市场机制的作用。石油天然气行政主管机关设置为能源部下负责石油天然气产业管理的司（局），监管机构应设置为国家能源监督管理委员会下负责石油天然气监督管理的分支机构。

（三）石油天然气上游产业规制

在综合性石油天然气法中，“石油天然气上游产业规制”部分主要包括石油天然气勘查开发规划、矿权管理、矿权冲突与争议解决、海洋油气资源和非常规油气资源勘探开发的特殊规定、油气田保护、对外合作开采等方面。其中，石油天然气规划包括勘查开发规划的编制和勘查开发规划的实施两方面内容。矿权管理主要包括取得矿权的条件和程序、矿权人的基本权利和义务、矿权的转让、展期、撤回、终止、过期等内容，允许具备勘查资质的企业获得矿权，谨慎地引入合同机制，健全勘探开发区块退出机制，就建立合理的矿权流转机制做出框架性的规定。矿权冲突与争议解决主要包括不同矿种并行矿权安排和跨界区块争议解决程序。

上述规定中与现行《矿产资源法》、《对外合作开采海洋石油资源条例》、《对外合作开采陆上石油资源条例》等相衔接的内容，可在立法技术上采用指引性规定。同时，由于探矿权与采矿权之间的差异性，上述有关“矿权管理”的内容可以分为“探矿权”和“采矿权”两节做出规定。

（四）石油天然气中游产业规制

在综合性石油天然气法中，“石油天然气中游产业规制”部分主要就炼制、运输和储备等方环节出规定。在文本结构上，可分为“资质管理”、“管网建设与运营”和“石油天然气储备”等三节。

“资质管理”一节主要规定石油天然气炼制加工资质管理、管输资质管理、第三方使用运输和输送设施、储备资质管理等方面的内容，其中特别关注第三方准入机制。

“管网建设与运营”一节主要规定管网建设投资、土地利用、管道运营、管输费用、管网企业的工作物维持权、管道安全保护等方面的内容。管道安全部分对管道规划、建设和运行中的安全管理做出原则性规定，以与现行《石油天然气管道安全保护法》相衔接。

“石油天然气储备”一节主要规定石油储备规划、石油储备的组成和用途、石油储备管理体制、政府石油储备、企业石油储备、天然气储备、石油天然气储备基金等方面的内容。关于石油储备管理体制的内容，可将国务院设定为石油储备的决策机关，将国家能源主管部门设定为石油储备行政管理机关；关于政府石油储备管理的内容，可明确储备设施的建设和运行、储备资金的管理以及储备监督制度；关于企业义务石油储备管理的内容，可明确对企业的要求、储备石油的管理以及储备监督措施。

（五）石油天然气下游产业规制

在综合性石油天然气法中，“石油天然气下游产业规制”部分就市场开放、定价机制和市场监管做出规定。

“市场开放”一节主要规定市场主体及其资质管理、国家石油公司的权利和义务、其他经营主体的权利和义务、天然气用户的缔约选择权、城市燃气配售企业的权利和义务、石油天然气进出口贸易许可等方面的内容。其中，有关成品油和天然气特许经营的条件和程序应做出详细规定。

“定价机制”一节主要规定定价原则、定价程序、定价方法、价格监管、石油期货交易以及一些有关石油天然气定价机制的特殊规定。此部分内容应融合目前石油天然气定价机制改革的积极成果，同时基于如下思路做出相应的规定：在石油定价方面，综合性石油天然气法应规定基于合理的计价基础，使国内油价与国际油价接轨，同时明确政府在价格管理方面的宏观调控职能，并就建立石油期货交易体系做出原则性规定；在天然气定价方面，应逐步向市场定价机制过渡，规定天然气定价以热值为基础，对单位体积天然气的质量做出规定，收取容量费。

“市场监管”一节主要规定石油天然气运输配送专营权监管、城市配气特许经营权监管、城市配气的公共利益和公共安全保障、石油天然气产品质量监管、消费者利益保护等方面的内容。

（六）石油天然气供应安全和产业激励

在综合性石油天然气法中，“供应安全”部分应主要规定石油天然气供应多元化、石油天然气稳定供应和强制供应、紧急状态下供应安全保障等内容。“产业激励”部分应就支持石油天然气产业持续健康发展的财政措施、税收措施、风险投资、保险制度、石油天然气专项基金、技术创新等做出规定。

（七）法律责任

为确保前述制度和措施得以执行和遵守，综合性石油天然气法应针对违法行为规定相应的法律责任。责任主体包括主管部门及其工作人员、监管机构及其工作人员、能源企业以及其他法律主体。责任种类应当包括责令停止违法行为、责令改正、没收违法所得等行政责任，停止侵害、排除危害、恢复原状、赔偿损失等民事责任，以及与《刑法》相衔接的刑事责任。

二、综合性石油天然气法的立法技术

综合性石油天然气立法应采用适当的法律位阶和文本形式，考虑如何与现行立法和正在制定的相关立法实现有效的衔接，以形成一个有机协调的石油天然气法规体系。

（一）法律位阶

我国目前已初步形成了由综合性矿产资源管理法、石油天然气上游管理法、石油天然气中下游管理法、石油天然气产业保障法等构成的石油天然气法规体系。尽管《矿产资源法》及其实施细则等综合性矿产资源管理法在一定程度上统领着其他方面的立法，但并非针对石油天然气产业管理专门制定，在实践中难以起到石油天然气法规体系牵头法的作用，而这正是综合性石油天然气法所应承担的使命。

考虑到目前相关立法的位阶涵盖法律、法规、行政规章、规范性法律文件，亟须较高位阶的立法予以统领和协调，同时考虑到前述制定综合性立法的重要性和必要性，建议我国综合性石油天然气立法制定为法律。

（二）文本形式

在法律文本形式方面需要着重解决的问题是：这一综合性立法是制定为法典，还是制定为框架法。

制定法典需要具备多方面的条件，其中包括但不限于：理论上的准备和实务界的支持；齐全、高效、能够组织和调动各方面资源和力量的立法机构；法典编纂的基本素质和一定的立法技术；基本完备的法律制度和相对健全的法规体系；较强的社会法律意识。[1]理论界对法典的作用和实际效果存在争议，其中比较有代表性的是科尔尼的观点："法典无法否认的优点随着时间的推移也有可能变成其弱点。法典自身的严格的结构可能会阻碍法典的发展变化，或者导致法典之外补充条文的大量膨胀，或者导致'法官造法'的出现，而后者将会毁灭法制的统一性和连贯性。"[2]

就我国石油天然气立法而言，在制定法典的各种条件中，除了立法机构方面具备一定的优势外，其他方面的条件均不成熟。同时，法典化立法技术的负面效果对于石油天然气立法而言也同样存在。基于这些考虑，建议我国综合性石油天然气立法制定为框架法。这样一方面可为石油天然气法规体系提供牵头立法，另一方面又可避免因法典模式不适应我国目前实际情况可能造成的负面影响。

（三）与能源基本法的衔接

能源基本法作为综合性石油天然气法的上位法，在调整范围、管理机制、管理制度等方面与综合性石油天然气法存在重合之处。由于我国能源基本法的制定目前已提上日程，所以明确综合性石油天然气法与能源基本法之间的衔接关系就非常重要。概言之，二者之间的衔接关系可以归纳为指导关系、实现关系和支持关系等三个方面。

首先，指导关系。能源基本法对能源产业活动进行全面调整，因而对综合性石油天然气法的制定和实施具有指导作用。综合性石油天然气法应基于能源基本法的目标和原则，在一般性能源法律制度的基础上，进行具体的制度安排，从而在石油天然气产业管理领域落实能源基本法的要求。能源基本法确定的法律机制、法律制度

---

〔1〕 参见封丽霞：《法典编纂论——一个比较法的视角》，清华大学出版社 2002 年版，第 273～278 页。

〔2〕 转引自张梓太、李传轩、陶蕾：《环境法法典化研究》，北京大学出版社 2008 年版，第 85 页。

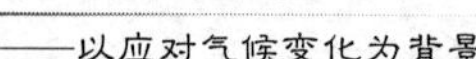

和法律措施，应在综合性石油天然气法中予以充分的体现和贯彻。

其次，实现关系。能源基本法更多是对能源管理领域的全局性、整体性问题进行规范，不可能也没有必要事无巨细地规定石油天然气领域的特殊问题。综合性石油天然气法应在石油天然气管理体制、上游产业规制（勘探和开采）、中游产业规制（炼制、运输和储备）、下游产业规制（市场）、供应安全与产业激励、法律责任等方面做出明确而具体的规定。尽管综合性石油天然气法的这些内容是对能源基本法相关机制、制度和措施的落实，并体现了能源基本法的价值追求、原则和目标，但更多的是规定石油天然气领域的特殊性，二者之间是一般法与特殊法的关系。

最后，支持关系。一方面，能源基本法作为一般法，可就石油天然气产业发展方面迫切需要解决而综合性石油天然气法无法详及的内容做出规定，例如综合性石油天然气法与现行《矿产资源法》之间的协调问题等。另一方面，综合性石油天然气法在石油天然气产业管理领域做出的制度安排，是能源法律体系的有机组成部分，对能源法律体系的健全和完善具有重要的支撑作用。因此，二者在内容上相互补充、相互支持。

（四）与现行立法的衔接

1. 基本处理原则

与现行相关立法之间的衔接，应着重从法律位阶、具体内容和文本结构等方面考虑：

首先，法律位阶上的衔接。制定一部较高位阶的综合性石油天然气法是健全我国石油天然气法规体系的迫切之需，可在很大程度上弥补目前我国石油天然气法规体系的结构性缺陷，解决法律规范内容缺位、不合理和内在冲突等问题，从而有助于更加有效地保障石油天然气安全，提高石油天然气开发利用效率，保护生态环境、减缓气候变化，同时促进社会经济可持续发展。根据我国石油天然气立法的现状，这一综合性的石油天然气法的位阶应高于现行石油天然气法规和行政规章，亦即应制定为法律。该法颁布之后，现行相关法规和行政规章如与该法的规定有不符之处，应依照该法执行，或者依照该法对现行法规和行政规章进行修订。

其次，具体内容上的衔接。对于现行石油天然气法规和行政规章中的合理内容，综合性石油天然气法应予认可，或将合理的内容直接纳入该法；对于其中需要改进和完善的内容，需另作规定。对于现行法规和行政规章中未作规定的内容，应增加和补充相应的内容。

最后，文本结构上的衔接。综合性石油天然气法应以石油天然气产业链的各个环节为线索安排法律文本结构。此种文本结构可涵盖石油天然气产业活动的所有方面，还可使该法能够与现行相关立法尽可能地相互补充和配合，在节约立法资源、提高立法效率的同时，完善我国石油天然气法规体系。

2. 具体处理方案

根据上述原则，综合性石油天然气法应特别处理好与《矿产资源法》、《土地管理法》、《农村土地承包法》、《物权法》、《石油天然气管道保护法》、《对外合作开采海洋石油资源条例》、《对外合作开采陆上石油资源条例》之间的衔接关系。

首先，与《矿产资源法》的衔接。《矿产资源法》的核心内容是有关矿产资源勘查登记、开采审批以及规范勘察开采活动的法律规范。这些规定与石油天然气矿权管理方面的内容相衔接，其中有关矿产勘查和开采登记审批（许可）的内容可以通过指引性规定，为综合性石油天然气法所采用。在此基础上，综合性石油天然气法可就矿权管理做出更具体的规定，加入有关矿权流转机制的原则性规定，并明确勘探开发区块退出机制。这些内容超出了现有《矿产资源法》的范畴，应依照上述基本处理原则进行相应的立法技术处理。

其次，与《土地管理法》的衔接。石油天然气产业活动使用土地的，应遵循与土地利用有关的法律规定，特别是有关土地征用和临时用地相关的规定。《土地管理法》提供的基本法律框架，综合性石油天然气法应予遵循。与石油天然气中游产业（特别是管道输送）具有显著的公共利益相关性不同，石油天然气上游产业的土地利用行为在本质上属于商业行为，应遵循土地利用相关法律规定，而没有必要为其设置专门的法律框架。〔1〕

再次，与《农村土地承包法》的衔接。《石油天然气管道保护法》规定："管道企业依法取得使用权的土地，任何单位和个人不得侵占。为合理利用土地，在保障管道安全的条件下，管道企业可以与有关单位、个人约定，同意有关单位、个人种植浅根农作物。但是，因管道维护、检测、维修造成的农作物损失，除另有约定外，管道企业不予赔偿。"〔2〕这一规定赋予管道企业的权利类似于"公共地役权"〔3〕。但《农村土地承包法》规定："国家保护集体土地所有者的合法权益，保护承包方的土地承包经营权，任何组织和个人不得侵犯。"〔4〕二者之间存在差异，在实践中也出现了农民与管道企业之间的冲突。鉴于石油天然气管道输送具有较为显著的公共利益相关性，综合性石油天然气法应进一步明确管道企业的公共地役权，对土地承包人的权利进行适当限制，以保障管道正常运行的工作物维持权和管道安全保护权。

复次，与《物权法》的衔接。我国《物权法》第 163 条规定：

---

〔1〕 也有观点认为应在征地费用、钻井工程临时用地审批程序和审批时间等方面有所突破，以便为石油天然气产业发展创造更加有利的法律制度环境。参见刘岩："措施须到位 新法方显威——新《土地管理法》实施后石油建设用地存在的主要问题及解决思路"，载《中国石油和化工》1999 年第 6 期。

〔2〕《石油天然气管道保护法》第 26 条。

〔3〕 公共地役权是指为公共利益需要而使不动产所有权人或使用权人容忍某种不利益或负担，因而使国家、公众或公共事业部门得以要求相关不动产所有权人或使用权人承担某种负担的权利。参见肖泽晟："行政地役权 开启公物二元产权之钥"，载 http：//www. civillaw. com. cn/article/default. asp? id = 31994，最后访问时间：2008 年 6 月。公共地役权主要涉及供电、石油天然气、通信、无线电和电视台、公安、消防、市政、航空等与公共利益相关的行业。参见汤长极："对公共地役权的立法建议"，载《中国土地》2006 年第 12 期。

〔4〕《农村土地承包法》第 9 条。

“土地上已设立土地承包经营权、建设用地使用权、宅基地使用权等权利的，未经用益物权人同意，土地所有权人不得设立地役权。”据此，管道企业取得地役权须征得用益物权人的同意，这与前述《农村土地承包法》第9条规定的法律效果类似。建议在进一步立法时考虑石油天然气管道企业的工作物维持权和管道安全保护权，并在综合性石油天然气法中就此做出明确规定。〔1〕

最后，与现行石油天然气专门立法的衔接。这些立法主要包括《石油天然气管道保护法》、《对外合作开采海洋石油资源条例》、《对外合作开采陆上石油资源条例》等。相对于综合性石油天然气法而言，这些立法均属特别法。对于其中的合理内容，综合性石油天然气法原则上应采用指引性规定予以适用；对于其中非常重要的内容，可直接纳入本法；对于这些特别法中需要改进和完善的内容，可另作规定。

〔1〕 参见于文轩：“我国综合性石油天然气立法初探”，载肖国兴、叶荣泗主编：《中国能源法研究报告》，法律出版社2010年版，第325～328页。

第八章

结　论

到得前头山脚尽，堂堂溪水出前村。

——（南宋）杨万里[1]

人类对石油天然气资源的大规模开发利用，对现代社会的发展和进步起到了决定性的作用。作为典型的化石能源，石油天然气开发利用对气候系统产生重大影响，并引起国际社会的广泛关注。石油天然气作为一种重要的战略资源，具有赋存数量有限、赋存状态不确定和赋存地域不均衡等经济属性。我国石油天然气资源总量和人均资源占有量均不丰富，资源总体质量不高，开采难度大，地理分布不均衡，供需平衡状况亦不容乐观。

基于规范石油天然气产业活动的内在需求，石油天然气法应运而生。石油天然气法，是指调整石油天然气产业及其规制活动的法律规范、由此形成的法规体系以及制定法律规范和构建法规体系过程中所采用的立法技术的整体。石油天然气法的主体包括个人、单位和国家；石油天然气法的内容，是指石油天然气法的主体享有的法律上的权利和承担的法律上的义务；石油天然气法的客体，是指

〔1〕 出自（南宋）杨万里：《桂源铺》。

石油天然气法确认和调整的社会关系，包括石油天然气开发利用关系和石油天然气开发利用规制关系。

贯穿于石油天然气法的价值取向、基本原则和目的体系，构成了石油天然气法的理念基础。石油天然气法的价值取向，是石油天然气法力图实现的、体现社会需求的目标或者状态，体现为正义、秩序和效率三方面。正义价值，即石油天然气法对法律主体的自由权利以及在法律上所应享有的平等地位、平等机会和平等待遇的追求、确认和保障。自由和平等这两个侧面的具体内容以及二者之间的互动、平衡和协调构成了正义价值的核心内容。秩序价值，即石油天然气法对其保护对象的安全性以及规制对象的可预见性的追求、确认和保障。秩序价值侧重于实现安全性和可预见性。效率价值，即法律对石油天然气产业的理想发展样态的追求、确认和保障。效率价值的内在规定性主要体现为目的的正当性、发展的均衡性、关注条件束性和重视隐性成本。

石油天然气法的基本原则，是体现石油天然气法价值取向的、在石油天然气产业发展、规制与保障过程中所应遵循的根本准则。石油天然气法的基本原则可以归纳为可持续发展原则、安全与效率兼顾原则、利益平衡原则和综合调整原则。四者之中，可持续发展原则是目标性原则，安全与效率兼顾原则和利益平衡原则是手段性原则，综合调整原则是程序性原则。

石油天然气法的目的，是基于石油天然气法的价值取向和基本原则，制定和实施石油天然气法所追求的目标和希望达到的结果。我国石油天然气法的目的体系包括保障石油天然气安全、提高石油天然气开发利用效率、促进石油天然气产业的健康发展。其中，保障石油天然气安全和提高石油天然气开发利用效率，是石油天然气法的直接目的；促进石油天然气产业的健康发展，是石油天然气法的最终目的。

石油天然气法规体系，是有关石油天然气勘探、开采、炼化、储运、贸易、销售等方面的全部法律规范依据一定的标准、原则、功能和层次所组成的相互配合、相互补充、相互协调和相互制约的规则系统。健全而完善的石油天然气法规体系，是石油天然气开发利用及其规制合理化和规范化的前提，有利于石油天然气法律机制和制度的规范和协调，并有利于最大限度地发挥制度功能。我国石油天然气法规体系由综合性矿产资源法、石油天然气上游产业管理法和中下游产业管理法、产业规制法、产业保障立法等构成，目前存在基本法依据不足、综合性立法缺位、专门立法不健全等问题，亟须健全和完善。可以借鉴国外成熟经验，同时充分考虑我国的具体国情和不断发展的现实需要，从法律位阶、立法模式和体系内容等三个方面完善法规体系。在法律位阶方面，建议在现有的法规体系框架下，通过制定或者修改有关立法，形成一个包括宪法、法律、行政法规、行政规章、规范性文件、地方法规和规章的完整的石油天然气法规体系。尽管理想的立法模式是依产业环节上、中、下游分别立法，但在我国，更为可行的选择是全行业统一立法。

为实现石油天然气政策和立法目标而确立的监督和管理机构的机构设置、职能分工、管理机制和管理依据所构成的有机整体，构成了石油天然气监管体制。我国目前形成了由国家发展和改革委员会、国家能源局、国土资源部、国有资产监督管理委员会、商务部、对外经济贸易合作部、财政部、住房和城乡建设部、国家质检总局、环境保护部、国家税务总局等部门组成的石油天然气监管体系，为推动石油天然气产业的健康发展起到了重要作用，但在管理主体、监管职能、管理机制等方面存在一些亟待解决的问题。为此，应着重从推进机构改革、明确管理职责、健全管理机制、完善法律依据等方面做出努力。

石油天然气产业规制，是指为实现石油天然气法的目的，对石油天然气产业运行及油气企业经营行为进行规范的活动。所有权制度、矿权管理制度以及国家参与和垄断，是上游产业规制应特别关注的问题。现行的石油天然气所有权制度符合我国国情需求，应予坚持。完善矿权制度，应着力解决资源许可取得成本低、缺少责任性规定、市场机制不完善、退出机制不健全、对环境保护重视不足等问题。对于煤层气矿权争议，在探索中形成的“三交合作模式”是一个可行的方案。页岩气开发利用面临的主要挑战是资源赋存状况不明、地面建设条件差、基础设施需要加强、缺乏鼓励政策等问题，技术障碍、环境风险和准入机制等方面的问题尤其需要着力解决。我国石油天然气产业上游领域存在的事实上的国家石油公司垄断，影响了石油天然气产业的健康发展。针对这一状况采取必要措施，有利于保障资源优化配置和社会福利。

石油天然气中游产业，特别是管道输送业务，在石油天然气产业中具有非常重要地位。石油天然气管输经营准入，即依法对石油天然气输送管道建设运营活动的申请者进行资质审查和批准，要求管道拥有者或运营者向其系统用户之外的主体开放管道，第三方利用管道的运输能力和相关服务输送自己的石油天然气产品，同时支付相应费用的一整套措施。为解决备受关注的石油管输经营准入问题，可借鉴国外成熟经验，在管道建设投资要求和准入制度的具体内容安排上做出调整。完善天然气管输经营准入制度，可从第三方准入机制、管道中立、差别性政策、立法支持等方面入手。

在石油天然气法视域下，下游产业需特别关注定价机制，从而防止经营者利用其特殊的市场地位获取不正当的垄断利润，保护消费者利益，提高产业效率，维护社会利益。我国现行石油定价机制对于保证国内市场供应、降低国际市场价格非正常波动对国内市场造成的负面影响，均发挥了重要的作用，但同时亦存在定价基点过高、缺乏风险控制措施、价格“涨多跌少”等问题。在有效竞争尚未形成之前，一步到位地实现完全市场定价并非可行的选择。因此，可从调整政府职能、使油价与国际接轨、完善期货市场、健全石油储备机制等方面入手，完善石油定价机制。现行的天然气定价机制在定价依据、价格构成、价格水平、与可替代能源的比价关系、与其他产业环节的衔接等方面存在不足。为此，应科学确定天然气定价机制，同时从宏观调控、专门立法、进口战略、储气库建

设等方面给予支持。

石油天然气产业保障机制，是指为支持和保障石油天然气产业的健康发展、实现产业规制机制目标而建立并实施的一整套法律措施。石油储备制度、管道安全保护制度和环境保护制度，是产业保障机制的重要内容。健全石油储备制度，应明确石油储备的组成和用途，完善石油储备管理体制，加强政府石油储备管理，细化企业义务石油储备管理制度，同时完善财税支持机制。完善管道安全保护制度，应着重解决监管体制不顺畅、保护范围偏窄、管道企业责任过大、管道穿跨越用地补偿标准不明、与相关立法衔接不力等问题。在环境保护制度方面，国家立法与企业内部规范相结合的模式对我国石油天然气开发利用环境保护发挥了较大的作用，但在制度效力、制度衔接、激励机制、公众参与程度等方面并不尽如人意。为此应提高制度效力和可操作性，加强法律制度之间的衔接与配合，完善税费制度，健全海洋石油污染处理机制，重视公众参与。

在应对气候变化背景下，为了落实国家石油天然气政策，完善石油天然气法规体系，弥补现行立法内容的不足，推动油气产业管理科学化，应尽快制度综合性石油天然气法。我国综合性石油天然气法应包括总则、石油天然气管理体制、上游产业规制、中游产业规制、下游产业规制、石油天然气供应安全与产业激励、法律责任等方面的内容。该法可以制定为法律，采用框架法的文本形式，应与目前正在制定的能源基本法和业已施行的《矿产资源法》、《土地管理法》、《农村土地承包法》、《物权法》、《石油天然气管道保护法》、《对外合作开采海洋石油资源条例》、《对外合作开采陆上石油资源条例》等实现良好的衔接。

附 录

Appendix

附录一 “中华人民共和国石油天然气法”草案框架

第一章 总 则

第一条 立法依据
第二条 立法目的
第三条 适用范围
第四条 石油天然气所有权
第五条 石油天然气用益物权
第六条 能源节约和合理开发利用
第七条 安全、环保和健康
第八条 应对气候变化

第二章 石油天然气管理体制

第九条 管理原则
第十条 管理机构的组成
第十一条 管理资金的来源
第十二条 行政主管部门
第十三条 监管机构

第三章　石油天然气勘探和开采

第一节　规　划

第十四条　勘查开发规划的编制

第十五条　勘查开发规划的实施

第二节　探矿权管理

第十六条　取得探矿权的条件

第十七条　取得探矿权的程序

第十八条　探矿权人的基本权利

第十九条　探矿权人的基本义务

第二十条　探矿权的转让

第二十一条　探矿权的展期、撤回、终止和过期

第三节　采矿权管理

第二十二条　取得采矿权的条件

第二十三条　取得采矿权的程序

第二十四条　采矿权人的基本权利

第二十五条　采矿权人的基本义务

第二十六条　采矿权的转让

第二十七条　采矿权的展期、撤回、终止和过期

第四节　其他规定

第二十八条　不同矿种并行矿权安排

第二十九条　跨界区块争议解决

第三十条　海洋油气资源勘探开发的特殊规定

第三十一条　非常规油气资源勘探的特殊规定

第三十二条　油气田保护

第三十三条　对外合作开采

第四章 石油天然气炼制、运输和储备

第一节 资质管理

第三十四条 炼制加工资质管理
第三十五条 管输资质管理
第三十六条 第三方使用运输和输送设施
第三十七条 储备资质管理

第二节 管网建设与运营

第三十八条 管网建设投资
第三十九条 管网建设土地利用
第四十条 管道运营
第四十一条 管输费用
第四十二条 管网企业的工作物维持权
第四十三条 管道安全保护

第三节 石油天然气储备

第四十四条 石油储备规划
第四十五条 石油储备的组成和用途
第四十六条 石油储备管理体制
第四十七条 政府石油储备
第四十八条 企业石油储备
第四十九条 天然气储备
第五十条 储备基金

第五章　石油天然气市场

第一节　市场开放

第五十一条　市场主体及其资质管理
第五十二条　国家石油公司的权利和义务
第五十三条　其他经营主体的权利和义务
第五十四条　天然气用户的缔约选择权
第五十五条　城市燃气配售企业的权利和义务
第五十六条　石油天然气进出口贸易许可

第二节　定价机制

第五十七条　定价原则
第五十八条　定价程序
第五十九条　定价方法
第六十条　价格监管
第六十一条　石油期货交易
第六十二条　特殊规定

第三节　市场监管

第六十三条　运输配送专营权监管
第六十四条　城市配气特许经营权监管
第六十五条　城市配气的公共利益和公共安全保障
第六十六条　产品质量监管
第六十七条　消费者利益保护

第六章 石油天然气供应安全和产业激励

第一节 供应安全

第六十八条 供应多元化
第六十九条 稳定供应
第七十条 强制供应
第七十一条 紧急状态下供应安全保障

第二节 产业激励

第七十二条 财政措施
第七十三条 税收措施
第七十四条 风险投资
第七十五条 保险制度
第七十六条 专项基金
第七十七条 技术创新支持

第七章 法律责任

第七十八条 主管部门及其工作人员的法律责任
第七十九条 监管机构及其工作人员的法律责任
第八十条 能源企业的法律责任
第八十一条 其他主体的法律责任

第八章 附 则

第八十二条 定义
第八十三条 生效时间
第八十四条 适用规则

附录二　我国现行重要石油天然气法律和法规

中华人民共和国矿产资源法

（1986年3月19日第六届全国人民代表大会常务委员会第十五次会议通过，根据1996年8月29日第八届全国人民代表大会常务委员会第二十一次会议《关于修改〈中华人民共和国矿产资源法〉的决定》修正）

第一章　总　则

第一条　为了发展矿业，加强矿产资源的勘查、开发利用和保护工作，保障社会主义现代化建设的当前和长远的需要，根据中华人民共和国宪法，特制定本法。

第二条　在中华人民共和国领域及管辖海域勘查、开采矿产资源，必须遵守本法。

第三条　矿产资源属于国家所有，由国务院行使国家对矿产资源的所有权。地表或者地下的矿产资源的国家所有权，不因其所依附的土地的所有权或者使用权的不同而改变。

国家保障矿产资源的合理开发利用。禁止任何组织或者个人用任何手段侵占或者破坏矿产资源。各级人民政府必须加强矿产资源的保护工作。

勘查、开采矿产资源，必须依法分别申请、经批准取得探矿权、采矿权，并办理登记；但是，已经依法申请取得采矿权的矿山企业在划定的矿区范围内为本企业的生产而进行的勘查除外。国家保护探矿权和采矿权不受侵犯，保障矿区和勘查作业区的生产秩序、工作秩序不受影响和破坏。

从事矿产资源勘查和开采的，必须符合规定的资质条件。

第四条 国家保障依法设立的矿山企业开采矿产资源的合法权益。

国有矿山企业是开采矿产资源的主体。国家保障国有矿业经济的巩固和发展。

第五条 国家实行探矿权、采矿权有偿取得的制度；但是，国家对探矿权、采矿权有偿取得的费用，可以根据不同情况规定予以减缴、免缴。具体办法和实施步骤由国务院规定。

开采矿产资源，必须按照国家有关规定缴纳资源税和资源补偿费。

第六条 除按下列规定可以转让外，探矿权、采矿权不得转让：

（一）探矿权人有权在划定的勘查作业区内进行规定的勘查作业，有权优先取得勘查作业区内矿产资源的采矿权。探矿权人在完成规定的最低勘查投入后，经依法批准，可以将探矿权转让他人。

（二）已取得采矿权的矿山企业，因企业合并、分立，与他人合资、合作经营，或者因企业资产出售以及有其他变更企业资产产权的情形而需要变更采矿权主体的，经依法批准可以将采矿权转让他人采矿。

前款规定的具体办法和实施步骤由国务院规定。

禁止将探矿权、采矿权倒卖牟利。

第七条 国家对矿产资源的勘查、开发实行统一规划、合理布局、综合勘查、合理开采和综合利用的方针。

第八条 国家鼓励矿产资源勘查、开发的科学技术研究，推广先进技术，提高矿产资源勘查、开发的科学技术水平。

第九条 在勘查、开发、保护矿产资源和进行科学技术研究等方面成绩显著的单位和个人，由各级人民政府给予奖励。

第十条 国家在民族自治地方开采矿产资源，应当照顾民族自治地方的利益，做出有利于民族自治地方经济建设的安排，照顾当地少数民族群众的生产和生活。

民族自治地方的自治机关根据法律规定和国家的统一规划，对可以由本地方开发的矿产资源，优先合理开发利用。

第十一条 国务院地质矿产主管部门主管全国矿产资源勘查、开采的监督管理工作。国务院有关主管部门协助国务院地质矿产主管部门进行矿产资源勘查、开采和监督管理工作。

省、自治区、直辖市人民政府地质矿产主管部门主管本行政区域内矿产资源勘查、开采的监督管理工作。省、自治区、直辖市人民政府有关主管部门协助同级地质矿产主管部门进行矿产资源勘查、开采的监督管理工作。

第二章　矿产资源勘查的登记和开采的审批

第十二条　国家对矿产资源勘查实行统一的区块登记管理制度。矿产资源勘查登记工作，由国务院地质矿产主管部门负责；特定矿种的矿产资源勘查登记工作，可以由国务院授权有关主管部门负责。矿产资源勘查区块登记管理办法由国务院制定。

第十三条　国务院矿产储量审批机构或者省、自治区、直辖市矿产储量审批机构负责审查批准供矿山建设设计使用的勘探报告，并在规定的期限内批复报送单位。勘探报告未经批准，不得作为矿山建设设计的依据。

第十四条　矿产资源勘查成果档案资料和各类矿产储量的统计资料，实行统一的管理制度，按照国务院规定汇交或者填报。

第十五条　设立矿山企业，必须符合国家规定的资质条件，并依照法律和国家有关规定，由审批机关对其矿区范围、矿山设计或者开采方案、生产技术条件、安全措施和环境保护措施等进行审查；审查合格的，方予批准。

第十六条　开采下列矿产资源的，由国务院地质矿产主管部门审批，并颁发采矿许可证：

（一）国家规划矿区和对国民经济具有重要价值的矿区内的矿产资源；

（二）前项规定区域以外可供开采的矿产储量规模在大型以上的矿产资源；

（三）国家规定实行保护性开采的特定矿种；

（四）领海及中国管辖的其他海域的矿产资源；

（五）国务院规定的其他矿产资源。

开采石油、天然气、放射性矿产等特定矿种的，可以由国务院授权的有关主管部门审批，并颁发采矿许可证。

开采第一款、第二款规定以外的矿产资源，其可供开采的矿产的储量规模为中型的，由省、自治区、直辖市人民政府地质矿产主管部门审批和颁发采矿许可证。

开采第一款、第二款和第三款规定以外的矿产资源的管理办法，由省、自治区、直辖市人民代表大会常务委员会依法制定。

依照第三款、第四款的规定审批和颁发采矿许可证的，由省、自治区、直辖市人民政府地质矿产主管部门汇总向国务院地质矿产主管部门备案。

矿产储量规模的大型、中型的划分标准，由国务院矿产储量审批机构规定。

第十七条 国家对国家规划矿区、对国民经济具有重要价值的矿区和国家规定实行保护性开采的特定矿种，实行有计划的开采；未经国务院有关主管部门批准，任何单位和个人不得开采。

第十八条 国家规划矿区的范围、对国民经济具有重要价值的矿区的范围、矿山企业矿区的范围依法划定后，由划定矿区范围的主管机关通知有关县级人民政府予以公告。

矿山企业变更矿区范围，必须报请原审批机关批准，并报请原颁发采矿许可证的机关重新核发采矿许可证。

第十九条 地方各级人民政府应当采取措施，维护本行政区域内的国有矿山企业和其他矿山企业矿区范围内的正常秩序。

禁止任何单位和个人进入他人依法设立的国有矿山企业和其他矿山企业矿区范围内采矿。

第二十条 非经国务院授权的有关主管部门同意，不得在下列地区开采矿产资源：

（一）港口、机场、国防工程设施圈定地区以内；

（二）重要工业区、大型水利工程设施、城镇市政工程设施附近一定距离以内；

（三）铁路、重要公路两侧一定距离以内；

（四）重要河流、堤坝两侧一定距离以内；

（五）国家规定的自然保护区、重要风景区，国家重点保护的不能移动的历史文物和名胜古迹所在地；

（六）国家规定不得开采矿产资源的其他地区。

第二十一条 关闭矿山，必须提出矿山闭坑报告及有关采掘工程、不安全隐患、土地复垦利用、环境保护的资料，并按照国家规定报请审查批准。

第二十二条 勘查、开采矿产资源时，发现具有重大科学文化价值的罕见地质现象以及文化古迹，应当加以保护并及时报告有关部门。

第三章 矿产资源的勘查

第二十三条 区域地质调查按照国家统一规划进行。区域地质调查的报告和图件按照国家规定验收，提供有关部门使用。

第二十四条 矿产资源普查在完成主要矿种普查任务的同时，应当对工作区内包括共生或者伴生矿产的成矿地质条件和矿床工业远景做出初步综合评价。

第二十五条 矿床勘探必须对矿区内具有工业价值的共生和伴生矿产进行综合评价，并计算其储量。未作综合评价的勘探报告不予批准。但是，国务院计划部门另有规定的矿床勘探项目除外。

第二十六条 普查、勘探易损坏的特种非金属矿产、流体矿产、易燃易爆易溶矿产和含有放射性元素的矿产，必须采用省级以上人民政府有关主管部门规定的普查、勘探方法，并有必要的技术装备和安全措施。

第二十七条 矿产资源勘查的原始地质编录和图件，岩矿心、测试样品和其他实物标本资料，各种勘查标志，应当按照有关规定保护和保存。

第二十八条 矿床勘探报告及其他有价值的勘查资料，按照国务院规定实行有偿使用。

第四章 矿产资源的开采

第二十九条 开采矿产资源，必须采取合理的开采顺序、开采方法和选矿工艺。矿山企业的开采回采率、采矿贫化率和选矿回收率应当达到设计要求。

第三十条 在开采主要矿产的同时，对具有工业价值的共生和伴生矿产应当统一规划，综合开采，综合利用，防止浪费；对暂时不能综合开采或者必须同时采出而暂时还不能综合利用的矿产以及含有有用组分的尾矿，应当采取有效的保护措施，防止损失破坏。

第三十一条 开采矿产资源，必须遵守国家劳动安全卫生规定，具备保障安全生产的必要条件。

第三十二条 开采矿产资源，必须遵守有关环境保护的法律规定，防止污染环境。

开采矿产资源，应当节约用地。耕地、草原、林地因采矿受到破坏的，矿山企业应当因地制宜地采取复垦利用、植树种草或者其他利用措施。

开采矿产资源给他人生产、生活造成损失的，应当负责赔偿，并采取必要的补救措施。

第三十三条 在建设铁路、工厂、水库、输油管道、输电线路和各种大型建筑物或者建筑群之前，建设单位必须向所在省、自治区、直辖市地质矿产主管部门了解拟建工程所在地区的矿产资源分布和开采情况。非经国务院授权的部门批准，不得压覆重要矿床。

第三十四条 国务院规定由指定的单位统一收购的矿产品，任何其他单位或者个人不得收购；开采者不得向非指定单位销售。

第五章 集体矿山企业和个体采矿

第三十五条 国家对集体矿山企业和个体采矿实行积极扶持、合理规划、正确引导、加强管理的方针，鼓励集体矿山企业开采国家指定范围内的矿产资源，允许个人采挖零星分散资源和只能用作普通建筑材料的砂、石、粘土以及为生活自用采挖少量矿产。

矿产储量规模适宜由矿山企业开采的矿产资源、国家规定实行保护性开采的特定矿种和国家规定禁止个人开采的其他矿产资源，个人不得开采。

国家指导、帮助集体矿山企业和个体采矿不断提高技术水平、资源利用率和经济效益。

地质矿产主管部门、地质工作单位和国有矿山企业应当按照积极支持、有偿互惠的原则向集体矿山企业和个体采矿提供地质资料和技术服务。

第三十六条 国务院和国务院有关主管部门批准开办的矿山企业矿区范围内已有的集体矿山企业，应当关闭或者到指定的其他地点开采，由矿山建设单位给予合理的补偿，并妥善安置群众生活；也可以按照该矿山企业的统筹安排，实行联合经营。

第三十七条 集体矿山企业和个体采矿应当提高技术水平，提高矿产资源回收率。禁止乱挖滥采，破坏矿产资源。

集体矿山企业必须测绘井上、井下工程对照图。

第三十八条 县级以上人民政府应当指导、帮助集体矿山企业和个体采矿进行技术改造，改善经营管理，加强安全生产。

第六章 法律责任

第三十九条 违反本法规定，未取得采矿许可证擅自采矿的，擅自进入国家规划矿区、对国民经济具有重要价值的矿区范围采矿的，擅自开采国家规定实行保护性开采的特定矿种的，责令停止开采、赔偿损失，没收采出的矿产品和违法所得，可以并处罚款；拒不停止开采，造成矿产资源破坏的，依照刑法第一百五十六条的规定对直接责任人员追究刑事责任。

单位和个人进入他人依法设立的国有矿山企业和其他矿山企业矿区范围内采矿的，依照前款规定处罚。

第四十条 超越批准的矿区范围采矿的，责令退回本矿区范围内开采、赔偿损失，没收越界开采的矿产品和违法所得，可以并处罚款；拒不退回本矿区范围内开采，造成矿产资源破坏的，吊销采矿许可证，依照刑法第一百五十六条的规定对直接责任人员追究刑事责任。

第四十一条 盗窃、抢夺矿山企业和勘查单位的矿产品和其他财物的，破坏采矿、勘查设施的，扰乱矿区和勘查作业区的生产秩序、工作秩序的，分别依照刑法有关规定追究刑事责任；情节显著轻微的，依照治安管理处罚条例有关规定予以处罚。

第四十二条 买卖、出租或者以其他形式转让矿产资源的，没收违法所得，处以罚款。

违反本法第六条的规定将探矿权、采矿权倒卖牟利的，吊销勘查许可证、采矿许可证，没收违法所得，处以罚款。

第四十三条 违反本法规定收购和销售国家统一收购的矿产品的，没收矿产品和违法所得，可以并处罚款；情节严重的，依照刑法第一百一十七条、第一百一十八条的规定，追究刑事责任。

第四十四条 违反本法规定，采取破坏性的开采方法开采矿产资源的，处以罚款，可以吊销采矿许可证；造成矿产资源严重破坏的，依照刑法第一百五十六条的规定对直接责任人员追究刑事责任。

第四十五条 本法第三十九条、第四十条、第四十二条规定的行政处罚，由县级以上人民政府负责地质矿产管理工作的部门按照国务院地质矿产主管部门规定的权限决定。第四十三条规定的行政处罚，由县级以上人民政府工商行政管理部门决定。第四十四条规定的行政处罚，由省、自治区、直辖市人民政府地质矿产主管部门决定。给予吊销勘查许可证或者采矿许可证处罚的，须由原发证机关决定。

依照第三十九条、第四十条、第四十二条、第四十四条规定应当给予行政处罚而不给予行政处罚的，上级人民政府地质矿产主管部门有权责令改正或者直接给予行政处罚。

第四十六条 当事人对行政处罚决定不服的，可以依法申请复议，也可以依法直接向人民法院起诉。

当事人逾期不申请复议也不向人民法院起诉，又不履行处罚决定的，由做出处罚决定的机关申请人民法院强制执行。

第四十七条 负责矿产资源勘查、开采监督管理工作的国家工作人员和其他有关国家工作人员徇私舞弊、滥用职权或者玩忽职守，违反本法规定批准勘查、开采矿产资源和颁发勘查许可证、采矿许可证，或者对违法采矿行为不依法予以制止、处罚，构成犯罪的，依法追究刑事责任；不构成犯罪的，给予行政处分。违法颁发的勘查许可证、采矿许可证、采矿许可证，上级人民政府地质矿产主管部门有权予以撤销。

第四十八条 以暴力、威胁方法阻碍从事矿产资源勘查、开采监督管理工作的国家工作人员依法执行职务的，依照刑法第一百五十七条的规定追究刑事责任；拒绝、阻碍从事矿产资源勘查、开采监督管理工作的国家工作人员依法执行职务未使用暴力、威胁方法的，由公安机关依照治安管理处罚条例的规定处罚。

第四十九条 矿山企业之间的矿区范围的争议，由当事人协商解决，协商不成的，由有关县级以上地方人民政府根据依法核定的矿区范围处理；跨省、自治区、直辖市的矿区范围的争议，由有关省、自治区、直辖市人民政府协商解决，协商不成的，由国务院处理。

第七章　附　则

第五十条 外商投资勘查、开采矿产资源，法律、行政法规另有规定的，从其规定。

第五十一条 本法施行以前，未办理批准手续、未划定矿区范围、未取得采矿许可证开采矿产资源的，应当依照本法有关规定申请补办手续。

第五十二条 本法实施细则由国务院制定。

第五十三条 本法自 1986 年 10 月 1 日起施行。

石油天然气管道保护法

（2010年6月25日第十一届全国人民代表大会常务委员会第十五次会议通过）

第一章 总 则

第一条 为了保护石油、天然气管道，保障石油、天然气输送安全，维护国家能源安全和公共安全，制定本法。

第二条 中华人民共和国境内输送石油、天然气的管道的保护，适用本法。

城镇燃气管道和炼油、化工等企业厂区内管道的保护，不适用本法。

第三条 本法所称石油包括原油和成品油，所称天然气包括天然气、煤层气和煤制气。

本法所称管道包括管道及管道附属设施。

第四条 国务院能源主管部门依照本法规定主管全国管道保护工作，负责组织编制并实施全国管道发展规划，统筹协调全国管道发展规划与其他专项规划的衔接，协调跨省、自治区、直辖市管道保护的重大问题。国务院其他有关部门依照有关法律、行政法规的规定，在各自职责范围内负责管道保护的相关工作。

第五条 省、自治区、直辖市人民政府能源主管部门和设区的市级、县级人民政府指定的部门，依照本法规定主管本行政区域的管道保护工作，协调处理本行政区域管道保护的重大问题，指导、监督有关单位履行管道保护义务，依法查处危害管道安全的违法行为。县级以上地方人民政府其他有关部门依照有关法律、行政法规的规定，在各自职责范围内负责管道保护的相关工作。

省、自治区、直辖市人民政府能源主管部门和设区的市级、县级人民政府指定的部门，统称县级以上地方人民政府主管管道保护工作的部门。

第六条 县级以上地方人民政府应当加强对本行政区域管道保护

工作的领导，督促、检查有关部门依法履行管道保护职责，组织排除管道的重大外部安全隐患。

第七条 管道企业应当遵守本法和有关规划、建设、安全生产、质量监督、环境保护等法律、行政法规，执行国家技术规范的强制性要求，建立、健全本企业有关管道保护的规章制度和操作规程并组织实施，宣传管道安全与保护知识，履行管道保护义务，接受人民政府及其有关部门依法实施的监督，保障管道安全运行。

第八条 任何单位和个人不得实施危害管道安全的行为。

对危害管道安全的行为，任何单位和个人有权向县级以上地方人民政府主管管道保护工作的部门或者其他有关部门举报。接到举报的部门应当在职责范围内及时处理。

第九条 国家鼓励和促进管道保护新技术的研究开发和推广应用。

第二章 管道规划与建设

第十条 管道的规划、建设应当符合管道保护的要求，遵循安全、环保、节约用地和经济合理的原则。

第十一条 国务院能源主管部门根据国民经济和社会发展的需要组织编制全国管道发展规划。组织编制全国管道发展规划应当征求国务院有关部门以及有关省、自治区、直辖市人民政府的意见。

全国管道发展规划应当符合国家能源规划，并与土地利用总体规划、城乡规划以及矿产资源、环境保护、水利、铁路、公路、航道、港口、电信等规划相协调。

第十二条 管道企业应当根据全国管道发展规划编制管道建设规划，并将管道建设规划确定的管道建设选线方案报送拟建管道所在地县级以上地方人民政府城乡规划主管部门审核；经审核符合城乡规划的，应当依法纳入当地城乡规划。

纳入城乡规划的管道建设用地，不得擅自改变用途。

第十三条 管道建设的选线应当避开地震活动断层和容易发生洪灾、地质灾害的区域，与建筑物、构筑物、铁路、公路、航道、港口、市政设施、军事设施、电缆、光缆等保持本法和有关法律、行政法规以及国家技术规范的强制性要求规定的保护距离。

新建管道通过的区域受地理条件限制，不能满足前款规定的管道保护要求的，管道企业应当提出防护方案，经管道保护方面的专家评审论证，并经管道所在地县级以上地方人民政府主管管道保护工作的部门批准后，方可建设。

管道建设项目应当依法进行环境影响评价。

第十四条 管道建设使用土地，依照《中华人民共和国土地管理法》等法律、行政法规的规定执行。

依法建设的管道通过集体所有的土地或者他人取得使用权的国有土地，影响土地使用的，管道企业应当按照管道建设时土地的用途给予补偿。

第十五条 依照法律和国务院的规定，取得行政许可或者已报送备案并符合开工条件的管道项目的建设，任何单位和个人不得阻碍。

第十六条 管道建设应当遵守法律、行政法规有关建设工程质量管理的规定。

管道企业应当依照有关法律、行政法规的规定，选择具备相应资质的勘察、设计、施工、工程监理单位进行管道建设。

管道的安全保护设施应当与管道主体工程同时设计、同时施工、同时投入使用。

管道建设使用的管道产品及其附件的质量，应当符合国家技术规范的强制性要求。

第十七条 穿跨越水利工程、防洪设施、河道、航道、铁路、公路、港口、电力设施、通信设施、市政设施的管道的建设，应当遵守本法和有关法律、行政法规，执行国家技术规范的强制性要求。

第十八条 管道企业应当按照国家技术规范的强制性要求在管道沿线设置管道标志。管道标志毁损或者安全警示不清的，管道企业应当及时修复或者更新。

第十九条 管道建成后应当按照国家有关规定进行竣工验收。竣工验收应当审查管道是否符合本法规定的管道保护要求，经验收合格方可正式交付使用。

第二十条 管道企业应当自管道竣工验收合格之日起六十日内，将竣工测量图报管道所在地县级以上地方人民政府主管管道保护工作的部门备案；县级以上地方人民政府主管管道保护工作的部门应当将管道企业报送的管道竣工测量图分送本级人民政府规划、建设、国土资源、铁路、交通、水利、公安、安全生产监督管理等部门和有关军事机关。

第二十一条 地方各级人民政府编制、调整土地利用总体规划和城乡规划，需要管道改建、搬迁或者增加防护设施的，应当与管道企业协商确定补偿方案。

第三章　管道运行中的保护

第二十二条 管道企业应当建立、健全管道巡护制度，配备专门人员对管道线路进行日常巡护。管道巡护人员发现危害管道安全的情形或者隐患，应当按照规定及时处理和报告。

第二十三条 管道企业应当定期对管道进行检测、维修，确保其处于良好状态；对管道安全风险较大的区段和场所应当进行重点监测，采取有效措施防止管道事故的发生。

对不符合安全使用条件的管道，管道企业应当及时更新、改造或者停止使用。

第二十四条 管道企业应当配备管道保护所必需的人员和技术装备，研究开发和使用先进适用的管道保护技术，保证管道保护所必需的经费投入，并对在管道保护中做出突出贡献的单位和个人给予奖励。

第二十五条 管道企业发现管道存在安全隐患，应当及时排除。对管道存在的外部安全隐患，管道企业自身排除确有困难的，应当向县级以上地方人民政府主管管道保护工作的部门报告。接到报告的主管管道保护工作的部门应当及时协调排除或者报请人民政府及时组织排除安全隐患。

第二十六条 管道企业依法取得使用权的土地，任何单位和个人不得侵占。

为合理利用土地，在保障管道安全的条件下，管道企业可以与有关单位、个人约定，同意有关单位、个人种植浅根农作物。但是，因管道巡护、检测、维修造成的农作物损失，除另有约定外，管道企业不予赔偿。

第二十七条 管道企业对管道进行巡护、检测、维修等作业，管道沿线的有关单位、个人应当给予必要的便利。

因管道巡护、检测、维修等作业给土地使用权人或者其他单位、个人造成损失的，管道企业应当依法给予赔偿。

第二十八条 禁止下列危害管道安全的行为：

（一）擅自开启、关闭管道阀门；

（二）采用移动、切割、打孔、砸撬、拆卸等手段损坏管道；

（三）移动、毁损、涂改管道标志；

（四）在埋地管道上方巡查便道上行驶重型车辆；

（五）在地面管道线路、架空管道线路和管桥上行走或者放置重物。

第二十九条 禁止在本法第五十八条第一项所列管道附属设施的上方架设电力线路、通信线路或者在储气库构造区域范围内进行工程挖掘、工程钻探、采矿。

第三十条 在管道线路中心线两侧各五米地域范围内，禁止下列危害管道安全的行为：

（一）种植乔木、灌木、藤类、芦苇、竹子或者其他根系深达管道埋设部位可能损坏管道防腐层的深根植物；

（二）取土、采石、用火、堆放重物、排放腐蚀性物质、使用机械工具进行挖掘施工；

（三）挖塘、修渠、修晒场、修建水产养殖场、建温室、建家畜棚圈、建房以及修建其他建筑物、构筑物。

第三十一条 在管道线路中心线两侧和本法第五十八条第一项所列管道附属设施周边修建下列建筑物、构筑物的，建筑物、构筑物与管道线路和管道附属设施的距离应当符合国家技术规范的强制性要求：

（一）居民小区、学校、医院、娱乐场所、车站、商场等人口密集的建筑物；

（二）变电站、加油站、加气站、储油罐、储气罐等易燃易爆物品的生产、经营、存储场所。

前款规定的国家技术规范的强制性要求，应当按照保障管道及建筑物、构筑物安全和节约用地的原则确定。

第三十二条　在穿越河流的管道线路中心线两侧各五百米地域范围内，禁止抛锚、拖锚、挖砂、挖泥、采石、水下爆破。但是，在保障管道安全的条件下，为防洪和航道通畅而进行的养护疏浚作业除外。

第三十三条　在管道专用隧道中心线两侧各一千米地域范围内，除本条第二款规定的情形外，禁止采石、采矿、爆破。

在前款规定的地域范围内，因修建铁路、公路、水利工程等公共工程，确需实施采石、爆破作业的，应当经管道所在地县级人民政府主管管道保护工作的部门批准，并采取必要的安全防护措施，方可实施。

第三十四条　未经管道企业同意，其他单位不得使用管道专用伴行道路、管道水工防护设施、管道专用隧道等管道附属设施。

第三十五条　进行下列施工作业，施工单位应当向管道所在地县级人民政府主管管道保护工作的部门提出申请：

（一）穿跨越管道的施工作业；

（二）在管道线路中心线两侧各五米至五十米和本法第五十八条第一项所列管道附属设施周边一百米地域范围内，新建、改建、扩建铁路、公路、河渠，架设电力线路，埋设地下电缆、光缆，设置安全接地体、避雷接地体；

（三）在管道线路中心线两侧各二百米和本法第五十八条第一项所列管道附属设施周边五百米地域范围内，进行爆破、地震法勘探或者工程挖掘、工程钻探、采矿。

县级人民政府主管管道保护工作的部门接到申请后，应当组织施工单位与管道企业协商确定施工作业方案，并签订安全防护协议；协商不成的，主管管道保护工作的部门应当组织进行安全评审，做出是否批准作业的决定。

第三十六条　申请进行本法第三十三条第二款、第三十五条规定的施工作业，应当符合下列条件：

（一）具有符合管道安全和公共安全要求的施工作业方案；

（二）已制定事故应急预案；

（三）施工作业人员具备管道保护知识；

（四）具有保障安全施工作业的设备、设施。

第三十七条 进行本法第三十三条第二款、第三十五条规定的施工作业，应当在开工七日前书面通知管道企业。管道企业应当指派专门人员到现场进行管道保护安全指导。

第三十八条 管道企业在紧急情况下进行管道抢修作业，可以先行使用他人土地或者设施，但应当及时告知土地或者设施的所有权人或者使用权人。给土地或者设施的所有权人或者使用权人造成损失的，管道企业应当依法给予赔偿。

第三十九条 管道企业应当制定本企业管道事故应急预案，并报管道所在地县级人民政府主管管道保护工作的部门备案；配备抢险救援人员和设备，并定期进行管道事故应急救援演练。

发生管道事故，管道企业应当立即启动本企业管道事故应急预案，按照规定及时通报可能受到事故危害的单位和居民，采取有效措施消除或者减轻事故危害，并依照有关事故调查处理的法律、行政法规的规定，向事故发生地县级人民政府主管管道保护工作的部门、安全生产监督管理部门和其他有关部门报告。

接到报告的主管管道保护工作的部门应当按照规定及时上报事故情况，并根据管道事故的实际情况组织采取事故处置措施或者报请人民政府及时启动本行政区域管道事故应急预案，组织进行事故应急处置与救援。

第四十条 管道泄漏的石油和因管道抢修排放的石油造成环境污染的，管道企业应当及时治理。因第三人的行为致使管道泄漏造成环境污染的，管道企业有权向第三人追偿治理费用。

环境污染损害的赔偿责任，适用《中华人民共和国侵权责任法》和防治环境污染的法律的有关规定。

第四十一条 管道泄漏的石油和因管道抢修排放的石油，由管道企业回收、处理，任何单位和个人不得侵占、盗窃、哄抢。

第四十二条 管道停止运行、封存、报废的，管道企业应当采取必要的安全防护措施，并报县级以上地方人民政府主管管道保护工作的部门备案。

第四十三条 管道重点保护部位，需要由中国人民武装警察部队负责守卫的，依照《中华人民共和国人民武装警察法》和国务院、中央军事委员会的有关规定执行。

第四章 管道建设工程与其他建设工程相遇关系的处理

第四十四条 管道建设工程与其他建设工程的相遇关系，依照法律的规定处理；法律没有规定的，由建设工程双方按照下列原则协商处理，并为对方提供必要的便利：

（一）后开工的建设工程服从先开工或者已建成的建设工程；

（二）同时开工的建设工程，后批准的建设工程服从先批准的建设工程。

依照前款规定，后开工或者后批准的建设工程，应当符合先开工、已建成或者先批准的建设工程的安全防护要求；需要先开工、已建成或者先批准的建设工程改建、搬迁或者增加防护设施的，后开工或者后批准的建设工程一方应当承担由此增加的费用。

管道建设工程与其他建设工程相遇的，建设工程双方应当协商确定施工作业方案并签订安全防护协议，指派专门人员现场监督、指导对方施工。

第四十五条 经依法批准的管道建设工程，需要通过正在建设的其他建设工程的，其他工程建设单位应当按照管道建设工程的需要，预留管道通道或者预建管道通过设施，管道企业应当承担由此增加的费用。

经依法批准的其他建设工程，需要通过正在建设的管道建设工程的，管道建设单位应当按照其他建设工程的需要，预留通道或者预建相关设施，其他工程建设单位应当承担由此增加的费用。

第四十六条 管道建设工程通过矿产资源开采区域的，管道企业应当与矿产资源开采企业协商确定管道的安全防护方案，需要矿产资源开采企业按照管道安全防护要求预建防护设施或者采取其他防护措施的，管道企业应当承担由此增加的费用。

矿产资源开采企业未按照约定预建防护设施或者采取其他防护措施，造成地面塌陷、裂缝、沉降等地质灾害，致使管道需要改建、搬迁或者采取其他防护措施的，矿产资源开采企业应当承担由此增加的费用。

第四十七条 铁路、公路等建设工程修建防洪、分流等水工防护设施，可能影响管道保护的，应当事先通知管道企业并注意保护下游已建成的管道水工防护设施。

建设工程修建防洪、分流等水工防护设施，使下游已建成的管道水工防护设施的功能受到影响，需要新建、改建、扩建管道水工防护设施的，工程建设单位应当承担由此增加的费用。

第四十八条 县级以上地方人民政府水行政主管部门制定防洪、泄洪方案应当兼顾管道的保护。

需要在管道通过的区域泄洪的，县级以上地方人民政府水行政主管部门应当在泄洪方案确定后，及时将泄洪量和泄洪时间通知本级人民政府主管管道保护工作的部门和管道企业或者向社会公告。主管管道保护工作的部门和管道企业应当对管道采取防洪保护措施。

第四十九条 管道与航道相遇，确需在航道中修建管道防护设施的，应当进行通航标准技术论证，并经航道主管部门批准。管道防护设施完工后，应经航道主管部门验收。

进行前款规定的施工作业，应当在批准的施工区域内设置航标，航标的设置和维护费用由管道企业承担。

第五章　法律责任

第五十条 管道企业有下列行为之一的，由县级以上地方人民政府主管管道保护工作的部门责令限期改正；逾期不改正的，处二万元以上十万元以下的罚款；对直接负责的主管人员和其他直接责任人员给予处分：

（一）未依照本法规定对管道进行巡护、检测和维修的；

（二）对不符合安全使用条件的管道未及时更新、改造或者停止使用的；

（三）未依照本法规定设置、修复或者更新有关管道标志的；

（四）未依照本法规定将管道竣工测量图报人民政府主管管道保护工作的部门备案的；

（五）未制定本企业管道事故应急预案，或者未将本企业管道事故应急预案报人民政府主管管道保护工作的部门备案的；

（六）发生管道事故，未采取有效措施消除或者减轻事故危害的；

（七）未对停止运行、封存、报废的管道采取必要的安全防护措施的。

管道企业违反本法规定的行为同时违反建设工程质量管理、安全生产、消防等其他法律的，依照其他法律的规定处罚。

管道企业给他人合法权益造成损害的，依法承担民事责任。

第五十一条　采用移动、切割、打孔、砸撬、拆卸等手段损坏管道或者盗窃、哄抢管道输送、泄漏、排放的石油、天然气，尚不构成犯罪的，依法给予治安管理处罚。

第五十二条　违反本法第二十九条、第三十条、第三十二条或者第三十三条第一款的规定，实施危害管道安全行为的，由县级以上地方人民政府主管管道保护工作的部门责令停止违法行为；情节较重的，对单位处一万元以上十万元以下的罚款，对个人处二百元以上二千元以下的罚款；对违法修建的建筑物、构筑物或者其他设施限期拆除；逾期未拆除的，由县级以上地方人民政府主管管道保护工作的部门组织拆除，所需费用由违法行为人承担。

第五十三条　未经依法批准，进行本法第三十三条第二款或者第三十五条规定的施工作业的，由县级以上地方人民政府主管管道保护工作的部门责令停止违法行为；情节较重的，处一万元以上五万元以下的罚款；对违法修建的危害管道安全的建筑物、构筑物或者其他设施限期拆除；逾期未拆除的，由县级以上地方人民政府主管管道保护工作的部门组织拆除，所需费用由违法行为人承担。

第五十四条　违反本法规定，有下列行为之一的，由县级以上地方人民政府主管管道保护工作的部门责令改正；情节严重的，处二百元以上一千元以下的罚款：

（一）擅自开启、关闭管道阀门的；

（二）移动、毁损、涂改管道标志的；

（三）在埋地管道上方巡查便道上行驶重型车辆的；

（四）在地面管道线路、架空管道线路和管桥上行走或者放置重物的；

（五）阻碍依法进行的管道建设的。

第五十五条　违反本法规定，实施危害管道安全的行为，给管道企业造成损害的，依法承担民事责任。

第五十六条　县级以上地方人民政府及其主管管道保护工作的部门或者其他有关部门，违反本法规定，对应当组织排除的管道外部安全隐患不及时组织排除，发现危害管道安全的行为或者接到对危害管道安全行为的举报后不依法予以查处，或者有其他不依照本法规定履行职责的行为的，由其上级机关责令改正，对直接负责的主管人员和其他直接责任人员依法给予处分。

第五十七条　违反本法规定，构成犯罪的，依法追究刑事责任。

第六章　附　则

第五十八条　本法所称管道附属设施包括：

（一）管道的加压站、加热站、计量站、集油站、集气站、输油站、输气站、配气站、处理场、清管站、阀室、阀井、放空设施、油库、储气库、装卸栈桥、装卸场；

（二）管道的水工防护设施、防风设施、防雷设施、抗震设施、通信设施、安全监控设施、电力设施、管堤、管桥以及管道专用涵洞、隧道等穿跨越设施；

（三）管道的阴极保护站、阴极保护测试桩、阳极地床、杂散电流排流站等防腐设施；

（四）管道穿越铁路、公路的检漏装置；

（五）管道的其他附属设施。

第五十九条 本法施行前在管道保护距离内已建成的人口密集场所和易燃易爆物品的生产、经营、存储场所，应当由所在地人民政府根据当地的实际情况，有计划、分步骤地进行搬迁、清理或者采取必要的防护措施。需要已建成的管道改建、搬迁或者采取必要的防护措施的，应当与管道企业协商确定补偿方案。

第六十条 国务院可以根据海上石油、天然气管道的具体情况，制定海上石油、天然气管道保护的特别规定。

第六十一条 本法自2010年10月1日起施行。

中华人民共和国对外合作开采海洋石油资源条例

（1982年1月30日国务院发布，根据2011年9月30日《国务院关于修改〈中华人民共和国对外合作开采海洋石油资源条例〉的决定》第三次修订）

第一章 总 则

第一条 为促进国民经济的发展，扩大国际经济技术合作，在维护国家主权和经济利益的前提下允许外国企业参与合作开采中华人民共和国海洋石油资源，特制定本条例。

第二条 中华人民共和国的内海、领海、大陆架以及其他属于中华人民共和国海洋资源管辖海域的石油资源，都属于中华人民共和国国家所有。

在前款海域内，为开采石油而设置的建筑物、构筑物、作业船舶，以及相应的陆岸油（气）集输终端和基地，都受中华人民共和国管辖。

第三条 中国政府依法保护参与合作开采海洋石油资源的外国企业的投资、应得利润和其他合法权益，依法保护外国企业的合作开采活动。

在本条例范围内，合作开采海洋石油资源的一切活动，都应当遵守中华人民共和国的法律、法令和国家的有关规定；参与实施石油作业的企业和个人，都应当受中国法律的约束，接受中国政府有关主管部门的检查、监督。

第四条 国家对参加合作开采海洋石油资源的外国企业的投资和收益不实行征收。在特殊情况下，根据社会公共利益的需要，可以对外国企业在合作开采中应得石油的一部分或者全部，依照法律程序实行征收，并给予相应的补偿。

第五条 国务院指定的部门依据国家确定的合作海区、面积，决定合作方式，划分合作区块；依据国家规定制定同外国企业合作开采海洋石油资源的规划；制定对外合作开采海洋石油资源的业务政策和审批海上油（气）田的总体开发方案。

第六条 中华人民共和国对外合作开采海洋石油资源的业务，由中国海洋石油总公司全面负责。

中国海洋石油总公司是具有法人资格的国家公司，享有在对外合作海区内进行石油勘探、开发、生产和销售的专营权。

中国海洋石油总公司根据工作需要，可以设立地区公司、专业公司、驻外代表机构，执行总公司交付的任务。

第七条 中国海洋石油总公司就对外合作开采石油的海区、面积、区块，通过组织招标，采取签订石油合同方式，同外国企业合作开采石油资源。

前款石油合同，经中华人民共和国商务部批准，即为有效。

中国海洋石油总公司采取其他方式运用外国企业的技术和资金合作开采石油资源所签订的文件，也应当经中华人民共和国商务部批准。

第二章　石油合同各方的权利和义务

第八条 中国海洋石油总公司通过订立石油合同同外国企业合作开采海洋石油资源，除法律、行政法规另有规定或者石油合同另有约定外，应当由石油合同中的外国企业一方（以下称外国合同者）投资进行勘探，负责勘探作业，并承担全部勘探风险；发现商业性油

（气）田后，由外国合同者同中国海洋石油总公司双方投资合作开发，外国合同者并应负责开发作业和生产作业，直至中国海洋石油总公司按照石油合同规定在条件具备的情况下接替生产作业。外国合同者可以按照石油合同规定，从生产的石油中回收其投资和费用，并取得报酬。

第九条 外国合同者可以将其应得的石油和购买的石油运往国外，也可以依法将其回收的投资、利润和其他正当收益汇往国外。

第十条 参与合作开采海洋石油资源的中国企业、外国企业，都应当依法纳税。

第十一条 为执行石油合同所进口的设备和材料，按照国家规定给予减税、免税，或者给予税收方面的其他优惠。

第十二条 外国合同者开立外汇账户和办理其他外汇事宜，应当遵守《中华人民共和国外汇管理条例》和国家有关外汇管理的其他规定。

第十三条 石油合同可以约定石油作业所需的人员，作业者可以优先录用中国公民。

第十四条 外国合同者在执行石油合同从事开发、生产作业过程中，必须及时地、准确地向中国海洋石油总公司报告石油作业情况；完整地、准确地取得各项石油作业的数据、记录、样品、凭证和其他原始资料，并定期向中国海洋石油总公司提交必要的资料和样品以及技术、经济、财会、行政方面的各种报告。

第十五条 外国合同者为执行石油合同从事开发、生产作业，应当在中华人民共和国境内设立分支机构或者代表机构，并依法履行登记手续。

前款机构的住所地应当同中国海洋石油总公司共同商量确定。

第十六条 本条例第三条、第九条、第十条、第十一条、第十五条的规定，对向石油作业提供服务的外国承包者，类推适用。

第三章　石油作业

第十七条 作业者必须根据本条例和国家有关开采石油资源的规

定，参照国际惯例，制定油（气）田总体开发方案和实施生产作业，以达到尽可能高的石油采收率。

第十八条 外国合同者为执行石油合同从事开发、生产作业，应当使用中华人民共和国境内现有的基地；如需设立新基地，必须位于中华人民共和国境内。

前款新基地的具体地点，以及在特殊情况下需要采取的其他措施，都必须经中国海洋石油总公司书面同意。

第十九条 中国海洋石油总公司有权派人参加外国作业者为执行石油合同而进行的总体设计和工程设计。

第二十条 外国合同者为执行石油合同，除租用第三方的设备外，按计划和预算所购置和建造的全部资产，当外国合同者的投资按照规定得到补偿后，其所有权属于中国海洋石油总公司，在合同期内，外国合同者仍然可以依据合同的规定使用这些资产。

第二十一条 为执行石油合同所取得的各项石油作业的数据、记录、样品、凭证和其他原始资料，其所有权属于中国海洋石油总公司。

前款数据、记录、样品、凭证和其他原始资料的使用和转让、赠与、交换、出售、公开发表以及运出、传送出中华人民共和国，都必须按照国家有关规定执行。

第二十二条 作业者和承包者在实施石油作业中，应当遵守中华人民共和国有关环境保护和安全方面的法律规定，并参照国际惯例进行作业，保护渔业资源和其他自然资源，防止对大气、海洋、河流、湖泊和陆地等环境的污染和损害。

第二十三条 石油合同区产出的石油，应当在中华人民共和国登陆，也可以在海上油（气）外输计量点运出。如需在中华人民共和国以外的地点登陆，必须经国务院指定的部门批准。

第四章 附 则

第二十四条 在合作开采海洋石油资源活动中，外国企业和中国企业间发生的争执，应当通过友好协商解决。通过协商不能解决的，由中华人民共和国仲裁机构进行调解、仲裁，也可以由合同双方协议

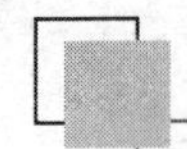

在其他仲裁机构仲裁。

第二十五条 作业者、承包者违反本条例规定实施石油作业的，由国务院指定的部门依据职权责令限期改正，给予警告；在限期内不改正的，可以责令其停止实施石油作业。由此造成的一切经济损失，由责任方承担。

第二十六条 本条例所用的术语，其定义如下：

（一）“石油”是指蕴藏在地下的、正在采出的和已经采出的原油和天然气。

（二）“开采”是泛指石油的勘探、开发、生产和销售及其有关的活动。

（三）“石油合同”是指中国海洋石油总公司同外国企业为合作开采中华人民共和国海洋石油资源，依法订立的包括石油勘探、开发和生产的合同。

（四）“合同区”是指在石油合同中为合作开采石油资源以地理坐标圈定的海域面积。

（五）“石油作业”是指为执行石油合同而进行的勘探、开发和生产作业及其有关的活动。

（六）“勘探作业”是指用地质、地球物理、地球化学和包括钻勘探井等各种方法寻找储藏石油的圈闭所做的全部工作，以及在已发现石油的圈闭上为确定它有无商业价值所做的钻评价井、可行性研究和编制油（气）田的总体开发方案等全部工作。

（七）“开发作业”是指从国务院指定的部门批准油（气）田的总体开发方案之日起，为实现石油生产所进行的设计、建造、安装、钻井工程等及其相应的研究工作，并包括商业性生产开始之前的生产活动。

（八）“生产作业”是指一个油（气）田从开始商业性生产之日起，为生产石油所进行的全部作业以及与其有关的活动，诸如采出、注入、增产、处理、贮运和提取等作业。

（九）“外国合同者”是指同中国海洋石油总公司签订石油合同的外国企业。外国企业可以是公司，也可以是公司集团。

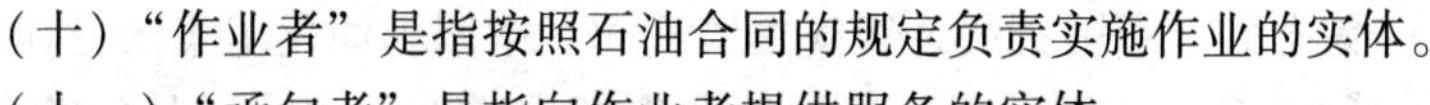
（十）“作业者”是指按照石油合同的规定负责实施作业的实体。

（十一）“承包者”是指向作业者提供服务的实体。

第二十七条 本条例自公布之日起施行。

中华人民共和国对外合作开采陆上石油资源条例

（1993年10月7日中华人民共和国国务院令第131号发布，根据2011年9月30日《国务院关于修改〈中华人民共和国对外合作开采陆上石油资源条例〉的决定》第三次修订）

第一章 总 则

第一条 为保障石油工业的发展，促进国际经济合作和技术交流，制定本条例。

第二条 在中华人民共和国境内从事中外合作开采陆上石油资源活动，必须遵守本条例。

第三条 中华人民共和国境内的石油资源属于中华人民共和国国家所有。

第四条 中国政府依法保护参加合作开采陆上石油资源的外国企业的合作开采活动及其投资、利润和其他合法权益。

在中华人民共和国境内从事中外合作开采陆上石油资源活动，必须遵守中华人民共和国的有关法律、法规和规章，并接受中国政府有关机关的监督管理。

第五条 国家对参加合作开采陆上石油资源的外国企业的投资和收益不实行征收。在特殊情况下，根据社会公共利益的需要，可以对外国企业在合作开采中应得石油的一部分或者全部，依照法律程序实行征收，并给予相应的补偿。

第六条 国务院指定的部门负责在国务院批准的合作区域内，划分合作区块，确定合作方式，组织制定有关规划和政策，审批对外合作油（气）田总体开发方案。

第七条 中国石油天然气集团公司、中国石油化工集团公司（以下简称中方石油公司）负责对外合作开采陆上石油资源的经营业务；负责与外国企业谈判、签订、执行合作开采陆上石油资源的合同；在国务院批准的对外合作开采陆上石油资源的区域内享有与外国企业合作进行石油勘探、开发、生产的专营权。

第八条 中方石油公司在国务院批准的对外合作开采陆上石油资源的区域内，按划分的合作区块，通过招标或者谈判，与外国企业签订合作开采陆上石油资源合同。该合同经中华人民共和国商务部批准后，方为成立。

中方石油公司也可以在国务院批准的合作开采陆上石油资源的区域内，与外国企业签订除前款规定以外的其他合作合同。该合同必须向中华人民共和国商务部备案。

第九条 对外合作区块公布后，除中方石油公司与外国企业进行合作开采陆上石油资源活动外，其他企业不得进入该区块内进行石油勘查活动，也不得与外国企业签订在该区块内进行石油开采的经济技术合作协议。

对外合作区块公布前，已进入该区块进行石油勘查（尚处于区域评价勘查阶段）的企业，在中方石油公司与外国企业签订合同后，应当撤出。该企业所取得的勘查资料，由中方石油公司负责销售，以适当补偿其投资。该区块发现有商业开采价值的油（气）田后，从该区块撤出的企业可以通过投资方式参与开发。

国务院指定的部门应当根据合同的签订和执行情况，定期对所确定的对外合作区块进行调整。

第十条 对外合作开采陆上石油资源，应当遵循兼顾中央与地方利益的原则，通过吸收油（气）田所在地的资金对有商业开采价值的油（气）田的开发进行投资等方式，适当照顾地方利益。

有关地方人民政府应当依法保护合作区域内正常的生产经营活动，并在土地使用、道路通行、生活服务等方面给予有效协助。

第十一条 对外合作开采陆上石油资源，应当依法纳税。

第十二条 为执行合同所进口的设备和材料，按照国家有关规定给予减税、免税或者给予税收方面的其他优惠。具体办法由财政部会同海关总署制定。

第二章 外国合同者的权利和义务

第十三条 中方石油公司与外国企业合作开采陆上石油资源必须订立合同，除法律、法规另有规定或者合同另有约定外，应当由签订合同的外国企业（以下简称外国合同者）单独投资进行勘探，负责勘探作业，并承担勘探风险；发现有商业开采价值的油（气）田后，由外国合同者与中方石油公司共同投资合作开发；外国合同者并应承担开发作业和生产作业，直至中方石油公司按照合同约定接替生产作业为止。

第十四条 外国合同者可以按照合同约定，从生产的石油中回收其投资和费用，并取得报酬。

第十五条 外国合同者根据国家有关规定和合同约定，可以将其应得的石油和购买的石油运往国外，也可以依法将其回收的投资、利润和其他合法收益汇往国外。

外国合同者在中华人民共和国境内销售其应得的石油，一般由中方石油公司收购，也可以采取合同双方约定的其他方式销售，但是不得违反国家有关在中华人民共和国境内销售石油产品的规定。

第十六条 外国合同者开立外汇账户和办理其他外汇事宜，应当遵守《中华人民共和国外汇管理条例》和国家有关外汇管理的其他规定。

外国合同者的投资，应当采用美元或者其他可自由兑换货币。

第十七条 外国合同者应当依法在中华人民共和国境内设立分公司、子公司或者代表机构。

前款机构的设立地点由外国合同者与中方石油公司协商确定。

第十八条 外国合同者在执行合同的过程中，应当及时地、准确地向中方石油公司报告石油作业情况，完整地、准确地取得各项石油作业的数据、记录、样品、凭证和其他原始资料，并按规定向中方石油公司提交资料和样品以及技术、经济、财会、行政方面的各种报告。

第十九条 外国合同者执行合同，除租用第三方的设备外，按照计划和预算所购置和建造的全部资产，在其投资按照合同约定得到补偿或者该油（气）田生产期期满后，所有权属于中方石油公司。在合同期内，外国合同者可以按照合同约定使用这些资产。

第三章 石油作业

第二十条 作业者必须根据国家有关开采石油资源的规定，制订油（气）田总体开发方案，并经国务院指定的部门批准后，实施开发作业和生产作业。

第二十一条 石油合同可以约定石油作业所需的人员，作业者可以优先录用中国公民。

第二十二条 作业者和承包者在实施石油作业中，应当遵守国家有关环境保护和安全作业方面的法律、法规和标准，并按照国际惯例进行作业，保护农田、水产、森林资源和其他自然资源，防止对大气、海洋、河流、湖泊、地下水和陆地其他环境的污染和损害。

第二十三条 在实施石油作业中使用土地的，应当依照《中华人民共和国土地管理法》和国家其他有关规定办理。

第二十四条 本条例第十八条规定的各项石油作业的数据、记录、样品、凭证和其他原始资料，所有权属于中方石油公司。

前款所列数据、记录、样品、凭证和其他原始资料的使用、转让、赠与、交换、出售、发表以及运出、传送到中华人民共和国境外，必须按照国家有关规定执行。

第四章 争议的解决

第二十五条 合作开采陆上石油资源合同的当事人因执行合同发生争议时，应当通过协商或者调解解决；不愿协商、调解，或者协商、调解不成的，可以根据合同中的仲裁条款或者事后达成的书面仲裁协议，提交中国仲裁机构或者其他仲裁机构仲裁。

当事人未在合同中订立仲裁条款，事后又没有达成书面仲裁协议的，可以向中国人民法院起诉。

第五章　法律责任

第二十六条　违反本条例规定，有下列行为之一的，由国务院指定的部门依据职权责令限期改正，给予警告；在限期内不改正的，可以责令其停止实施石油作业；构成犯罪的，依法追究刑事责任。

（一）违反本条例第九条第一款规定，擅自进入对外合作区块进行石油勘查活动或者与外国企业签订在对外合作区块内进行石油开采合作协议的；

（二）违反本条例第十八条规定，在执行合同的过程中，未向中方石油公司及时、准确地报告石油作业情况的，未按规定向中方石油公司提交资料和样品以及技术、经济、财会、行政方面的各种报告的；

（三）违反本条例第二十条规定，油（气）田总体开发方案未经批准，擅自实施开发作业和生产作业的；

（四）违反本条例第二十四条第二款规定，擅自使用石油作业的数据、记录、样品、凭证和其他原始资料或者将其转让、赠与、交换、出售、发表以及运出、传送到中华人民共和国境外的。

第二十七条　违反本条例第十一条、第十六条、第二十二条、第二十三条规定的，由国家有关主管部门依照有关法律、法规的规定予以处罚；构成犯罪的，依法追究刑事责任。

第六章　附　则

第二十八条　本条例下列用语的含义：

（一）“石油”，是指蕴藏在地下的、正在采出的和已经采出的原油和天然气。

（二）“陆上石油资源”，是指蕴藏在陆地全境（包括海滩、岛屿及向外延伸至 5 米水深处的海域）的范围内的地下石油资源。

（三）“开采”，是指石油的勘探、开发、生产和销售及其有关的活动。

（四）“石油作业”，是指为执行合同而进行的勘探、开发和生产作业及其有关的活动。

（五）“勘探作业”，是指用地质、地球物理、地球化学和包括钻探井等各种方法寻找储藏石油圈闭所做的全部工作，以及在已发现石油的圈闭上为确定它有无商业价值所做的钻评价井、可行性研究和编制油（气）田的总体开发方案等全部工作。

（六）“开发作业”，是指自油（气）田总体开发方案被批准之日起，为实现石油生产所进行的设计、建造、安装、钻井工程等及其相应的研究工作，包括商业性生产开始之前的生产活动。

（七）“生产作业”，是指一个油（气）田从开始商业性生产之日起，为生产石油所进行的全部作业以及与其有关的活动。

第二十九条 本条例第四条、第十一条、第十二条、第十五条、第十六条、第十七条、第二十一条的规定，适用于外国承包者。

第三十条 对外合作开采煤层气资源由中联煤层气有限责任公司、国务院指定的其他公司实施专营，并参照本条例执行。

第三十一条 本条例自公布之日起施行。

参考文献[1]

Reference

一、中文论著

1. 陈大夫:《环境与资源经济学》，经济科学出版社 2001 年版。
2. 陈绍洲、徐佩若编著:《石油化学》，华东化工学院出版社 1993 年版。
3. 陈新华:《能源改变命运——中国应对挑战之路》，新华出版社 2008 年版。
4. 崔民选、王军生、陈义和:《天然气战争——低碳语境下全球能源财富大转移》，石油工业出版社 2010 年版。
5. 董保华等:《社会法原论》，中国政法大学出版社 2001 年版。
6. 封丽霞:《法典编纂论——一个比较法的视角》，清华大学出版社 2002 年版。
7. 傅诚德:《科学技术对石油工业的作用及发展对策》，石油工业出版社 1999 年版。
8. 高鸿业主编:《西方经济学》，中国人民大学出版社 2001 年版。
9. 龚向前:《气候变化背景下能源法的变革》，中国民主法制出版社

[1] 本目录按文献名称的汉语拼音顺序排列，省略了正文中引用的中国政策文件、中国法律文件以及网络资料，相关文献信息详见脚注。

2008 年版。
10. 浩君:《石油效应：全球石油危机的背后》，企业管理出版社 2005 年版。
11. 何强、井文涌、王翊亭编著:《环境学导论》，清华大学出版社 1994 年版。
12. 何沙、秦扬编著:《国际政治经济与石油安全战略研究》，石油工业出版社 2011 年版。
13. 胡德胜编著:《美国能源法律与政策》，郑州大学出版社 2010 年版。
14. 胡健等:《油气资源开发与西部区域经济协调发展战略研究》，科学出版社 2007 年版。
15. 黄振中、赵秋雁、谭柏平:《中国能源法学》，法律出版社 2009 年版。
16. 贾文瑞等:《21 世纪中国能源、环境与石油工业发展》，石油工业出版社 2002 年版。
17. 姜润宇主编:《战略石油储备》，中国市场出版社 2007 年版。
18. 金龙哲、宋存义主编:《安全科学原理》，化学工业出版社 2004 年版。
19. 赖向军、戴林编著:《石油与天然气——机遇与挑战》，化学工业出版社 2005 年版。
20. 蓝虹:《环境产权经济学》，中国人民大学出版社 2005 年版。
21. 雷家骕主编:《国家经济安全：理论与分析方法》，清华大学出版社、暨南大学出版社 2011 年版。
22. 李丹:《环境立法的利益分析》，知识产权出版社 2009 年版。
23. 李德生、罗群:《石油——人类文明社会的血液》，清华大学出版社、暨南大学出版社 2002 年版。
24. 李龙主编:《法理学》，武汉大学出版社 1996 年版。
25. 李润生、刘岩、刘克雨编著:《石油与监管》，石油工业出版社 2002 年版。
26. 厉以宁:《经济学的伦理问题》，生活·读书·新知三联书店 1999 年版。

27. 梁治平:《梁治平自选集》，广西师范大学出版社 1997 年版。
28. 廖玫:《被束缚的管制——论网络环境下的政府与石油产业》，知识产权出版社 2009 年版。
29. 林伯强主编:《现代能源经济学》，中国财政经济出版社 2007 年版。
30. 林珏主编:《能源价格变动与经济安全》，上海财经大学出版社 2009 年版。
31. 刘波:《石油与 20 世纪的变迁》，河南大学出版社 2005 年版。
32. 刘东升、曹云森编著:《油田环境保护技术综述》，石油工业出版社 2006 年版。
33. 刘金国、舒国滢主编:《法理学教科书》，中国政法大学出版社 1999 年版。
34. 刘庆新主编:《天然气经济与法规概论》，石油工业出版社 2001 年版。
35. 吕振勇:《能源法简论》，中国电力出版社 2008 年版。
36. 裴广川主编:《环境伦理学》，高等教育出版社 2002 年版。
37. 清华大学环境资源与能源法研究中心课题组编著:《中国能源法（草案）专家建议稿与说明》，清华大学出版社 2008 年版。
38. 任晓娟主编:《石油工业概论》，中国石化出版社 2007 年版。
39. 陶树人编著:《技术经济学》，经济管理出版社 1999 年版。
40. 汪燮卿、刘济瀛:《石油树结奇异果》，清华大学出版社、暨南大学出版社 2000 年版。
41. 王才良:《世界石油工业 140 年》，石油工业出版社 2005 年版。
42. 王丹:《中国石油产业发展路径：寡占竞争与规制》，中国社会科学出版社 2007 年版。
43. 王家枢、张新安、张小枫:《矿产资源与国家安全》，地质出版社 2000 年版。
44. 王金南等:《能源与环境：中国 2020》，中国环境科学出版社 2004 年版。
45. 王人博、程燎原:《法治论》，山东人民出版社 1989 年版。
46. 王锡桐主编:《自然资源开发利用中的经济问题》，科学技术文献出版社 1992 年版。
47. 邬名扬主编:《政治经济学新编》(修订本),中国政法大学出版社 1999 年版。
48. 肖国兴、肖乾刚编著:《自然资源法》,法律出版社 1999 年版。
49. 肖乾刚、肖国兴编著:《能源法》,法律出版社 1996 年版。
50. 谢鹏程:《基本法律价值》,山东人民出版社 2000 年版。
51. 严大凡、翁永基、董绍华编著:《油气长输管道风险评价与完整性管理》,化学工业出版社 2005 年版。
52. 杨京平主编:《生态安全的系统分析》,化学工业出版社 2002 年版。
53. 杨力:《社会学视野下的法律秩序》,山东人民出版社 2006 年版。
54. 杨泽伟:《中国能源安全法律保障研究》,中国政法大学出版社 2009 年版。
55. 张海滨:《气候变化与中国国家安全》,时事出版社 2010 年版。
56. 张文显主编:《二十世纪西方法哲学思潮研究》,法律出版社 2006 年版。
57. 张文显:《法理学》,高等教育出版社、北京大学出版社 2000 年版。
58. 张文显主编:《马克思主义法理学——理论与方法论》,吉林大学出版社 1993 年版。
59. 张勇:《能源基本法研究》,法律出版社 2011 年版。
60. 张勇编著:《能源资源法律制度研究》,中国时代经济出版社 2008 年版。
61. 张梓太、李传轩、陶蕾:《环境法法典化研究》,北京大学出版社 2008 年版。
62. 张梓太主编:《自然资源法学》,科学出版社 2004 年版。
63. 赵小平主编:《能源管理工作手册》,中国市场出版社 2008 年版。
64. 赵选民等:《中国石油财税制度》,科学出版社 2008 年版。
65. 赵震江主编:《法律社会学》,北京大学出版社 1998 年版。
66. 周珂等主编:《环境与资源保护法学》(第 2 版),中国人民大学出版社 2010 年版。
67. 朱苏力:《法治及其本土资源》,中国政法大学出版社 2004 年版。

68. 卓泽渊：《法的价值论》，法律出版社 2006 年版。

二、外文译著

1. 〔爱尔兰〕约翰·M. 凯利：《西方法律思想简史》，王笑红译，法律出版社 2002 年版。
2. 〔澳〕艾德里安·J. 布拉德布鲁克、〔美〕理查德·L. 奥汀格主编：《能源法与可持续发展》，曹明德、邵方、王圣礼译，法律出版社 2005 年版。
3. 〔澳〕弗·冯·维塞尔：《自然价值》，陈国庆译，商务印书馆 1991 年版。
4. 〔德〕伯恩·魏德士：《法理学》，丁小春、吴越译，法律出版社 2003 年版。
5. 〔德〕古斯塔夫·拉德布鲁赫：《法学导论》，米健、朱林译，中国大百科全书出版社 1997 年版。
6. 《马克思恩格斯全集》（第 23 卷），人民出版社 1972 年版。
7. 《马克思恩格斯全集》（第 2 卷），人民出版社 2005 年版。
8. 《马克思恩格斯全集》（第 4 卷），人民出版社 1995 年版。
9. 〔德〕马克思：《资本论》（第 1 卷），人民出版社 1972 年版。
10. 〔法〕埃米尔·迪尔凯姆：《社会学方法的规则》，胡伟译，华夏出版社 1999 年版。
11. 〔法〕保尔·昂利·霍尔巴赫：《自然的体系》，管士滨译，商务印书馆 1964 年版。
12. 〔法〕皮埃尔·勒鲁：《论平等》，王允道译，商务印书馆 1988 年版。
13. 〔古希腊〕柏拉图：《法律篇》，张智仁、何勤华译，上海人民出版社 2001 年版。
14. 〔古希腊〕亚里士多德：《尼各马可伦理学》，廖申白译注，商务印书馆 2005 年版。
15. 〔加〕罗兰·普里德尔："美国和加拿大石油天然气行业监管体制简介"，载《国际石油经济》2001 年第 2 期。
16. 〔加〕马乐飞："加拿大石油天然气业监管框架"（演讲稿），2013

年 10 月 14 日。
17. 〔美〕阿马蒂亚·森:《伦理学与经济学》，王宇、王文玉译，商务印书馆 2000 年版。
18. 〔美〕埃德加·博登海默:《法理学——法律哲学与法律方法》，邓正来译，中国政法大学出版社 1999 年版。
19. 〔美〕保罗·A. 萨缪尔森、威廉·D. 诺德豪斯:《经济学》(第14版)，胡代光等译，李渝林校，首都经济贸易大学出版社 1996 年版。
20. 〔美〕丹尼尔·H. 科尔:《污染与财产权》，严厚福、王社坤译，北京大学出版社 2009 年版。
21. 〔美〕凯斯·R. 孙斯坦:《自由市场与社会正义》，金朝武、胡爱平、乔聪启译，中国政法大学出版社 2002 年版。
22. 〔美〕理查德·A. 波斯纳:《法律的经济分析》，蒋兆康译，中国大百科全书出版社 1997 年版。
23. 〔美〕罗斯科·庞德:《法理学》，邓正来译，中国政法大学出版社 2004 年版。
24. 〔美〕迈克尔·埃克诺米迪斯、罗纳德·奥利格尼:《石油的色彩——世界最大产业的历史、金钱和政治》，刘振武、刁顺、张镇译，石油出版社 2002 年版。
25. 〔美〕斯宾塞·约翰逊:《礼物》，刘祥亚、潘诚译，南海出版公司 2011 年版。
26. 〔美〕汤姆·泰坦伯格:《环境与自然资源经济学》，严旭阳等译，经济科学出版社 2003 年版。
27. 〔美〕托马斯·库恩:《科学革命的结构》，金吾伦、胡新和译，北京大学出版社 2003 年版。
28. 〔美〕威廉·P. 坎宁安:《美国环境百科全书》，张坤民主译，湖南科学技术出版社 2003 年版。
29. 〔美〕温格·戴尔:《气候战争》，冯斌译，中信出版社 2010 年版。
30. 〔美〕约翰·罗尔斯:《正义论》，何怀宏、何包钢、廖申白译，中国社会科学出版社 1988 年版。

31. 〔美〕约瑟夫·P. 托梅因、理查德·D. 卡达希:《美国能源法》，万少廷译，法律出版社 2008 年版。
32. 〔日〕千叶正士:《法律多元：从日本法律文化迈向一般理论》，强世功等译，中国政法大学出版社 1997 年版。
33. 〔瑞典〕托马斯·思德纳:《环境与自然资源管理的政策工具》，张蔚文、黄祖辉译，上海人民出版社 2005 年版。
34. 〔意〕托马斯·阿奎那:《阿奎那政治著作选》，马清槐译，商务印书馆 1982 年版。
35. 〔英〕边沁:《道德与立法原理导论》，时殷弘译，商务印书馆 2000 年版。
36. 〔英〕哈耶克:《法律、立法与自由》（第 1 卷），邓正来、张守东、李静冰译，中国大百科全书出版社 2000 年版。
37. 〔英〕哈耶克:《自由秩序原理》（上册），邓正来译，生活·读书·新知三联书店 1997 年版。
38. 〔英〕梅因:《古代法》，沈景一译，商务印书馆 1984 年版。
39. 〔英〕亚当·弗格森:《道德哲学原理》，孙飞宇、田耕译，上海人民出版社 2005 年版。
40. 〔英〕约翰·洛克:《政府论》（下篇），叶启芳、瞿菊农译，商务印书馆 1964 年版。

三、学术论文

1. 蔡永彤:“燃气能源销售中‘照付不议’合同若干问题研究”，载《城市燃气》2006 年第 3 期。
2. 曾崇荣、杨峰:“天然气管道通过权问题积弊与对策”，载《油气储运》2012 年第 12 期。
3. 陈德胜、雷家骕:“法、德、美、日四国的战略石油储备制度比较与中国借鉴”，载《太平洋学报》2006 年第 2 期。
4. 陈莉、任玉:“页岩气开采的环境影响分析”，载《环境与可持续发展》2012 年第 3 期。
5. 陈守海:“我国油气工业上游放开的利益分析”，载《商业时代》

2008 年第 11 期。
6. 董秀成、佟金辉、李君臣：“我国天然气价格改革浅析”，载《中外能源》2010 年第 9 期。
7. 杜东亚：“中外石油法律体制比较研究”，载《中国石油和化工》2005 年第 4 期。
8. 杜晓梅、廖特明、张淑英：“我国天然气定价机制及存在的问题分析”，载《中国科技信息》2005 年第 18 期。
9. 樊明武：“我国天然气行业的垄断性与价格机制研究”，载《天然气工业》2006 年第 6 期。
10. 方忠于、朱英、石宝明：“国外石油立法（一）”，载《当代石油石化》2003 年第 10 期。
11. 付慧：“解决煤层气与煤炭矿权分置的对策研究——基于新制度经济学视角”，载《市场经济与价格》2010 年第 10 期。
12. 葛艾继、郭鹏：“产品分成合同模式和回购合同模式比较分析”，载《国际石油经济》2001 年第 11 期。
13. 郭新庆：“关于石油天然气管道安全问题”，载《调查研究》2006 年第 17 期。
14. 韩文秀、裴建军：“国外建立国家石油储备的做法和经验”，载《经济研究参考》2002 年第 3 期。
15. 韩文秀、裴建军：“建立国家石油储备的国际经验和启示”，载《宏观经济研究》2001 年第 12 期。
16. 贺嘉等：“欧洲管道立法管窥（之一）——俄罗斯、西班牙、英国石油天然气管道保护立法考察”，载《中国石油企业》2006 年第 5 期。
17. 洪波、许红：“欧美的天然气定价机制及价格监管对我国的启示”，载《石油规划设计》2009 年第 1 期。
18. 霍小丽：“国外天然气定价机制及对我国的启示”，载《中国物价》2008 年第 1 期。
19. 霍小丽：“我国天然气定价机制的建立与完善”，载《中国物价》2007 年第 11 期。

20. 李昌麒:“论市场经济、政府干预和经济法之间的内在联系”，载杨紫烜主编:《经济法研究》(第1卷)，北京大学出版社2000年版。
21. 李清芬:“我国天然气定价机制改革研究”，载《中国证券期货》2012年第12期。
22. 李少民、吴韧强:“我国石油定价机制探讨”，载《价格月刊》2007年第1期。
23. 李莜、王婧:“我国垄断行业现状分析”，载《时代经贸》（中旬刊）2007年第SA期。
24. 李正:“我国海洋石油污染民事赔偿研究——以BP公司民事赔偿为例”，载《生态经济》2013年第6期。
25. 刘超:“页岩气开发中环境法律制度的完善:一个初步分析框架”，载《中国地质大学学报》（社会科学版）2013年第4期。
26. 刘玲:“美国石油污染损害赔偿制度对我国的启示——以海洋石油开发为视角”，载《河北法学》2013年第7期。
27. 刘岩:“措施须到位 新法方显威——新《土地管理法》实施后石油建设用地存在的主要问题及解决思路”，载《中国石油和化工》1999年第6期。
28. 柳庆新:“石油天然气管道安全管理存在问题及对策分析”，载《中国石油和化工标准与质量》2007年第5期。
29. 卢海军等:“美国与加拿大油气管道的安全保护”，载《油气储运》2013年第8期。
30. 罗东坤、褚王涛:“借鉴欧美经验制定中国天然气法律”，载《天然气工业》2007年第1期。
31. 马飞等:“我国天然气定价机制改革问题研究”，载《价格理论与实践》2013年第3期。
32. 马延琛、吴兆雪:“中国新能源安全观与实现全球能源安全”，载《东北亚论坛》2007年第4期。
33. 孟庆龄:“浅析石油天然气管道保护法”，载《现代营销》（学苑版）2011年第1期。
34. 米华英等:“我国页岩气资源现状及勘探前景”，载《复杂油气藏》

2010 年第 4 期。
35. 齐中英、梁琳琳:“我国石油定价制度的路径选择”,载《价格月刊》2007 年第 4 期。
36. 钱凯、李本亮:“天然气时代何时到来”,载《天然气工业》2004 年第 4 期。
37. 芮执多:“关于国家石油储备管理体制和运行机制的思考”,载《国家石油经济》2002 年第 8 期。
38. 宋红旭、张斌:“美国等西方国家的能源安全战略”,载《经济研究参考》2002 年第 3 期。
39. 汤道路、杨光远:“煤层气开采权的法律属性及其相关问题初探”,载《内蒙古煤炭经济》2007 年第 5 期。
40. 汤长极:“对公共地役权立法的建议”,载《中国土地》2006 年第 12 期。
41. 王保民:“‘两权重叠’的法律问题——关于煤炭、煤层气矿业权分置现象的思考”,载《西南政法大学学报》2010 年第 3 期。
42. 王明远:“我国天然气输配管网经营准入制度研究”,载《清华法学》2008 年第 6 期。
43. 王世声、王振明:“关于石油天然气管道保护法的几个问题”,载《国际石油经济》2007 年第 6 期。
44. 王世声、杨涌江:“改革我国石油管理体制的主要思路”,载《中国石化》2005 年第 9 期。
45. 王威:“巴西油气管理体制及其对我国的启示”,载《国土资源情报》2007 年第 8 期。
46. 王孝莹、张丰智:“石油产业垄断性质分析”,载《山东社会科学》2010 年第 2 期。
47. 温宗国等:“跨国石油公司环境保护机制的比较分析”,载《油气田环境保护》2008 年第 3 期。
48. 吴翔、隋建利:“石油定价机制比较及其改革对策研究”,载《价格理论与实践》2008 年第 10 期。
49. 吴吟:“关于我国能源管理体制的思考”,载《中国能源》2002 年第 10 期。
50. 吴宇:“石油行业的环保现状”，载《环境教育》2009 年第 2 期。
51. 肖北庚:“法律秩序的概念分析”，载《华东政法学院学报》2002 年第 2 期。
52. 肖钢、白玉湖:“基于环境保护角度的页岩气开发黄金准则”，载《天然气工业》2012 年第 9 期。
53. 邢荣华:“加快石油天然气立法”，载《油气田地面工程》2006 年第 6 期。
54. 邢润川:“我国历史上关于石油的一些记载”，载《化学通报》，1976 年第 4 期。
55. 邢治河:“我国天然气定价的发展方向与思考”，载《当代石油石化》2005 年第 12 期。
56. 杨逢珉、鲍华钧:“国际原油价格与中国能源安全”，载《中国高新技术企业》2009 年第 21 期。
57. 杨凤玲、杨庆泉、金东琦:“英国天然气行业政府管制及立法”，载《上海煤气》2004 年第 1 期。
58. 杨嵘:“石油产业的性质和技术经济特点”，载《河南石油》2003 年第 4 期。
59. 叶长茂:“构建公民社会：和谐社会政治发展的路径选择”，载《东南学术》2005 年第 2 期。
60. 雍自权等:“世界石油天然气战略综述”，载《天然气工业》2004 年第 2 期。
61. 余敏友、唐旗:“能源安全观的变迁与国际能源机制的演进”，载肖国兴、叶荣泗主编:《中国能源法研究报告（2009）》，法律出版社 2010 年版。
62. 于文轩:“自然资源物权：政策倾向与调整手段”，载《山东科技大学学报》（社会科学版）2012 年第 1 期。
63. 于文轩:“美国能源安全立法及其对我国的借鉴意义”，载《中国政法大学学报》2011 年第 6 期。
64. 于文轩:“我国综合性石油天然气立法初探”，载肖国兴、叶荣泗主编:《中国能源法研究报告》,法律出版社 2010 年版。
65. 于文轩:“石油天然气法基本原则探析——以应对气候变化为背景”,载曾晓东、常纪文主编:《中国环境法治》(2009 年卷·上),法律出版社 2010 年版。
66. 余洋:“2007 年中国油气管道发展综述”,载《国际石油经济》2008 年第 3 期。
67. 余洋:“中国油气管道发展现状及前景展望”,载《国际石油经济》2007 年第 3 期。
68. 张更全:“浅析矿业权属性”,载《阴山学刊》2007 年第 4 期。
69. 张海滨:“目前我国天然气定价机制存在的主要问题及对策初探”,载《中国科技信息》2009 年第 7 期。
70. 张金川等:“页岩气及其勘探研究意义”,载《现代地质》2008 年第 4 期。
71. 张抗:“石油进口大幅度增长的影响分析”,载《能源政策研究》2009 年第 3 期。
72. 赵志豪:“西方规制理论演变及其对我国石化产业规制的启示”,载《特区经济》2012 年第 10 期。
73. 周晓东、胡振琪:“石油天然气开发对生态环境的破坏与治理”,载《资源·产业》2000 年第 7 期。

四、学位论文

1. 曹琛:《我国天然气定价机制研究》,中国石油大学 2007 年硕士学位论文。
2. 高洁:《我国国内外石油价格联动机制研究》,四川大学 2007 年硕士学位论文。
3. 郝晓红:《煤层气资源开发利用法律问题研究》,山西财经大学 2008 年硕士学位论文。
4. 刘德成:《石油安全理论与实践问题研究》,中共中央党校 2006 年博士学位论文。
5. 刘永存:《矿业权研究——公、私法调整的冲突与协调》,西南政法

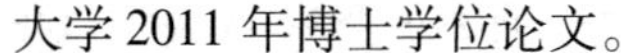
大学 2011 年博士学位论文。
6. 倪外:《基于低碳经济的区域发展模式研究》，华东师范大学 2011 年博士学位论文。
7. 石红艳:《能源安全视角下的中国政府能源管理体制研究》，中国人民大学 2007 年博士学位论文。
8. 王春秀:《矿业权市场及矿业权价值评估研究》，昆明理工大学 2003 年博士学位论文。
9. 王桂英:《中国石油环境分析和石油安全战略研究》，对外经济贸易大学 2003 年博士学位论文。
10. 王岚:《中美能源管理体制比较研究》，华东政法大学 2009 年硕士学位论文。
11. 熊韶辉:《论中国实现石油安全的贸易战略和策略》，对外经济贸易大学 2007 年博士学位论文。
12. 杨敏:《我国页岩气开发管理法律制度研究》，中国政法大学 2012 年硕士学位论文。
13. 张颖:《中国石油业发展中的垄断问题研究》，新疆财经大学 2007 年硕士学位论文。

五、研究报告、技术指南和统计文献

1.《国外天然气经济研究》课题组编译:《美国天然气工业与天然气交易》，石油工业出版社 2004 年版。
2.《中国能源发展报告》编辑委员会:《中国能源发展报告（2007）》，中国水利水电出版社 2007 年版。
3. 2012 年《BP 世界能源统计年鉴（中文版）》。
4. 国际能源署:《开发中国的天然气市场——能源政策的挑战》，朱起煌等译，地质出版社 2003 年版。
5. 国家发展和改革委员会经济体制与管理研究所、《中国石油天然气行业监管体系研究》项目组:《中国石油天然气行业监管体系研究》，石油工业出版社 2007 年版。
6. 国家发展和改革委员会能源局、国家发展和改革委员会能源研究

所、中国资源综合利用协会可再生能源专业委员会等:《我国可再生能源产业发展报告》, 2008 年 5 月发布。
7. 国家发展和改革委员会石油储备办公室等编译:《石油供应安全——2000 年国际能源署成员国应急潜力》, 石油工业出版社 2006 年版。
8. 国家发展和改革委员会经济体制与管理研究所、《中国石油天然气行业监管体系研究》项目组:《中国石油天然气行业监管体系研究》, 石油工业出版社 2007 年版。
9. 国家统计局:《中国统计年鉴 2012》(光盘版), 2013 年。
10. 国家统计局:《中华人民共和国 2011 年国民经济和社会发展统计公报》, 2012 年。
11. 国家统计局:《中华人民共和国 2012 年国民经济和社会发展统计公报》, 2013 年。
12. 雷涯邻、王丽艳等:《中国石油天然气市场管理法研究报告》(非正式出版物), 2008 年 8 月。
13. 林伯强主编:《中国能源发展报告 2008》, 中国财政经济出版社 2008 年版。
14. 商务部:《国外石油立法情况分析报告》(非正式出版物), 2005 年。
15. 史丹等:《中国能源工业市场化改革研究报告》, 经济管理出版社 2006 年版。
16. 世界银行、国务院体改办经济体制与管理研究所、基础设施咨询基金:《中国: 天然气长距离运输和城市配气的经济监管》, 石油工业出版社 2002 年版。
17. 世界银行、国务院体改办经济体制与管理研究所:《中国石油天然气行业现代化结构改革和监管》, 中国财政经济出版社 2001 年版。
18. 王正立、刘伟、张迎新编:《世界部分国家能源管理机构简介》, 中国大地出版社 2005 年版。
19. 魏一鸣等:《中国能源报告 (2008): 碳排放研究》, 科学出版社 2008 年版。
20. 魏一鸣等编:《中国石油天然气工业上游技术政策研究报告》, 科学出版社 2006 年版。

21. 肖国兴、叶荣泗主编:《中国能源法研究报告》，法律出版社 2009 年版。
22. 叶荣泗、吴钟瑚主编:《中国能源法律体系研究》，中国电力出版社 2006 年版。
23. 政府间气候变化专门委员会:《气候变化 2007：综合报告》，政府间气候变化专门委员会 2008 年版。
24. 中国—欧盟能源环境项目:《世界典型国家不同阶段天然气发展的政策措施及对中国的启示》，2005 年。
25. 中国—欧盟能源环境项目:《国外典型国家石油天然气立法相关文件汇编》，2006 年。
26. 中国三星经济研究院:《中国的能源危机与替代能源开发》，2010 年 8 月。
27. 中国石油天然气集团公司职业技能鉴定指导中心编:《加油站操作员（销售专用)》，中国石油大学出版社 2008 年版。

六、会议文献

1. “石油備蓄政策の経緯と現状”，载日本经济产业省综合资源能源调查会石油分科会石油储备分委员会 2005 年 7 月 19 日会议材料。
2. 史丹:“中国石油工业体制改革的成效、问题及其深化措施”，载“打造中国的能源安全”研讨会资料，2006 年 9 月。
3. 王晓冬:“石油战略储备制度比较研究”，载《生态文明与环境资源法——2009 年全国环境资源法学研讨会（年会）论文集》，2009 年。
4. 吴宗鑫:“中国的能源形势和挑战”，中国—加拿大能源与环境治理圆桌讨论会发言材料，2008 年 3 月。

七、媒体资料

1. 白晶:“‘十二五’煤层气 220 亿方目标能实现吗”，载《中国能源报》2011 年 5 月 2 日。
2. 范思立:“中国处在能源战略重大调整的关键时期”，载《中国经济时报》2006年6月2日。

3. 何德功:“日本石油期货市场起步晚发展快”，载《经济参考报》2012年7月12日。

4. 金三林:“我国石油储备的资金保障与成本控制”，载《中国税务报》2007年7月18日。

5. 索寒雪:“中国规模最大石油储备基地已在天津低调开建”，载《中国经营报》2009年2月16日。

6. 王建生:“天然气能源地位日益上升”，载《西安日报》2004年4月1日。

7. 肖华:“山西：煤与瓦斯之争”，载《南方周末》2006年10月26日。

8. 张前荣:“借鉴美国页岩气商业开发经验调整我国能源战略”，载《上海证券报》2013年6月20日。

9. 郑彬、付少华、王颖春:“成品油定价机制全球各异 因地制宜方能发挥价值”，载《中国证券报》2013年3月27日。

八、词典

1. Michael Allaby, *Oxford Dictionary of Ecology*, 上海外语教育出版社2001年版。

2. 《牛津高阶英汉双解词典》(第4版)，商务印书馆、牛津大学出版社1997年版。

3. 《中国资源科学百科全书》编辑委员会编:《中国资源科学百科全书》，石油大学出版社2000年版。

4. 李行健主编:《现代汉语规范词典》，外语教学与研究出版社、语文出版社2004年版。

5. 王庆一主编:《能源词典》，中国石化出版社2005年版。

6. 中国社会科学院语言研究所词典编辑室编:《现代汉语词典》，商务印书馆2002年版。

九、英文文献

1. Anthony J. Melling, *Natural Gas Pricing and Its Future: Europe as the Battleground*, Carnegie Endowment for International Peace, 2010.

2. Barry Barton, Lila K. Barrera - Hernández, Alastair R. Lucas Anita Rønne, *Regulating Energy and Natural Resources*, Oxford: Oxford University Press, 2006.

3. Daniel Yergin, "What Does Energy Security Really Means?", *The Wall Street Journal*, July 11, 2006.

4. F. Peter and W. Winteringham, *Energy Use and the Environment*, Lewis Publishers, 1992.

5. Lawrence M. Freidman , "Legal Culture and Social Development", 1 *Law & Society Review* 4 (1969) .

6. Intergovernmental Panel on Climate Change, *Appendix I: Glossary.*

7. John Byrne and Daniel Rich, *Energy and Environment: The policy Challenge*, Transaction Publisher, 1992.

8. John S. Lowe, *Oil and Gas Law*, West Group, 2009.

9. Martha M. Roggenkamp, Anita Rønne, Catherine Redgwell and Inigo Del Guayo, *Energy Law in Europe*, Oxford: Oxford University Press, 2001.

10. Marybeth Holleman, *The Lingering Lessons of the Exxon Valdez Spill*, Seattle Times, 2004.

11. Michael Economides and Ronald Oligney, *The Color of Oil: The History, the Money and the Politics of the World's Biggest Business*, Texas: Round Oak Publishing Company, 2000.

12. Paul A. Samuelson and William D. Nordhaus, *Economics*, McGraw – Hll, 2000.

13. Paul Roberts, *The End of Oil*, Boston: Houghton Mifflin Company, 2004.

14. Peter Cameron, *Competition in Energy Market: Law and Regulation in the European Union*, Oxford: Oxford University Press, 2002.

15. Peter Cameron, *Legal Aspects of EU Energy Regulation*, Oxford: Oxford

University Press, 2005.

16. Richard Eden, Michael Posner, Richard Bending, Edmund Crouch, Joe Stanislaw, *Energy Economics*, Cambridge: Cambridge University Press, 1981.

17. Richard L. Gordon, *An Economic Analysis of World Energy Problems*, Cambridge, MA: The MIT Press, 1981.

18. *Strategic Petroleum Reserve Annual Report for Calendar Year* 2009, U. S. Department of Energy, 2010.

19. *Third Semiannual Report of Activities of the Committee on Science*, U. S. House of Representatives for The One Hundred Twelfth Congress, Space, and Technology, June 2012.

20. William F. Fox, Jr. , *Federal Regulation of Energy*, New York: McGraw – Hill Book Company, 1983.

21. Yanmei Lin, *China's Evolving Energy Governance: A Case Study of Mining Rights Disputes*, Vermont Law School, December 2011.

后 记

Postscript

本书的研究和写作跨越了我的事业历程的几个重要阶段。第一个阶段是在清华大学从事博士后研究工作期间。在合作导师马俊驹教授和王明远教授的指导和支持下，我在2007年7月至2009年6月这两年间，就石油天然气法开展了较为系统的研究。第二个阶段是赴美访学期间。2011年2月至2012年2月，我获国家留学基金委员会全额资助，赴美国佛蒙特法学院（Vermont Law School）和联邦环境保护署（U.S. Environmental Protection Agency）开展访学研究工作。此间，我在佛蒙特法学院能源与环境研究所所长迈克尔·德沃金（Michael Dworkin）教授的指导下，开展有关美国能源安全法方面的研究，丰富了本书有关石油天然气安全方面的内容。第三个阶段是到中国政法大学任教特别是留学回国至今。2009年，我回到母校中国政法大学工作，专注能源法教学和研究。在此期间，我主持教育部高等学校全国优秀博士学位论文作者专项资金资助项目“面向低碳经济的能源立法研究”和教育部新世纪优秀人才支持计划资助项目“应对气候变化背景下的石油产业法律规制研究”，作为项目组核心成员参加国家发展和改革委员会委托的气候变化立法研究工作，并在中国政法大学开设面向硕士研究生的“能源法学”课程，这使得有关石油天然气法的研究得以进一步深化。

在本书即将出版之际，我想表达对以下人士的由衷谢意。在我开展博士后研究工作期间，马俊驹教授和王明远教授在研究方向、研究路径、研究方法甚至具体研究内容上给予悉心指导，从而使本书成稿成为可能。得益于王明远教授支持和帮助，我参与了能源基金会（The Energy Foundation）委托的石油天然气立法研究课题研究工作，在此过程中形成了本书的一些重要观点。我到中国政法大学工作之后，王灿发教授充分尊重我的研究兴趣，指导我确定了以能源法为重点的工作思路，并支持我赴美国开展中美能源安全立法比较研究以及回国后在中国政法大学开设“能源法学”课程，同时还为我提供机会参加国家发展和改革委员会委托的气候变化立法研究工作，这为本书内容的逐步丰富和完善提供了重要条件。我在美国访学期间，美国佛蒙特法学院的迈克尔·德沃金教授、林小蝶（Siu Tip Lam）女士和美国联邦环境保护署的谢丽尔·沃塞曼（Cheryl Wasserman）女士对我的中美能源安全比较研究工作提供了大力支持。布雷克律师事务所（Blake, Cassels & Graydon LLP）亚洲区主席马乐飞（Michael Laffin）先生和北京代表处管理合伙人郭阳明（Robert Kwauk）先生提供了有关加拿大石油天然气法的宝贵资料。在本书定稿阶段，我的同事侯佳儒副教授的真知灼见使我受益匪浅。我指导的硕士研究生黄厚秘和景璐协助我完成了大量的资料补充和更新工作，褚建鑫协助我更新了部分日本立法资料，郭瑞丽、徐衫、杨芸汀和朱炳成协助我完成了部分资料更新、整理和文字校对工作，衷致谢意。

我将本书献给我的儿子。本书从构思到出版的整个过程，与小朋友孕育、出生和茁壮成长的过程在时间上完美契合。这些年来，小朋友给了我不断前行的动力和无穷的正能量，并以他天使般美好的心灵，让我时刻感受到“兄弟”般的温暖与挚爱。一如《踏雪寻梅》欢快地唱道，他“伴我书声琴韵，共度好时光”。

于文轩
2014 年 2 月 7 日
于北京丰台寓所

图书在版编目（CIP）数据

石油天然气法研究：以应对气候变化为背景/于文轩著.—北京：中国政法大学出版社，2014.6
ISBN 978-7-5620-5386-6

Ⅰ.①石…　Ⅱ.①于…　Ⅲ.①石油工业－能源法－研究－中国②天然气工业－能源法－研究－中国　Ⅳ.①D922.674

中国版本图书馆CIP数据核字(2014)第083754号

出版者　中国政法大学出版社
地　址　北京市海淀区西土城路25号
邮寄地址　北京100088信箱8034分箱　邮编100088
网　址　http://www.cuplpress.com（网络实名：中国政法大学出版社）
电　话　010-58908289(编辑部)　58908334(邮购部)
承　印　固安华明印业有限公司
开　本　880mm×1230mm　1/32
印　张　11
字　数　295千字
版　次　2014年6月第1版
印　次　2014年6月第1次印刷
定　价　36.00元